幼儿常规教育指导手册

莫源秋　韦凌云　刘揖建◎编著

中国轻工业出版社

图书在版编目（CIP）数据

幼儿常规教育指导手册／莫源秋，韦凌云，刘揖建编著. —北京：中国轻工业出版社，2013.10（2023.8重印）
ISBN 978-7-5019-9357-4

Ⅰ. ①幼…　Ⅱ. ①莫…　②韦…　③刘…　Ⅲ. ①幼儿教育-手册　Ⅳ. ①G616-62

中国版本图书馆CIP数据核字（2013）第154948号

责任编辑：吴　红
策划编辑：吴　红　　　　责任终审：杜文勇
责任校对：刘志颖　　　　责任监印：吴维斌

出版发行：中国轻工业出版社（北京东长安街6号，邮编：100740）
印　　刷：三河市鑫金马印装有限公司
经　　销：各地新华书店
版　　次：2023年8月第1版第11次印刷
开　　本：710×1000　1/16　印张：18.75
字　　数：170千字
印　　数：31001—34000
书　　号：ISBN 978-7-5019-9357-4　定价：36.00元
读者热线：010-65181109，65262933
发行电话：010-85119832　传真：010-85113293
网　　址：http://www.chlip.com.cn　http://www.wqedu.com
电子信箱：1012305542@qq.com
如发现图书残缺请拨打读者热线联系调换
130483Y1X101ZBW

前　言

常规是指人类在社会生活和实践中逐步形成的、行之有效的、在通常情况下都必须遵循的规范和准则，是使社会秩序正常的一种保障。常规意识和常规行为习惯的形成，对一个人适应社会生活具有十分重要的意义。请看以下两个案例：

案例 1

一位在日本留学的中国学生在一家餐馆打工，老板交代了规则：盘子必须用水洗7遍。这位留学生为了省事，经常少洗一两遍。有一次被老板发现了，他却振振有词地说："洗5遍和洗7遍差别并不大。"老板平静地说："你是一个不守规则的人，请你离开。"

案例 2

我国的一个外交官员在瑞士访问，一天上厕所出来时，一位妈妈着急地说，儿子进厕所十多分钟了还没有出来，麻烦他帮忙看一下。他进去之后，看到一个七八岁的孩子正在满头大汗地修冲水马桶。

原来，冲水马桶坏了，这孩子觉得上厕所不冲水是违反了规则。

上述两个案例给了我很大的触动。

遵守规则，按规则做人、做事，是一个人做好事情、立足社会的基础，也是社会和谐的基础。

幼儿常规教育，不仅要促进幼儿常规行为习惯的形成，而且要促进幼儿身心的全面发展。常规行为是幼儿教育的目标，也是幼儿教育的手段。幼儿入园后，一日活动的安排与家庭是完全不同的，它有时间的限制，有场所的规定，有活动的规则和要求，这就要求幼儿园的各项活动必须建立必要的常规，让幼儿按常规要求去参与各种活动，否则，幼儿园活动就无法正常进行，幼儿园促进幼儿身心发展的目标也就无法实现。但是常规绝不仅仅是为了方便教师对幼儿的管理，也绝不仅仅是为了幼儿在幼儿园更好地生活，它应该有更为长远的考量：常规是使幼儿有序进行集体生活、培养幼儿正常交往能力的保证；常规能够让孩子形成一种群体意识；常规能让幼儿形成现代人应该具有的十分重要的品质——常规意识和常规行为习惯。

我期待我们的孩子从小就树立规则意识和按规则做人、做事的品质，基于此，我们编写了《幼儿常规教育指导手册》这本书，希望这本书能对幼儿教育工作有所帮助，特别是对培养幼儿良好的常规意识和常规行为习惯有所帮助。

本书初稿由广西幼儿师范高等专科学校的刘揖建（第一章）、莫源秋（第二章、第三章）、韦凌云（第四章）撰写，全书最后由莫源秋统稿、审稿和定稿。

本书在编写的过程中借鉴和参阅了国内外同行的大量的相关研究成果，在此对他们表示由衷的感谢！同时，由于种种原因，书中引用的少部分资料，未能标明相关作者及材料的出处，在此对相关的作者深表歉意！

由于时间仓促，加上作者水平有限，书中一定存在着不足之处，敬请阅读和使用本书的老师和朋友批评指正。

莫源秋

2013年4月

目　录

第一章 幼儿常规教育概述

人类在相互交往的过程中建立了彼此相互约束的规范，即我们通常所讲的常规。作为需要融入人类社会活动中的幼儿，只有在接受人类社会所形成的常规的条件下，才能顺利地成长。因此，作为幼儿主要教育者的家长与教师，必须非常重视对幼儿进行常规教育。

一、幼儿常规教育的含义

常规是指人类在社会生活和实践中逐步形成的、行之有效的、在通常情况下都必须遵循的规范和准则。它是使社会秩序正常的一种保障。而幼儿常规是指以维护幼儿的日常生活秩序为目的，教育者为其制定的在集体生活和个人成长中所必须遵循的规则。

幼儿常规一般包含三个方面的内容：

- 幼儿生活和学习的规律，即幼儿应在什么时间进行什么活动，比如“早上7点起床”、“9点进行户外活动”等；
- 幼儿的行为规则，即对于幼儿来讲哪些事情是可以做的，哪些事情是不可以做的，比如，幼儿可以玩游戏，可以唱歌、跳舞，不可以私自离开幼儿园等；
- 幼儿参与某一活动某一环节的具体规定和要求，比如，多人玩滑梯的时候一定要排队，过马路的时候要走斑马线等。

幼儿常规体现了社会对幼儿日常行为的基本要求，也是对生活中幼儿发展的规范或制度保障。

幼儿常规教育指的是帮助幼儿了解和遵守社会生活常规的教育，即对幼儿所进行的规则教育，是帮助每个幼儿在了解人类社会生活常规的基础上，学会根据常规来进行自我控制，从而使自己的行为合乎社会秩序的教育。

二、幼儿常规教育的目的

幼儿常规教育的目的可以区分为即时的秩序纪律规范的短期目的和发展幼儿的自控能力、养成良好的行为习惯的终极目的。对于幼儿常规教育的目的，《幼儿园教育指导纲要（试行）》就明确提出："建立良好的常规，避免不必要的管理行为，逐步引导幼儿学习自我管理。"因此，幼儿常规教育的目的不只是约束幼儿的行为，更重要的是使幼儿理解和遵守规则的过程成为他们行为规范化和社会性发展的过程，最终使幼儿实现自律。

（一）规范角色行为

角色行为是指在角色概念、角色期望基础上，实现自己所扮演的角色的行为，即角色实现。角色实现的过程，也就是主体对环境的适应过程。人类社会正是由各种不同的角色所组成的，比如，爸爸、妈妈、医生、教师、成人、幼儿等都属于不同的角色。而任何一个角色都包括一连串的行为，这些行为不仅受个人动机的影响，而且受社会团体的共同心理参考原则制约。

幼儿角色行为具有三个特点：

1. 幼儿角色行为是一种幼儿的特定行为

幼儿会因自己是幼儿而感到满足，因而使自己的行为受到幼儿角色的制约，以及人与人之间相互关系的制约。例如，家长带幼儿外出活动的时候，在人很多的地方，大部分幼儿都不会离开自己家长的视野而到很远的地方去玩。这是因为幼儿能充分认识到自身的角色而做出相应的行为。可见，只要幼儿意识到自身的角色，就会自觉地按角色所规定的行为模式去做。这种按角色的要求而产生的行为，是一种外在目标诱发与控制的特定行为。

2. 幼儿角色行为受自我意识影响

幼儿自我意识的产生与形成是幼儿在逐渐地从周围事物中分出自己的过程中，产生与形成的对自己的心理活动、个性素质特征的认识。幼儿正是在与他人的交往过程中，逐渐意识到自己及其所代表的幼儿角色，从而做出与幼儿角色相适应的行为。

3. 幼儿角色行为具有完整性和统一性

每种社会角色都有其特定的角色行为要求，但行为的主体都是个体，而个体具有相对稳定、综合的素质特性，所以幼儿角色行为表现出完整性和统一性。例如，只要是幼儿，不论男孩还是女孩，都喜欢玩沙、玩水；不管是天真幼稚的孩子还是“少年老成”的孩子，在言行举止上都能体现出幼儿的行为特点。

幼儿常规教育最直接的目的之一就是让幼儿成为幼儿，即规范幼儿的角色行为，使幼儿的行为符合自身发展的要求及社会要求。例如，对幼儿就餐的要求是：饭前不吃零食，可做一些安静、愉快的活动；进餐时，一只手扶碗，一只手拿汤匙或筷子一口一口地吃；进餐时，不说话，不东张西望，不随便走动、嬉戏玩耍，不把饭菜老含在嘴里，要细嚼慢咽；不要用手抓饭菜，不要依赖别人喂，要把碗里的饭菜吃光，不要把饭菜掉在桌面上；饭后要漱口擦嘴，不做剧烈活动，并把碗筷、椅子放在指定地方；养成喝开水的习惯，喝开水时不可一边喝一边玩，喝完之后，应把口杯放回原处。这些要求正是根据幼儿身心发展水平与社会要求而制定的，体现了人自身发展与社会对幼儿角色的要求。

（二）防患未然

之所以要对幼儿进行常规教育，就是因为要让幼儿的行为保持连续性。幼儿处于成长过程之中，是未成熟的个体，即使很多时候他们能充分认识到自己所承担的幼儿角色，也总会表现出一些不恰当的行为。如果教育者不能够做到防患未然，对幼儿的不恰当行为听之任之，就会使其形成不良行为习惯。常规教育的目的之一，就是通过对幼儿行为持续的要求，使幼儿最终形成良好的行为习惯。对良好行为的持续要求，自然就会避免不良行为。

例如，由于人际交往的需要，家长在与他人打电话的时候，肯定不希望幼儿打断谈话，但是如果幼儿没有形成良好常规的话，打断谈话的可能性是随时存在的。这就要求家长对幼儿进行常规教育，在打电话之前，家长先要告诉幼儿，现在自己要做什么，让幼儿明白在这个过程中要保持安静、不可以打扰家长；同时给幼儿安排一些活动或者让他玩一个他平时没玩过的新鲜的玩具，让幼儿专心于自己的活动之中。久而久之，幼儿自然会明白这个规则。

（三）教师工作便利之目的

对于幼儿常规教育而言，还有一个很直接的目的，即为教师工作提供便利。良好的幼儿常规教育会让我们自然地想到一种生活秩序井然的幼儿园图景。良好的常规为幼儿教师开展正常的保教工作带来了极大的便利，这也是幼儿园保教工作的需要。幼儿教师工作是一对多的工作，需要面对几十个幼儿，不同于家长教育子女，如果幼儿没有形成良好的常规，幼儿教师就无法开展正常的保教工作。

例如，通常幼儿教师认为比较难带的班级是小班，因为小班的孩子刚入园，没有建立起幼儿园活动的常规，这给幼儿教师带来了较为沉重的工作压力和较大的工作量：从入园时对家长的依恋到就餐、喝水、如厕、睡觉等所有环节，教师都得提醒每个幼儿，当一个教师要提醒30多个幼儿，差不多每时每刻都得注意的时候，这工作强度有多大！这也促使幼儿教师从一开始就十分注重对幼儿进行常规教育，以逐渐减轻工作压力，为教师工作提供有序的环境。

（四）形成良好习惯是终极目的

幼儿常规教育的终极目的是使幼儿形成良好习惯，为其一生的发展奠定基础。人的发展持续一生，而人生早期形成的良好习惯对人生发展的意义是相当重要的。幼儿常规教育使幼儿从一个不自由的、被决定的、有依赖性的、被动的人逐步成为一个觉醒的、有意识的、能动的、独立的人，成为自制而自由的人。

案例 1-1　幼儿园里学到的东西最重要

1987年，75位诺贝尔奖获得者在巴黎聚会。有一位记者问其中一位老人："您在哪所大学学到的东西您认为最重要？"老人平静地说："是幼儿园。"记者又问："您在幼儿园里学到了什么？"老人回答说："我在幼儿园学到：要乐于同别人分享一切东西；要公平正直、光明正大地与别人竞争；永远不打人；不要拿不属于自己的东西；在你伤害别人时要道歉；吃饭之前要洗手；要知害羞，要有廉耻之心；热牛奶有利于身体健康；要让生活过得丰富多彩，不仅每天都要有所学，有所思，还要在工作之余作作画、唱唱歌、跳跳舞；每天下午要小睡一会儿；在踏入社会的时候，要随时注意交通安全；要互相团结，彼此扶助；要始终保持一颗惊喜、好奇的心。"

诺贝尔奖获得者所讲到的在幼儿园里学到的东西，正是幼儿常规教育的主要内容。幼儿常规教育使他们养成了良好的行为习惯，成就了他们的人生。

三、幼儿常规教育的原则

幼儿常规教育的原则是教育者对幼儿进行常规培养时所必须遵循的基本要求，是常规教育能否有效的关键。

（一）主体性原则

幼儿常规教育的主体性原则是指，在幼儿常规教育中，要正确认识幼儿的主体地位，使幼儿的主动性、积极性和兴趣等都得以充分发挥，教育过程以幼儿活动为主，使幼儿在自身的体验活动中习得常规，逐渐形成习惯。

幼儿常规教育作为教育的一项重要内容，受大教育方式的影响非常大。我国的教育基本上是以行为主义为主导的，这导致了教育者在面对常规时，也是更多地从管理的即时角度而不是教育导向的角度来思考，也就是说，教育者顾及的是现有行为表现的短期目标，而不是促进幼儿自我规训、行为自律的长期目标，教育者关注的是幼儿在生活中应遵守规则的行为，而不是幼儿规则意识的提升。这样，幼儿习惯了从外部习得规则，削弱了他们从内部思考、控制的动机，这种常规教育不利于幼儿对规则的内化和养成真正遵守规则的行为，即无法形成良好的常规。

有些教育者因为没有树立正确的儿童观，认为幼儿幼稚无知、只会服从，把常规看成成人对幼儿的一种要求，出现了制定常规的“权威性”。这样，教育者就成了常规的供应者、支配者、执行者，幼儿成为常规的接受者、常规的对象。比如，在生活中，我们经常能听见教育者对幼儿说出的“不能乱扔玩具”、“不能大声说话”等表达规矩的话语，大量的“不行”、“不要”、“不许”、“不能”等限制幼儿行为的话语，这说明在教育者的心目中，“常规就是限制幼儿的不良行为，常规教育就是‘管’”。殊不知，将常规视为限制，不仅让本来对幼儿行为具有指引作用的常规失去了价值，而且使幼儿因活动缺乏目标感而显得无所适从，甚至引起幼儿的反感、挫败感。

在幼儿常规教育中贯彻主体性原则要求教育者树立正确的儿童观，常规教育应以尊重幼儿的自主性为前提，即教育者引导幼儿自己管理自己，使幼儿较少依赖或受他人的规定和指示影响，学会根据内在准则来调节自己的行为。规则的形成是建立在主体经验的基础之上的，因此教育者重视幼儿的主体经验，在幼儿体验的基础上引导幼儿建立常规是最关键的。比如，幼儿洗手常规的建立可以这样进行。在幼儿上完厕所后，幼儿需要洗手，教育者可以用与水有关的事物对幼儿进行引导。幼儿对水本来就非常感兴趣，当他们路过水龙头时，会去放水，发现有水流出来时，则会异常开心，自然会去洗手。在幼儿洗手的时候，教育者可边让幼儿洗手边教其念儿歌："小朋友，来洗手。洗手先要挽袖口，洗手心，洗手背，洗手缝，洗手腕，看谁洗得最干净。"这样，幼儿不仅在教育者的引导下很快学会怎样洗手，而且会建立洗手的常规。

（二）发展性原则

幼儿常规教育的发展性原则指常规教育的目标、内容、方法、结果等都要有利于幼儿的健康成长和发展。幼儿的发展是幼儿常规教育的出发点和归宿。发展性原则是贯穿幼儿常规教育全过程的主线，离开了幼儿的发展，常规教育就失去了应有的价值。

在谈到幼儿常规教育的目的时，很多教育者马上意识到的是，常规教育是为了维持日常的生活秩序、让幼儿"听话"等。这种对幼儿常规教育目标的认识不无道理，但如果仅仅把目标锁定在维持纪律上，就会使教育者在教育过程中不自觉地采用一些高控制的教育手段来达到让幼儿顺从的目的，这样的常规教育通常适得其反，幼儿不仅不能习得常规，而且会对常规要求产生逆反心理，从而出现更多的反社会行为。例如，有一位家长描述了自己训练儿子收拾玩具的情形："我像往常一样对我5岁的儿子大声呵斥：'快点收拾玩具，看你到处乱扔像什么样子！’儿子却一动也不动，嘴里还嘟囔着：‘我就喜欢放在这里，不用你管，你根本就不爱我！’接着，他飞快地冲进了房间，‘砰’地一声用力甩上房门。我吃了一惊，立刻就想把儿子从房间里揪出来狠狠地揍一顿，但理智阻止了我的冲动。过了十几分钟，我的情绪平复了，愤怒消失了，取而代之的是不安：儿子说我不爱他，难道他真的不知道我有多么爱他？他为什么感觉不到我的关爱？我回想自己刚才的言行——口气生硬粗暴，换个位置，我也会难以接受，难怪儿子会认为我不爱他。”这位家长对儿子的常规教育只是关注到了短期目标——不乱放玩具，而没有注重常规教育的发展性目标，从而导致其高压教育手段的使用，使幼儿产生了比没有常规更严重的不健康发展状态。

贯彻发展性原则要求，应注意以下两点：

第一，教育者要树立儿童发展的正确理念，并将其贯穿于教育实践中，把发展视为常规教育工作的核心环节和指导原则。与儿童发展理念相对应的是鉴别、奖惩性的观点，这种观点认为常规教育的目的是区分好坏、决定奖惩的对象，教育的落脚点是区分优劣、进行奖惩的根据。比如，用常规来区分“好孩子”、“坏孩子”，以是否守规矩来决定奖惩。在常规教育中持这种观点是极端有害的，这不仅会使幼儿产生焦虑、惧怕心理或逆反情绪、反抗行为，而且会抵消常规教育的成效，进而影响幼儿的健康发展。

第二，要重视常规教育的过程。幼儿常规教育同样是幼儿在整个学习、生活、成长过程中的一种认知，且这种认知有别于其他认知，必须依靠幼儿主体的体验（包含正反两方面的体验）才能内化。这就需要教师在教育过程中及时了解信息，随时指导，发扬优点，纠正偏差，保证发展的连贯性。

幼儿常规教育的发展性原则集中体现了常规教育促进幼儿发展的终极目的，以及常规教育引导幼儿发展的目的，同时也集中体现了对幼儿全面发展的终极关怀。

（三）整体性原则

幼儿常规教育的整体性原则是指常规教育是对整个人的教育，而不仅仅是针对某一规范的教育。幼儿常规教育就是对幼儿进行的日常规则的教育，是对幼儿进行的正确执行一日生活中各个环节的具体制度和行为规范的教育，是为了促使幼儿掌握一定的常规而采取的教育行为。因此，幼儿常规教育的内容涉及幼儿生活的方方面面，既包括生活常规、活动常规，也包括学习常规等。生活常规包括饭前要洗手、饭后要刷牙、睡觉要熄灯等内容；活动常规包括幼儿在活动中必须遵循活动规范的要求、一起玩游戏时要遵守游戏规则、看电影的时候要保持安静、看电视的时候要与电视机保持一定的距离且看电视时间不能太长等内容；学习常规包括上课认真听老师讲话、回答问题先举手、写字的时候要保持正确的姿势、别人发言的时候要尊重对方的发言等内容。

常规教育内容的分类只是为教育者的研究提供便利，各类别的内容在具体的教育实践过程中是彼此渗透、相互作用的。因此，在常规教育过程中，不能采取头痛医头、脚痛医脚的做法。

幼儿常规教育的整体性原则要求教育者要注意以下两点：

①要充分认识幼儿的发展是整体的发展，幼儿的身心发展受到身体、认知、行为、情感等各个方面的制约，是一个整体。在开展常规教育的时候，既要重视规矩的习得，也要重视幼儿的情感体验，不能因为强调常规而让幼儿在情感上受到伤害。

案例 1-2 “不剪指甲，就是不许包饺子！”

一次，某班幼儿集体包饺子，孩子们积极参与，场面非常热闹。可是动动和陶陶却被教师“请”了出去：“去去，一边站，昨天都说过要剪指甲的，为什么没剪？你俩不准沾手！”动动一时委屈地哭了：“老师，我昨天请假了没上幼儿园，我不知道要剪指甲的。让我包吧！”老师：“我说不行就是不行！谁叫你把指甲留这么长的？”教师说完后，丢下动动不管了。陶陶的确忘了请爸爸妈妈帮助自己剪指甲，站在一边不作声。眼看其他伙伴把饺子包完了，动动再也忍不住了，“哇”地一声大哭起来。

（王喜海，2012）

②要充分发挥资源的综合作用，即充分发挥资源的多种教育功能。幼儿常规教育的内容可分为生活常规、活动常规、学习常规等不同类型，但这并不意味着各种常规教育的孤立性，教师应该重视不同常规内容的相互联系、相互作用。比如学习常规“上课要认真听老师讲话”，如果幼儿在入园之前的生活环境中，家长不注重对幼儿进行良好生活常规的教育，平时家长对幼儿讲话的时候不确立孩子专心听家长讲话的规矩，那幼儿认真听老师讲话这种学习常规的形成是比较困难的。

（四）循序渐进原则

幼儿常规教育的循序渐进原则是指常规教育要按照规则本身的逻辑系统和幼儿认知发展的顺序进行，使幼儿从点滴开始，周而复始、循序渐进地习得各种与幼儿阶段的要求相对应的常规。

幼儿常规教育要从幼儿的年龄特点出发，分阶段分层次要求。每一项规则由易到难，由简单到复杂，从分步训练到综合独立完成。教育者要尽最大的努力创造条件，为幼儿提供巩固常规的机会，无论在教育态度还是在教育方式方法上，都要有足够的耐心，千万不要抱有“教你做、等你做太烦、太慢，不如自己做来得快、省事”的想法，因为规矩习得的主体是幼儿，幼儿只有在主动认知、不断体验的基础上才能将规则内化为一种自控行为。如果幼儿只明白常规，没有进一步获得正反两方面的体验，常规对幼儿来说是没有意义的。

循序渐进原则要求教育者不能只追求常规教育的即时效果，而要根据幼儿的身心发展水平从最简单的规则开始并随着幼儿的成长逐步增加规则。比如，培养幼儿穿脱折叠衣服，在小班上学期的基本规则是：认识自己的衣服和正反，会脱衣服，知道放在固定的地方；而到小班下学期的基本规则是：在教师帮助下会穿脱衣服，自己扣纽扣，能将衣服放整齐。又如，孩子刚入园，学习按教师的指令或铃声进出教室、收放玩具；某一段铃声，告诉幼儿什么活动要开始了，赶快回到自己的座位上去。到了小班的下学期，幼儿就要理解并掌握一日活动的所有转换指令，养成好习惯，像进出教室慢慢走、不奔跑、不互相追逐、与教师一起收拾玩具、与同伴愉快地游戏等。随着幼儿身心的发展，所要求习得的常规也逐步增加。

（五）家园合作原则

幼儿常规教育的家园合作原则是指在常规教育中家庭和幼儿园相互配合，保持教育的一致性，形成教育合力，为幼儿常规的习得提供多种支持，同时也为幼儿在规则习得过程中的行为的一致性提供基本保证。

家园合作是幼儿常规习得过程中重要的一环，坚持幼儿常规教育的家园合作原则对现代家庭的幼儿来说意义尤为重大。目前，我国的家庭结构发生了重大变化，大多为“421”型，即4个老人、夫妻2人加上1个孩子。家长对幼儿的过分溺爱使许多孩子对规则的习得难以令人满意，同时幼儿在幼儿园中所习得的常规也因为家庭教育的不一致而收效甚微。因此，要保证幼儿常规教育的有效性，家庭与幼儿园必须相互配合，形成教育合力，为幼儿常规的习得提供多种支持，同时也为幼儿在常规习得过程中的行为的一致性提供基本保证。

一方面，幼儿常规教育的家园合作原则要求幼儿教师与家长相互沟通，最佳状态是双方都主动沟通，沟通的内容主要是相互告知幼儿在园、在家的常规习得的情况，对常规习得过程中的问题进行会诊，以共同探讨教育的对策。

另一方面是教育资源的共享。教师与家长相互提供教育资源，比如幼儿教师为家长提供有关培养幼儿常规方面的技能技巧，家长为幼儿教师提供常规形成过程中必备的一些条件，如使用强化、代币等手段时所需要的物品。

此外，家庭和幼儿园对幼儿常规的要求要保持一致。家庭和幼儿园对幼儿行为要求的一致性能够发挥重要的作用。如果教师与家长要求不一致，甚至互相矛盾，就会使幼儿不知所措。比如，按时作息、良好的卫生习惯、服从道理、遵守规则、待人热情、尊敬长辈、爱护同伴、学会倾听、与人合作等群体生活和交往习惯等，对这些行为的具体要求必须是一致的，在一致的要求下幼儿才能习得常规，形成良好的行为习惯。我们经常发现在假期回园后，幼儿的常规方面会出现倒退的现象，这就是家庭与幼儿园常规要求的不一致造成的。比如，有些家长认为孩子还小，一些事情长大了再学也不迟，甚至认为长大了自然会做，无须教育。这种错误的“树大自然直”的观念，使得幼儿在家时事事由家长包办。有时则是家长的工作或娱乐打乱了幼儿的生活作息规律。幼儿中午在家可以不睡午觉，什么时候想吃饭都可以……这样，原本在幼儿园习得的按时睡觉、认真学习等规矩常常因在家里不执行而前功尽弃。

案例 1-3 家园教育效果相互抵消

幼儿园要求幼儿不随地乱扔垃圾，平常要将垃圾放入垃圾篓，经过一段时间的要求，幼儿习得了讲卫生的常规。有一个周末，家长带孩子去街上玩，天气很热，家长为孩子买了冰激凌。孩子吃完冰激凌后，拿着包装纸到处找垃圾篓，可是附近找不到垃圾篓。孩子向家长寻求帮助:“爸爸，垃圾怎么办？”家长环顾了一下四周，见没有垃圾篓，且地上本来也有垃圾，于是对孩子说:“扔在地上吧！”孩子马上提出质疑:“我们老师说不能随地乱扔垃圾的！”这时，家长的反馈是“扔了吧，反正地上也脏”，这样，孩子最终还是把垃圾扔在了地上。

从以上案例可以看出，因为家庭与幼儿园要求的不一致，最终幼儿违反了常规。在这样的情况下，以后再让幼儿保持良好常规、形成良好卫生习惯就变得更加困难。

（六）尊重性原则

幼儿常规教育的尊重性原则是指在常规教育过程中教育者要使自己处于与幼儿平等的地位，尊重幼儿的人格，努力与幼儿建立友好信赖关系，使幼儿意识到双方在人格、权利上享有同等“待遇”，以确保常规教育工作的顺利进行，取得满意的效果。

贯彻尊重性原则要注意以下三点：

①要信任幼儿。教育者要相信每个幼儿都有独特的价值，相信他们的可塑性和可改变性。教育者与幼儿之间建立的良好信任关系可以使幼儿增强自信，这有助于幼儿接受规则，更好地用规则来调控自己的行为，进而习得常规。这一点对本来就不是很守常规的幼儿来说，特别有用。比如，有的幼儿由于好动，经常破坏规则，甚至扰乱正常活动秩序。其实这个孩子的注意力会经常性地投入到教育者身上，在他的头脑中总是会认为教育者是不会相信他能做好的。如果在活动开始前，教育者通过暗示或单独明示的方式给予他“我相信你会做得很好”这样的信息，孩子在接收到教育者非常信任他的信息后，会加强自己的自控行为，从而遵守常规。

②要平等地对待幼儿。现代教育思想认为，友好和睦的教育气氛是搞好教育教学工作的首要条件。常规教育只有在愉快、活泼、乐观向上的气氛中才能有效地进行。作为一个教育者，必须牢记教育者和幼儿虽然角色不同但人格是平等的这一基本原则。在常规教育中，应尽量避免使用命令、训斥的方式对待幼儿，更不能采取强制手段去逼迫幼儿接受规则，而应该给幼儿以尊重，充分激发幼儿自身的潜能和人格价值。应该说，井然有序的生活和学习秩序是常规教育所期望达到的目的，但这一目的的实现建立在使幼儿能够自觉自愿地控制自己行为的基础上。如果教育者与幼儿处于不平等的状态，教育者依靠自己的强势地位压制幼儿或靠奖励、惩罚等方式让幼儿“守规矩”，从某种意义上说，这种暂时的“守规矩”不是真实的。因为幼儿之所以“守规矩”，只是因为害

怕教育者的惩罚，或者是为了得到奖励，而并不是真正地理解其行为自身给集体和他人带来的后果。

③要尊重幼儿的个性特点。由于每个幼儿的个性和原有的生活经验不同，同样的常规教育在每个孩子身上产生的效果也是不一样的，教育者强制执行不符合幼儿个性特点的规则，片面追求“整齐划一”的效果，显然是不切合实际并且适得其反的。从尊重幼儿个性特点的角度来讲，常规教育应该考虑不同幼儿的特点。例如，幼儿园中午都要求午睡，大多数幼儿都能午睡，但是有个别幼儿平常没有午睡的习惯，或因为情绪等问题一时睡不着。在这种情况下，教育者不必用“必须安静午睡”这条规则来统一对幼儿进行要求，因为他们的个体行为并没有干扰他人或班集体正常活动的进行。教育者应该从尊重个体差异出发，在暂时无法改变其生活习惯的情况下，允许毫无睡意的幼儿不参加午睡，或采用其他方法帮助他们入睡。幼儿的家庭生活背景、先天素质、健康等状况不同，每个人都会有不同的生活方式、学习方式、行为方式，并在发展中显示出鲜明的个性和独特的发展进程，由此带来每个幼儿特殊的个体需求，这些需求对幼儿而言是合适而又非常重要的。因此，用一条规则去要求不同的孩子时，也应考虑不同年龄、不同个性幼儿的需求。

四、幼儿常规教育的意义

幼儿常规是幼儿一日生活中的各种活动应该遵守的基本行为准则，幼儿常规教育不仅能够促进幼儿的全面发展，为幼儿今后的学习和生活打下良好的基础，也是幼儿教师开展正常的教育教学活动的前提，对于维持幼儿园正常的生活学习秩序有着极其重要的意义。

（一）幼儿常规教育对幼儿发展的意义

幼儿常规教育通过让幼儿学会遵守相关的常规，促进幼儿个性的健康发展。

1. 良好的常规促进幼儿身心的健康发展

从幼儿个体的发展来看，一方面，良好的常规可以使幼儿的生活具有合理的节奏，能使神经系统得到有益的调节，促进身体健康。比如，饭前便后洗手的常规可以使幼儿尽可能少地受到各种细菌的侵害，刷牙的常规可以保护幼儿的牙齿健康，早睡早起的常规可以使幼儿精力充沛，是幼儿身体正常发育的必备条件，收拾玩具的常规可以使幼儿行动时免受障碍物的伤害，等等。

另一方面，良好的常规又能使幼儿积极愉快地参加各种活动，促进幼儿情绪情感的正常发展，促进幼儿的心理健康。比如，幼儿在活动中遵守常规，就会增加活动的自信心、成就感，获得心理上的满足，从而保持愉快的情绪；相反，不懂常规的幼儿在活动中会经常性地受到其他活动者的鄙视和打击，影响幼儿参加活动的积极性和与人交往的能力。

2. 常规教育可使幼儿获得安全感

安全感是幼儿健康发展最重要的因素。具有安全感的幼儿会体会到被人接受、理解的愉悦，获得对集体的归属感，将自己视为集体中积极的个体，体验到来自他人的热情与温暖，从而产生信任、宽容、友好的情感。相反，一个缺乏安全感的幼儿往往会感到受冷落、歧视或者被遗忘，经常会觉得外在环境危险，从而产生焦虑不安的情绪，逐渐将他人视为仇恨、嫉妒的对象，难以融入群体活动之中。

安全感是如何获得的呢？人在一个有规律的环境里生活才会感到安

全，幼儿更是如此，如果生活是有规则的、有程序的，幼儿就会比较容易适应这种生活，进而觉得生活是安全的。合理的常规为幼儿创造了一种有序的、和谐的生活，他们在愉快的情境中自然形成一种符合其身心发展水平的规则意识和规范行为。

对幼儿来说，安全感的获得首先来自一个安全、信任的集体环境，而在一个安全、信任的环境中，规则必不可少。比如，在幼儿园里，如果幼儿都学会礼貌地向他人请求交换玩具而不是采取抢夺的方式，那么幼儿就会很主动地将自己的玩具交换给别人玩，因为他觉得这样做是安全的。如果有孩子使用抢夺的方式来玩别人的玩具，幼儿就会很小心地将自己的玩具保护好，不让别人玩，因为他没有安全感，不确信别人是否能将玩具给自己玩。也就是说，幼儿必须确信他在专心活动时不被打扰，他的私人物品不会被随意霸占；自己所在的集体是安全的，别人对自己是友好的，这才能使幼儿获得安全感。可见，常规教育可保证幼儿生活的环境是有规则的，从而让幼儿产生安全感，而安全感是幼儿心理健康的重要前提。

3. 常规教育可培养幼儿的自律能力

自律是指控制自己，使自己在不受他人要求的情形下遵守一些共同制定的规则。在幼儿的发展过程中，自律是幼儿意志品质中最重要的成分之一。自律作为意志力的体现，与认知、情感一起作用于人的行为，随着幼儿自律能力的发展，幼儿的社会适应性也在不断提高。自律能力强的幼儿，能根据周围的环境有效地调节自己的情绪与行为。比如，当老师要求安静聆听时，幼儿能克制自己的冲动，按照老师的要求保持安静并认真聆听；当和同伴因为争抢玩具而发生矛盾时，幼儿能采取一些积极的策略缓解矛盾。自律能力强的幼儿更容易得到教师、同伴的认可，从而为自己建立愉悦、轻松的交往圈，为自己的发展营造良好的环境。

教师可以通过常规教育引导幼儿运用合理的社会规则来解决日常生活中遇到的冲突，逐步自觉地通过社会规则来控制自己的行为，提高自律能力。可见，幼儿的自律能力是通过幼儿遵守一日生活的常规来逐渐培养的，比如幼儿在听故事、进食、午睡或者自由活动的时候，需要控制自我欲念，做到进食不说话、排队不乱挤、不强抢别人的玩具、不伤害别人等。

（二）幼儿常规教育对教师工作的意义

“对于保教人员来说，常规是正常保教秩序的保证，可以使工作有条理，有助于形成良好的工作与教育环境，从而提高效率，因而是有效的教育的条件。”

幼儿教师工作是一项高强度的工作。根据幼儿园教育工作安排的规定，我国幼儿园班级的幼儿人数标准为小班25人，中班30人，大班35人。但是实际上大部分幼儿园班级的人数超过了这个标准，有些幼儿园班级的人数甚至达到50～60人。通常一个班级安排有两位老师和一位保育员，这样的师幼人数比例如果与中小学、大学的师生人数比例相比可能并不算很高，但幼儿园班级的工作涉及保育及教育的方方面面，既细致又繁杂，幼儿教师既要在生活上关心、照顾所有幼儿，保障幼儿的安全，又要对幼儿进行知识、品行的教育以及能力的培养；既要掌握幼儿身心发展的规律，又要结合本班幼儿的具体情况进行教育、教学活动。这些任务要求教师投入大量的时间和精力。

另外，幼儿园负有双重任务，既要对幼儿实施保育和教育，又要为家长工作提供便利。也就是说，幼儿教师不仅要面对几十个幼儿，还要保持与几十位家长的交流沟通。

在这种高强度的工作条件下，如果幼儿没有形成良好的常规，教师就难以开展正常的保教工作，进而影响幼儿教育质量，影响幼儿的发展。

案例 1-4 “我要回家！我要妈妈！”

背景：小班，活动室，幼儿刚入园的第三天上午9:00—9:15。

陈波和李琴琴哭着要回家，在老师的抚慰下，好不容易才平静下来。陈老师宣布教唱《我爱我的幼儿园》，请幼儿“上位”坐好。在陈老师大声要求几遍后，活动室里依然乱糟糟的，有的幼儿找不到自己的座位，茫然不知所措，有的幼儿在玩着自己手里的东西，仿佛没听见老师的话一样，有两个男孩正在争夺一把椅子。“这是我的！”“是我的！”面对这种场面，陈老师用力地按了几下琴键，大声地说：“小朋友们想不想学唱这首歌？”有些幼儿应答道：“想！”陈老师又说：“请小朋友们上位，下面我们一起来学唱这首歌。”陈老师教唱得很生动，但只有为数不多的幼儿跟着唱，有的幼儿只是看着老师，并不张嘴。张若兰小朋友突然“哇”地一声大哭起来：“我不要唱歌！我要回家！我要妈妈！”刚刚平静下来的陈波和李琴琴也跟着哭起来，陈老师的教唱活动只得停下来。

（赵学菊，2002）

通过幼儿常规教育，在幼儿班级中建立起细致、全面、具体的班级规范，让幼儿学会遵从，可以极大地减轻幼儿教师的工作强度，提高幼儿教师保教工作的效率。

（三）幼儿常规教育对幼儿园的意义

幼儿园是一种集体生活和学习的组织。既然是集体，就必须建设一套有序的组织结构和活动方式。幼儿在幼儿园集体中进行活动、学习，也需要遵守一定的规则和依据一定的程序。只有具有一定的规则和程序的集体，才能保证集体中的各种活动有条不紊，才能保证幼儿在集体中的活动既"自由"，又有所遵循，不违规。因此，幼儿常规教育能使幼儿园秩序井然、环境稳定，建立正常秩序，保证幼儿园的保教活动顺利进行，实现教育目的。可以说，幼儿常规教育是幼儿园的"开路"工作或奠基工程。

常规教育作为幼儿园管理的辅助手段，最终实现的是对幼儿的群体管理，以维持整个幼儿园的正常组织和运行。所以，幼儿常规教育的意义虽然最终体现在幼儿的个体发展上，但幼儿的发展是在具体环境中的发展，是在集体中的发展，因此常规教育的意义在过程中体现为借助幼儿个体的规范的建立，形成对幼儿群体（幼儿园）的制度化规范。很多幼儿园园长把常规管理作为办园的首要任务，因为他们知道，幼儿常规习惯好，幼儿园就好管理，幼儿园的所有工作人员就会觉得轻松，反之，大家都会很累。

案例 1-5　某幼儿园作息时间表

7:40	入园
7:40—8:45	吃早餐
8:45—9:05	集合、早操
9:05—9:10	排队回教室、喝水、上厕所

9:10—10:00	集体教学活动
10:00—10:10	喝水、上厕所
10:10—11:00	集体教学活动
11:00—11:10	集合、洗手、上厕所，然后坐好等候开餐
11:10—11:40	午餐
11:40—12:00	晴天由老师带领至室外进行餐后散步，准备午睡；下雨天，在室内自由活动
12:00—14:30	午睡
14:30—15:10	起床、集合、吃点心
15:10—16:20	集体游戏、集体教学活动或者自由活动
16:20—16:30	集合、洗手、上厕所
16:30—17:20	晚餐、集合等候离园
17:20	离园

幼儿园的作息时间就是一种幼儿常规。作息时间表为幼儿园的一日生活建立了秩序，保证了幼儿园各项工作的顺利进行。有了这个作息时间表，幼儿与家长基本上都会知道什么时间点该做什么事情，这为幼儿园的工作带来了极大的便利。如果没有这种规范，例如，如果没有规定的入园时间，有些家长6点多将孩子送来幼儿园，有些家长十一二点送孩子入园，幼儿园的工作就无法有秩序地进行。

五、幼儿常规形成的过程

幼儿常规的形成过程是指幼儿在教育者的引导下在社会生活中认识、遵从规范，从而形成自觉习惯的过程。幼儿从认识规范到自觉遵守规范需要经历一个动态的、较长的过程。幼儿常规形成的过程就是幼儿社会化的过程。社会学家一般将人的社会化分为有意的社会化和无意的社会化。有意的社会化是指成人为使下一代接受某些规范和价值而依照预定的计划采取适当的步骤直接教导他们遵从这些规范和价值的过程。无意的社会化是指人在社会活动中通过环境的暗示与对他人的模仿进行的社会化。幼儿常规的形成过程主要是一个教育者有目的、有意识地促使幼儿有意社会化的过程。幼儿常规的形成过程分为认识常规、认同常规、维护常规三个阶段。

（一）认识常规阶段

认识常规即让幼儿了解常规的具体要求，让幼儿知晓哪些行为可取、哪些行为不可取。教育者一般通过一些相应的活动引导幼儿掌握规范，比如把幼儿所要认识和遵从的规范要求渗透于故事、歌曲、游戏等教育活动中，通过这些活动使幼儿获得直接的、明确的规范。这种规范认知是通过在教育活动中教育者对幼儿的角色期望来实现的。

例如，“上位”是幼儿教师经常使用的专用术语，它是指让幼儿坐到自己的座位上，具体来说是要求幼儿“坐到自己的小椅子上，小嘴闭闭好，小脚并并拢，小眼睛看着老师，小手放在膝盖上”。“上位”的规范要求为教师对幼儿的管理工作带来许多便利。许多教师是这样指导幼儿认识这一规范的：教师将幼儿以5～6个人为单位分成几组，将每一组幼儿安排到一定位置上后，发给每个幼儿一张写有幼儿名字的粘贴图片，帮助幼儿把它们贴在椅背上，并告诉幼儿："要记住，有这个图标的椅子是你的，你要爱护它，和它做好朋友。"在全体幼儿按组坐好后，教师向全体幼儿提出要求："以后你们每天都这样坐，小朋友们要记住自己小椅子上贴的图标是什么，记住自己的邻居是谁，不要坐到别人的座位上去。"（赵学菊，2002）

（二）认同常规阶段

幼儿在获得了对常规的认知后，可能刚开始并不能经常遵守，因为常规是对幼儿的言行进行约束和控制的，需要一定的意志力才能遵从。幼儿天性活泼好动、无拘无束，特别是低龄幼儿，似乎"忘性"很大，自律能力也差，往往教育者刚刚告诉他应该怎么做，一转眼他就会忘记。但是，随着教育者在活动中对常规的执行，幼儿会越来越深入地体会到遵守常规带给自己与他人的方便；因为遵守常规，幼儿也会逐渐被集体接纳，获得来自他人的社会性支持。这些美好的结果会使幼儿逐渐认同常规，将遵守常规内化为自己行为习惯的一部分，从而做出更多符合常规的行为。

案例1-6　一位家长对孩子的常规教育

我不希望孩子养成丢三落四的坏毛病，在孩子画画的时候，为了让他养成良好的习惯，我要求他拿笔的时候要一支一支从笔盒中拿出来。可是儿子总是在画画前把一大盒水彩笔"啪"地一下全部倒出来，满地扔。我告诉他："你这样不爱惜画笔，它会生气的，它以后不会让你写了。”他没听我的，我也没理会他，之后我悄悄地把笔全部收起来藏好。终于，几天后，他跟我说想画画。我告诉他画笔已经生气了，不想和他玩了。我问他：“你知道为什么吗？”他说：“因为我乱扔了笔。”我说：“那你以后还乱扔吗？”他说：“我要爱画笔。”这下我才把笔拿出来。就这样几次之后，儿子现在已经知道不能乱扔画笔，要爱惜画笔了。

（三）维护常规阶段

伴随着幼儿对常规的认识和认同，常规逐步内化为幼儿心理活动的定型反应——习惯，并在活动中表现出与常规一致的行为。这时，幼儿开始把自己或他人的言行与常规要求进行比较，不仅自己在努力地和教师的常规要求保持一致，甚至把监控、捕捉其他幼儿不遵守常规、没按老师要求去做的行为当作听老师的话、遵守常规的“好孩子”的标志。当他人言行与要求背离时，幼儿便会自觉地挺身而出维护常规。

案例 1-7　幼儿的告状行为

1. 户外活动结束后，小朋友们一起去洗手间洗手、小便。不一会儿，浩浩和童童跑过来跟老师讲：“老师，燕洋在踢厕所的门。”

2. 晚饭时，有的孩子先吃完饭，没有漱口就直接去玩玩具，赫赫就喊：“老师，他们都没有漱口！”

告状是幼儿最常见的行为之一，幼儿园里幼儿告状有很多原因，大多数都与违反常规有关。幼儿园里有一些规定，幼儿很容易忘记、忽视这些规定，当幼儿发现某个同伴的做法不符合老师提出的要求规范，而自身又缺乏制止他人继续违反常规的能力时，就希望老师出面维护常规。

六、幼儿常规教育中常见的问题

幼儿常规对于促进幼儿健康发展有重要意义，因此，不管是家庭还是幼儿园都相当重视幼儿常规教育。然而，我国的幼儿常规教育大多是以方便教育者管理和控制幼儿为直接目的的，这就使幼儿常规教育出现目标不明确、内容不合理、教育方式不利于幼儿的发展等问题，从而影响了幼儿常规教育的效果，甚至对幼儿发展形成阻碍。

（一）幼儿常规教育目标存在的问题

1. 混淆幼儿常规教育目标与手段

幼儿常规教育的最终目的是促进幼儿健康和谐发展，直接目标是维护幼儿日常生活秩序、有利于开展教育教学活动，但是幼儿常规不是教育者管理幼儿的手段。例如，幼儿园都要求幼儿遵守在幼儿园午睡的常规，但如果从健康的角度来讲，只要幼儿每天能保证良好的睡眠（睡眠健康不是从时间上规定的，而是指睡眠的质量），幼儿不午睡并不影响幼儿的健康发展。那么，幼儿园要求每个孩子午睡的主要理由就是利于教师管理。试想，一个班几十个孩子，如果都睡午觉，自然教师会觉得比较轻松；如果有几个不睡觉，就得带着他们安排相应的活动，显然教师会觉得比较累。可见，在部分教师的眼里，幼儿常规教育是其管理幼儿的手段，而非最终目的。

2. 维护纪律成为常规教育的唯一目标

如果问教育者“为什么要对幼儿进行常规教育”，肯定会有部分教育者回答“可以使孩子守纪律”。正是由于教育者把常规教育的目标限定于让幼儿守纪律，他们在常规教育过程中就会不自觉地采用一些高压的、能够立竿见影的教育手段来达到让幼儿“听话”的目的，而忽视了幼儿的身心健康发展，尤其是心理健康发展。

案例 1-8 “闭嘴！反了不成？”

一次户外活动时，教师进行整队，可是兴奋的小朋友们一时无法平静下来，叽叽喳喳地说个没完。带班教师生气了，故意讥讽他们：“说吧！说吧！我现在把时间交给你们了！”小朋友们并没有听出教师话中的弦外之音，说得更起劲了。这样一来，教师彻底生气了：“你们还真反了不成？都给我闭嘴！我就知道，一旦把时间交给你们，你们就什么都不会干了，又被你们浪费了几分钟！”

（王喜海，2012）

这是在家庭和幼儿园里经常可见的教育者的做法。通过高控制的方式让幼儿守纪律，将其作为常规教育的唯一目标，这样的常规教育的效果如何呢？

案例 1-9 实习生的感受

幼师学生在毕业前到幼儿园参加毕业实习，在实习生开始自己带班的第二天结束回校后，我问一位实习生有何感受。这个实习生用沙哑的嗓音和我说了一句话：“您看我都这样了，这就是我的感受。”

实习生的嗓音为什么会沙哑？大家都知道，面对几十个孩子组织各种各样的活动，为了控制吵吵闹闹的场面，让幼儿听话，实习生就会不断地提高嗓音来压制幼儿，目的是为了维护纪律。可是，幼儿不懂得为了维护集体的利益而自觉地控制自己的行为，也不具有根据集体生活的准则来理性地对自己行为的利弊进行判断的能力，即便他们做到了安静或默不作声，这种遵守纪律的行为也只是暂时和被动的，高压下形成的秩序是不可能持久的。正因为幼儿不能持久地守纪律，所以实习生必须在一天中不断地重复使用高压手段，一天下来嗓音就变哑了。

（二）幼儿常规教育内容存在的问题

1. 把幼儿常规教育等同于道德教育

有些教育工作者把幼儿常规教育等同于道德教育，把幼儿常规教育的效果同幼儿的道德品质等同起来，随意地把一些不适应常规的幼儿称为“问题幼儿”、“坏幼儿”，甚至在开展各项活动的时候边缘化这些幼儿。把幼儿的常规行为道德化、将个别幼儿边缘化是不负责任的表现，更不能把幼儿的一些违反常规的行为判定为品质有问题。把幼儿常规教育等同于道德教育，必然会在教育中产生不适当的教育预期，使幼儿心理紧张，进而造成焦虑，对幼儿的健康成长造成不良影响。

案例 1-10　老师骂孩子说要送进监狱

2012年9月25日14:55，网友“我是APPLE爱生活”发表一篇长长的博文，称厦大幼儿园存在“精神虐童”事件。当晚21:43，该网友又发出一篇博文《曝光后续》。连日来，这些博客内容经过微博大量转发后，引发众多网友热议。

记者注意到，该网友在文章开头点明其身份，自称是厦大幼儿园中

(4) 班幼儿小松的家长。该家长发现孩子上中班后，出现不爱上幼儿园的情况，“感觉到事态的严重，并进行了一系列的调查，看问题究竟出在哪里”。

小松的家长在文章中列出了该幼儿园中 (4) 班的潘老师和胡老师的一些“精神虐童”事件：两位老师在全班小朋友面前批评斥责小松，给他贴“坏孩子”的标签，常说要让他退学，还说要把他送进监狱；两位保安也在潘老师的怂恿下多次打小松，孩子的自尊心受到了很大的伤害；2012年9月28日这天，两位老师因为小松经常往桌上倒水，以不给他的水壶装水来作为惩罚，导致孩子一天都没水喝。

(http://job.025ct.com/rencaishouye/207323.html)

2. 幼儿常规教育就是让幼儿学习规则、遵守纪律

常规教育最核心的内容就是让幼儿建立规则意识，规则意识是发自内心的、以规则为自己行动准绳的意识，是人们关于规则和规则现象的思想、观点、心理和知识的总称，属于社会意识范畴。规则意识的内容非常广泛，主要包括：人们对规则的起源、特征、本质和作用的观点、看法，对涉及自身的规则的理解、态度、认识以及关于规则的知识。可见，幼儿常规教育涉及幼儿的认知、情感、态度、意志、心理状态等整个心理范畴。但在现实的幼儿常规教育中，很多教育者把幼儿常规教育简化为仅仅让幼儿学习规则、遵守纪律。

例如，我国的幼儿园通常从幼儿入园开始，花很长一段时间来进行常规教育，并制定了《幼儿园一日生活常规》，如穿戴的常规：衣服讲求整洁，不挑衣服穿，不与小朋友相攀比；小班幼儿在成人帮助下要逐步学会自己穿脱衣服鞋袜，中大班幼儿能独立而有次序地穿脱上衣

和裤子；穿上衣时，提起衣领，再找袖筒，左右手先后穿入袖筒，再把衣服拉整齐；扣纽扣时，把衣服下沿对整齐，从底下的纽扣开始，逐粒往上扣，扣完后把上衣下沿拉一拉，并将衣领翻好；穿套头衫时，先认清前后，把头套进去，再将两手分别伸进袖筒，然后把衣服拉整齐，翻好衣领；脱对襟衫时，先解开扣子，再脱袖子衣身；脱套头衫时，两手交叉胸前，拉住衣下沿，自下向上脱去；穿裤子时，先找裤头，认清前后，两只脚分别伸进两个裤筒，再把裤头拉到腰间，若是用松紧带的裤子，要整理好裤头，若穿扣纽扣的裤子，则应扣好纽扣；脱裤子时，有纽扣或拉链的应先解开，双手抓住裤头往下脱；穿袜子时，两手拿住袜口，特别注意袜跟应向下，然后将脚尖伸进去，两手把袜口拉起来，将袜跟与脚跟对好，整理整齐；脱袜子时，两手拉住袜口往下脱；穿鞋时，小、中班幼儿在成人帮助下，分清左右鞋，然后把脚伸进去，到了大班，成人稍加帮助，幼儿应自己把左右脚穿进对应的鞋中，然后系好鞋带（或扣好扣子），要学会系活结；脱鞋时，先解开扣子或鞋带，然后用一只手搭着鞋跟，把鞋脱下，等等。在常规教育的过程中，教师会反复说给孩子，让他们牢记在心，认为这样就可以收到良好效果。但事实上，经过老师一段时间的规则教育，并没有达到老师的预期效果，老师很苦恼，也很困惑。其实我们反思一下，这些规则内容本身是对的，但为什么会达不到预期效果呢？这是幼儿正常的心智年龄决定的，换句话说，幼儿做不到老师的这些要求，是正常的。他们只有三四岁，正处在不断尝试错误、本我和自我相冲突的矛盾随时发生的年龄。幼儿会尝试很多的方式来达到教师的要求，比如穿脱衣服，幼儿会通过适合自己的，也许是一种比较创新的方式完成要求，但往往因为幼儿创造的方式是不合常规的而不被幼儿教师所接受。这其实就是因为教师把常规教育简化成了学习规则、遵守纪律（听老师的话）。

3. 将幼儿常规教育等同于幼儿安全教育

幼儿良好的常规能够减少安全事故的发生，因而有些教育者把幼儿常规教育等同于安全教育，或者为了安全的缘故对幼儿实施预防式的消极常规教育。在这种思想的影响下，幼儿常规教育就变成了给幼儿打安全方面的预防针，幼儿常规就变成了为预防事故发生而约束幼儿行为的禁令。当然，幼儿期与人生其他阶段的发展重点有所不同，幼儿期身体的发展是第一位的，而安全是幼儿身体发展的前提条件，因此，在幼儿常规教育中强调安全教育的内容对于学前阶段的幼儿来说是十分必要的。但是，幼儿常规教育的内容既包含生活规则、公共规则教育，也包含交往规则与道德规则教育等领域，并且各领域是相互渗透的。仅仅为了安全的缘故而限制幼儿的活动自由是不可取的。从根本上说，要减少事故的发生，需要通过安全教育提高幼儿的安全知识和安全意识，同时还需要通过常规教育帮助幼儿提高规则意识和行为的自控能力。然而，由于教育者在思想上把安全教育提高到了与常规教育同一的位置上，在实际做法上往往就会采用以预防为定向的常规教育，以为让幼儿像大家闺秀一样坐着就不会出事情了。这种消极地剥夺幼儿活动机会的做法，虽然在一定程度上降低了事故的发生率，却剥夺了幼儿在经验中学习的机会，使幼儿失去了通过情境积累自我控制经验的机会，最终的结果是幼儿并不能适应社会环境。

例如，我们经常见到一些家长或者老师教育孩子“那里很危险，不能去”，“这是带电的东西，不能摸”。但是效果如何呢？幼儿的心理特点决定了他的行为方式——你越是说不能去的地方，他偏喜欢去；你越是说不能摸的地方，他偏要去摸摸。这种安全常规教育的失败正是因为把常规教育等同于安全教育，从而采用了不恰当的方式造成的。

（三）幼儿常规教育方法存在的问题

1. 以约束的方式开展常规教育

幼儿从单个的自然个体到要适应有组织性的社会群体生活，必须要有一定的纪律来约束。特别是幼儿处于无拘无束的年龄，规范意识不强，如果没有一定的纪律约束，不仅幼儿个体不能适应环境，也会破坏社会的正常秩序。常规的约束性对于群体的生活是具有积极意义的。但约束只是常规教育的功能之一，当教育者把约束当作常规教育的方式时，教育对于幼儿的发展就不一定是积极的了。

例如，幼儿教师为了训练幼儿的常规，通常会随时随地观察幼儿的行为，一旦发现有违反常规的地方，就立即加以纠正或制止，即使遇到幼儿的拒绝或反抗，教师也会利用自己的长者、师者身份强制实施下去。这种情况在家庭中也不少见，教育者总是用禁律去约束幼儿，比如在幼儿玩玩具时要求不要把玩具掉到地上；洗手时要求不要玩水；排队做操时要求不要拖拖拉拉，要行动快；睡觉时要求把眼闭上，不许说话……幼儿就像生活在一张无形的“电网”中，随时都有触电的危险。这样，在幼儿的生活中，总是充满“触电”后的惶恐和不安，因为一旦“触电”，等待幼儿的就是教育者给的“颜色”。我们成人都希望生活在一个充满自由的无拘无束的环境里，何况是无忧无虑的孩子。因此，不顾幼儿的自由而以约束的方式进行常规教育与幼儿活泼的天性不相符，阻碍了儿童的个性发展。

2. 以惩罚应对幼儿的违规

合理的惩罚可以使幼儿分清是非、善恶，对违规行为做出回避、改变的反应，使幼儿的行为逐步向常规靠拢。在幼儿常规教育中，惩罚的价值在于使幼儿清楚地区分什么行为是被允许的、什么行为是不被允许的，怎样做是对的、怎样做是错的。惩罚具有强化作用和警他作用两种正向效应，即对违规的幼儿实施惩罚，可以使这些幼儿改正违规行为，同时，对于那些没有违规但是有违规倾向的幼儿来说，违规的幼儿受到惩罚可以为他们标示出违规的后果以及遵守规范的意义，从而加强对常规的认同。但是在幼儿教育实践中，我们看到，以惩罚应对幼儿的违规行为往往是失效的。

案例 1-11　脚印真有趣

早上孩子来园时，因为保育员刚刚拖完教室，教室里还有一块大大的湿地。有一个孩子走进教室，正好走过那块湿地，然后留下一串脚印，甚是可爱。这时另一个进来的孩子看见了，便故意走到湿地处，然后到处去留脚印，使教室里的湿地范围越来越大。这时，老师刚好看见了那个故意踩湿地的孩子，于是非常生气地叫那个孩子站到外面去，并告诉其他孩子不要再去踩。没想到，好几个孩子还是故意绕去那块湿地，然后才回到自己的位置上。

从这个案例我们可以看到，老师想用惩罚的方式告诫其他的孩子遵守常规，却没想到教育没有效果。其实，在心理学家桑代克和斯金纳的实验中，就得出了这样的结论：当惩罚被有规律地施行的时候，最多只能起到在短时间内使违规行为减少的作用，却无法起到加强良好行为的作用，因为惩罚并没有告诉人们应该做什么。为什么在我国的幼儿园中，惩罚现象仍屡见不鲜呢？因为惩罚会带来立竿见影的效果——马上制止某种违规行为。但这种表面上的违规行为的停止实际上隐藏着许多心理危机。有的幼儿可能在教育者的控制和压服下，丧失信心，变得怯懦，甚至出现抑郁等严重的心理问题。

3. 言教重于身教

幼儿常规教育的言教是指教师对规范、规则的言语解释，言教是有意识的，是教育者对受教育者实施教育的主要方式。身教是教育者以自己的行动为受教育者树立可以效仿的榜样，通常是无意识的。身教的最大优势是能把抽象的规范要求具体化、人格化，形象生动，具有很大的感染力和鼓动力。

在幼儿常规教育中，教育者往往比较注重对幼儿的言教，用大量的语言为幼儿讲解常规的内容、目的、意义等，但是对身教比较忽视。

案例 1-12 问答

下午集体教育活动结束后，幼儿们喝水、如厕后纷纷回到自己的位置上等待老师的安排。老师扫了一眼，看到所有的幼儿都回到了教室，说道："一二三！"幼儿回答："我坐好！"然后老师的眼睛迅速向全班扫描，并说："小眼睛！"幼儿们条件反射似的回应"看老师"，并瞪大眼睛看着老师。老师看到几乎所有的幼儿都集中注意力了，开始提要求："接下来我们要到操场上玩大型玩具，老师想问问小朋友们，出去排队的时候应该怎么样呀？"幼儿齐声回答："轻轻地把小椅子放在桌子旁边，轻轻地走去排队。"老师又问："那我们排队的时候能不能讲话呀？"幼儿大声回答："不能！"老师再问："能不能抢玩具呀？"幼儿大声回答："不能！"老师最后问："能不能在操场上疯跑啊？"幼儿大声回答："不能！"

（张小翠，2011）

案例1-13　妈妈还有事

一天，小虎的妈妈带小虎过人行道时，恰好遇到了红灯。见两边没有车，妈妈便一把拉住小虎的手直往前冲。小虎不解地问:“妈妈，你不是告诉我不能闯红灯的吗？”妈妈却不耐烦地说:“一会儿妈妈还有事，要赶时间，哪有时间浪费在这里。”

（王海凤，2008）

幼儿常规的形成，往往受环境的影响。“近朱者赤，近墨者黑”，如果教育者只是一味地要求孩子去遵守规则，而自己却不能以身作则，那么幼儿就不可能遵守常规。案例1-12的情形在幼儿园里非常普遍，尽管老师们每天不停地强调“不能这样”、“不能那样”，但是只要老师不提醒，幼儿可能就没有常规了。案例1-13中的家长在给孩子进行常规教育时，要求孩子遵守交通规则，自己却随意闯红灯。家长不重视常规教育过程中的榜样作用（即身教）往往导致幼儿常规教育的失败。

4. 幼儿常规教育的封闭化

常规教育的封闭化是指把对幼儿的常规教育限定在家庭或者幼儿园等单一的环境内，而不重视幼儿常规教育的家园合作，不重视家长、幼儿教师、幼儿之间的平等互动关系。幼儿常规教育的实施中，家庭和幼儿园没有谁重谁轻的说法，家庭的常规教育与幼儿园的常规教育是同样重要的。幼儿的一些不良常规习惯很难改正，或者良好常规很难形成，其部分原因是教师和家长之间缺乏沟通。很多家长没有科学、全面的教子方法，甚至错误地认为教育孩子主要是幼儿园的责任。比如，有些家长把孩子送到幼儿园交给老师的时候会强调一句“老师，我的孩子就交给您了”，言外之意就是，孩子上了幼儿园，老师就要承担全部的教育责任。另外，有些幼儿园老师非常愿意听家长说的一句话是：“老师，我的孩子特别听老师的话，现在连我的话都不听了。”其实这是很不好的，孩子不听家长的话、只听教师的话也不利于幼儿常规教育。

幼儿常规教育的封闭化具体体现在以下三个方面：

①常规的制定更多地反映了幼儿园管理者和教师的要求，而没有吸收并体现幼儿和家长的愿望。比如，有的园长认为，幼儿园的老师有多年的教育孩子的经验，总结出了教育孩子的很多常规。很多幼儿教师也认为，常规就是老师给幼儿的硬性规定，是幼儿必须无条件服从的规章制度。这说明在教师的观念中常规应该是由教师来制定的。但事实上，幼儿常规教育是指向儿童世界的，单由成人来制定幼儿世界的规则是不合理的。

②把常规看成不能变通的制度，即常规是不变的、永恒的。由于良好的常规能减少幼儿在学习和生活中的意外伤害，有些教育者就片面地认为发生事故就说明常规教育不到位（就如前文所讲的安全常规教育），而在没有按照常规组织教学的情况下发生事故，教师就要承担更大的责任。在这样的氛围下，教育者明哲保身，就会比较保守地看待常规。“园长要求怎么做，我就怎么做”，家长要求幼儿园怎样，幼儿园就怎样。因为这样就不用承担很多的风险，而一旦把常规进行变通就有可能要承担责任了。

③将常规教育的时空仅封闭于幼儿园，幼儿教师只满足于在幼儿园里培养幼儿的常规，而对幼儿在家庭中的种种表现，如自理能力差、不愿意分享等却不加以过问和纠正，也没有主动将幼儿园的常规要求告诉家长。有些家长错误地以为教育孩子的主要责任在幼儿园，因此在家庭

中不给孩子提要求，或者家庭与幼儿园的要求不一致甚至相反。常规教育空间的封闭化，往往导致有些幼儿在家里与在幼儿园里的表现不一致：在幼儿园，为了讨好老师、成为教师眼里的“好孩子”，或为了逃避惩罚而即时性地控制自己不合理的冲动，遵守常规制度，而一到家里，仍然我行我素，不愿意用幼儿园所要求的行为准则进行自我控制。这不仅使教师要花太多的时间重复地进行常规教育，也不利于幼儿自我控制能力的培养，常规教育的成果难以得到巩固。

本章主要参考文献

[1] 福尔姆．我们得回到幼儿园[M]．吴群芳，译．北京：中国档案出版社，2001.

[2] 孙瑞权．中英幼儿教育中“规则意识”培养之比较—兼对幼儿“规则”教育的几点思考 [J]．赤峰学院学报：汉文哲学社会科学版，2008（4）：135.

[3] 王海凤．家庭中幼儿规则教育的几种误区 [J]．教育导刊：幼儿教育，2008（1）：58-59.

[4] 王喜海．童年与儿童教育 [M]．北京：中国轻工业出版社，2012.

[5] 张小翠．幼儿园班级规则教育：基于幼儿园日常生活活动的研究 [D]．重庆：重庆师范大学，2011.

[6] 张燕．幼儿园管理 [M]．北京：人民教育出版社，2008：131.

[7] 赵学菊．幼儿园班级规范教育研究[D]．芜湖：安徽师范大学，

2002.

[8] http://job.025ct.com/rencaishouye/207323.html.

[9] http://edu.pcbaby.com.cn/brain/action/1205/1106510.html.

第二章　幼儿常规教育的方法与技术

幼儿常规教育方法是指在一定的幼儿教育思想指导下形成的实现常规教育目标的策略性途径。幼儿园常用的常规教育方法有代币法、榜样示范法、图标法、自然后果法、行为塑造法、阳性强化法、消退法、儿歌强化法、指令法、行为巩固法。

幼儿常规教育方法是心理学原理在幼儿常规教育中的运用。正确地运用各种常规教育方法，对于提高常规教育质量、实现常规教育目标具有重要的意义。

一、代币法

凡是可以累积起来交换别的强化物的条件刺激物就叫作代币，如五角星、小红花、小红旗、印花、代价券、金属或塑料筹码等。代币可以用来换取幼儿需要的糖果、玩具、游戏等强化物。当幼儿表现出良好行为时，即可获得相应的代币；当幼儿表现出不良行为时，即被扣除已经获得的代币；到一定的时候幼儿可用手中的代币换取他自己希望获得的奖励。在代币制里，代币本身不具有价值，它的价值隐藏在它所能换取的奖赏物里。

通过应用代币来帮助幼儿建立符合常规要求的行为习惯和消除不符

合常规要求的行为的方法被称为代币法。

案例 2-1 朱琦半年后的巨变

朱琦是个有许多不良习惯的孩子，为了帮助他形成良好的学习和生活习惯，幼儿园老师和朱琦的妈妈与他做了如下的约定：

◆ 能按时起床、睡觉，各得1个★/次。

◆ 能整理自己的床铺、衣服、书包和书桌，愉快上学，各得1个★/次。

◆ 在幼儿园里先举手再发言，得1个★/次。

◆ 饭后收拾碗筷，得1个★/次。

◇ 骂人，扣1个★/次。

◇ 抢夺别人的东西，扣1个★/次。

◇ 打人，扣1个★/次。

◇ 乱发脾气，扣1个★/次。

每天由老师和妈妈在表格上逐项核对后计算并贴相应数量的★，一个星期结算一次，每个★可以兑换人民币1元钱。

实施半年后，朱琦像变成另外一个人似的。

老师和妈妈对朱琦良好行为习惯的培养主要采取了“代币奖励法”。朱琦半年后的可喜变化得益于朱琦的老师和妈妈将他的不良行为列为扣分项目、良好行为列为加分项目，并且给分数附以累积兑换功能，即朱琦获得一定分数后能将其结算成几乎“万能”的钱，然后去购买自己喜欢的物品或活动，这大大激发了朱琦的积极性。经过持久的努力，其不良行为逐渐消失，而良好行为习惯则逐渐形成。

使用代币法建立幼儿的常规行为应该注意以下要求：

（一）明确代币法的实施步骤

代币法的实施一般有如下步骤：

- 确立目标行为，即确定幼儿表现出哪些行为时给其代币，表现出哪些行为时扣除其代币；
- 与幼儿商量实施代币法的具体操作步骤与方法；
- 当幼儿表现出某个目标行为时，立即给予或扣除幼儿相应的代币；
- 每周进行代币交换奖赏活动。

案例 2-2　课上完了，五角星没用了

一个年轻漂亮的女老师参加某市的教学活动比赛，赛前经过群策群力，做了充分准备。比赛那天，她穿了一条漂亮裙子，裙子上贴了许多五角星，信心十足地带孩子们走进活动室。一切都在预料之中，小朋友们的积极性被充分调动起来了。每当小朋友做了一个很好的回答，老师就从裙子上摘下一颗五角星贴在孩子的脑门上，孩子开心极了，教育活动进行得很顺利。

这时，老师裙子上的一颗五角星掉了下来，恰好掉在到现在还没有得到一颗五角星的童惠小朋友旁边。她捡起来了，犹豫了好半天，很想把这颗五角星贴在自己的脑门上，但矛盾了一会儿，她还是把五角星交给了老师。老师接过五角星，没做任何表示，继续上她的课。很多听课老师为这位教师感到遗憾：经验不足，她应该顺势把那颗五角星贴在那个孩子的脑门上。

课继续往下上，在整堂课将要结束的时候，又一颗五角星掉在了一直没有得到五角星的杨欣小朋友的旁边。很快就下课了，杨欣也很想将这颗五角星据为己有，但思想斗争了一下，她还是匆匆地跑到老师的办公室将五角星还给老师。这位女老师说了这样一句话:“课上完了，五角星没用了，你把它扔了吧。”杨欣听了这话，一下子愣住了，她无法理解老师的做法。

案例中的老师仅仅将代币（五角星）当作临时调控幼儿行为的一种手段，而非培养幼儿良好行为习惯和品性的手段。小朋友将代币“五角星”看得十分神圣，而老师的这样一句话——“课上完了，五角星没用了，你把它扔了吧”——将会让幼儿看透一切代币，今年所有的代币将会变得没有任何意义。

另外，本案例中的老师从一开始就未预设课后将让幼儿拿代币（五角星）来兑换成其他奖赏，因此，这样的代币仅仅是具有让幼儿获得短暂兴奋的功能而已，而未能在幼儿良好行为习惯的培养中发挥应有的作用。

（二）明确代币法的适用范围及其局限性

代币法有其局限性，有它自己的适用范围：

- 适用于幼儿良好行为的建立，以及抑制甚至消除幼儿的不良行为；
- 适用于 4 岁以上的幼儿；
- 代币仅仅是一种外部强化物。

（三）代币一定要有累积兑换功能

代币的累积兑换功能是指幼儿获得一定数量的代币（如小红旗、红五星、小红花等）后，幼儿能根据自己的意愿选择教师规定的幼儿特别喜欢的奖品（如拥有性奖品或消费性奖品等）。

研究表明，花掉代币比不花掉代币的教育效果好得多。如果代币不能兑换成幼儿喜欢的物品或活动，那么，随着时间的推移，幼儿就会逐渐地对代币失去兴趣，代币就会失去其原有的激励功能。

（四）代币必须是幼儿不可复制的

为了确保代币的有效性，在实施过程中必须保证幼儿不能复制出代币，避免幼儿自己增加代币或者请父母为其增加代币。如果代币是幼儿及其家长可以复制的，那么，幼儿为了能到幼儿园里兑换奖品，他们就可能不是通过自身的努力去获取代币进而获得奖品，而是根据需要去不断复制代币进而去幼儿园兑换相应的奖品，这样，代币也就无法激励幼儿习得符合常规要求的行为。因此，在这方面还要努力做好家长的工作，告诉他们实施代币法对其孩子发展的意义，要求他们绝对不能给自己的孩子复制代币，否则，整个代币激励体系将被破坏，对其孩子的发展没有任何好处，甚至还会有许多负面影响。

案例 2-3　奶奶带你去买小红花

某星期五下午，小（1）班评选小红花活动开始了。孩子们个个坐得端端正正的，听着老师报名字。佳佳发言积极，声音响亮，应该得小红花。还有娇娇、霖霖、亮亮……一下子发了很多小红花。涛涛没得到小红花，噘着小嘴站起来说："仇老师，我也想要小红花。"仇老师看了他一眼说："你平时不努力，要也没有，你有他们好吗？老师要求大家做的你能做到吗？"涛涛听了委屈极了。仇老师接着问大家："你们说涛涛能得到小红花吗？""不能！"大家异口同声地回答。涛涛失望极了："仇老师，我现在不打人了。"他还在努力着。此时评选活动已结束了，家长们也陆续来接孩子，得了小红花的孩子在一个个地向亲人炫耀。不一会儿，只见涛涛和亮亮打起来了，原来是涛涛抢了亮亮的小红花。正好涛涛的奶奶来接孩子，涛涛一下子扑倒在奶奶怀里痛哭起来，涛涛的奶奶似乎明白了真相，对涛涛说："别哭了，小红花不值钱，奶奶带你去买。"说着奶奶就拉着涛涛走了。

"小红花"对小班的幼儿是特别有吸引力的——涛涛在得知自己因种种原因而未能得到小红花后做了种种努力，最后，他不惜用攻击同伴的方法去为自己弄一朵小红花，这就是一种有力的证明。

为了安慰涛涛，奶奶对小红花进行贬损，并许诺带涛涛去买——如果涛涛的奶奶真的能为涛涛买到小红花，那么，小红花原先所具有的激励功能将消失。

由此看来，运用代币法对幼儿进行教育也需要家长的全力参与与支持。

（五）行为与对应代币数的确定必须与幼儿协商

行为的最终践行者是幼儿，所以，教师在设立行为项目和相应代币数时必须与幼儿协商，征得幼儿的同意与认可。这样，代币指向的目标行为是幼儿自己认可的，他们执行起来才会有主动性。

（六）用代币兑换的奖赏要丰富多彩、富于变化

丰富多彩的奖赏可以避免幼儿对奖赏的厌腻。我们可以向幼儿提供的奖赏主要有以下五种：

- 消费性奖赏，如糖果、糕点、饮料、水果等。
- 活动性奖赏，如室内外的活动，看电影、电视，看画册，过生日，郊游、运动会等。
- 操作性奖赏，如拍球、跳绳、骑车、涂颜色、画画、玩彩泥、游戏、剪纸、小制作等。
- 拥有性奖赏，如奖状、证书、小红星、小红旗或铅笔、小画书、小玩具等。
- 社会性奖赏，它包括两大类：一类是肯定性的言语评价，如“你真棒”、“好极了”、“干得好”、“你真是个好孩子”等；另一类是积极的动作姿态，如摸摸孩子的头、亲亲孩子的脸、抱一抱、抚摩、点头、微笑、一起玩游戏等。

（七）要注意奖赏的教育性

奖赏要有利于幼儿身心的健康成长，比如，几乎所有的孩子都特别喜欢“吃麦当劳”，但对于肥胖的孩子则不宜过多地将代币兑奖为“吃麦当劳”。

另外，我们还可以循序渐进地鼓励幼儿为了更高的目标积累更多的代币。这种延缓满足的坚持，有利于培养幼儿的意志力和自我控制能力。

（八）增减规定行为既要有灵活性，又要慎重

在实施过程中，规定行为的增加要具有灵活性。幼儿为了尽快获得足够的代币，以实现自己的愿望，可能主动提出增加规定行为，这时，我们可以及时按他们的要求修改制度。

减少规定行为要慎重。规定相应的行为是为了达到培养幼儿良好常规行为习惯的目的，一般情况下不能随意按幼儿的要求减少，如果确实要减少，则要与幼儿正式协商，以让幼儿感受到协议的重要性。

（九）要重视使用精神鼓励

在代币法的奖励项目上，要逐渐增加精神鼓励的比重。在教师颁发物质奖励时，也要同时给予精神鼓励，例如口头表扬、积极的动作语汇、群体关注等，以更好地对幼儿进行心理激励，促进幼儿良好行为习惯的形成。

（十）持之以恒地、认真地按约定执行

在实行代币制过程中，幼儿往往会缺乏毅力，或认为这只是人为的游戏而不认真对待。因此，要让幼儿明白代币的意义，明白要得到就必须有付出。平时要认真监督幼儿的行为并记录好幼儿每天所取得的代币与每周交换后所剩余的代币。

在目标行为出现之后，要确保奖赏物能及时出现，延迟奖赏会使奖赏效果减弱甚至消失，但也不能在目标行为出现之前就给予奖赏。

（十一）注意适时地调整代币系统

在实行代币制过程中，要注意调整代币系统，使外部动机逐渐转化为内部动机。要经常对幼儿进行鼓励，让幼儿感受到老师和家长对他们的关心与关注，提高幼儿对目标行为的兴趣。

另外，我们应该注意：实施代币法的最终目标是让幼儿形成良好的行为习惯——在没有任何外部强化的情况下幼儿也能自觉遵地守幼儿园的常规要求。因此，我们需要根据幼儿的实际情况，适时地调整代币系统。在调整过程中，要逐步减少外部强化物，或者将相同物品所对应的代币值增加，以延长其取得强化物的时间，增加其行为发生的时间，最终停用强化物。同时，也要让幼儿体会到自身发生的可喜变化，进而提高其内部动机，更持久有效地强化目标行为。

案例 2-4　代币激励让孩子们天天向上

韦老师根据本班要建立的常规和幼儿存在的常规问题，和幼儿协商确立了以下目标与代币表，并张贴在活动室的显眼位置。

日期	星期一												星期二		星期三	
活动	教学活动			生活活动			游戏活动			区域活动			……		……	
目标行为	J1	J2	……	S1	S2	……	Y1	Y2	……	Q1	Q2	……				
幼 A																
幼 B																
……																

①将各项活动的目标具体化，比如，教学活动的目标行为可分为J1——认真听讲或专注于自己的工作，J2——主动举手提问等；生活活动的目标可具体分为S1——上下楼梯时要手扶扶手，S2——进餐时无特殊情况要将碗中的饭菜吃完，S3——午睡时能安静入睡等。

②每项活动结束时要及时对幼儿在活动中的表现进行评价并根据要求决定是否给其“☆”，评价时先由幼儿互评，最后由教师总评。

③和孩子商定，每集齐10个“☆”可以换1个“★”，并与家长沟通，孩子每集齐5个“★”就可以满足一个愿望，如，家长给其买最喜欢吃的食物或玩具，每集齐10个“★”家长即带孩子到外面参加其喜欢的活动等。

经过半个月的实施，孩子们的行为发生了很大的变化，比如，喜欢扯着大嗓门说话的冯军小朋友，现在和别人说话时总是自觉控制音量；从来不睡午觉的孟可小朋友，现在每天都睡午觉了，而且还会督促别的小朋友午睡；教学活动中，以前从不举手的幼儿也勇敢地举起手来；以前，老师不提醒，没有人收拾整理图书玩具，现在孩子们都争着抢着整理，整个班级形成了人人争当好孩子的局面。

二、榜样示范法

榜样示范法是指通过树立榜样，引导幼儿学习榜样的符合常规要求的行为，进而使幼儿形成常规行为习惯的常规教育方法。

处于成长期的幼儿不成熟，爱学习，好模仿。模仿是幼儿社会性学习的一种重要方式，幼儿的常规行为主要是通过观察和模仿潜移默化地发展起来的。幼儿对成人的一言一行，对同伴的一举一动，都会有意无意地进行模仿。

因此，父母、教师务必以身作则，成为儿童模仿学习的好榜样，同时，要通过各种途径为幼儿树立良好的行为榜样。

（一）教师榜样

教师要给幼儿做遵守常规的榜样。前苏联教育家加里宁说：“一个好教师必须好好检点自己，他应该感觉到，他的一举一动都处在最严格的监督之下，世界上任何人也没有受到这样严格的监督，因为，如果教师很有威信，那么，这个教师的影响就会在某些孩子的身上永远留下痕迹。”

案例 2-5　倒着坐

某天是卫生检查日，容老师打扫完卫生，已是满头大汗、气喘吁吁，于是，她随手拿了把椅子便坐下休息。这时，坐在容老师旁边的龙龙，从椅子上站起来，把椅子一转，又坐下了。容老师说：“龙龙，不能倒着坐椅子，这样太危险了。老师以前说过，不能倒着坐椅子的，你忘了吗？”他看看容老师，一脸无辜地把椅子转过来。旁边的辉辉走到容老师面前说：“容老师，你不让我们倒着坐椅子，可你自己还倒着坐呢！”容老师这才发现自己是倒着坐的……

现实中，教师的许多有意无意的行为都有可能成为幼儿模仿的对象。

作为教育者的幼儿教师，请铭记：我们的一言一行都会成为幼儿模仿学习的榜样。在幼儿园里有这样一种说法：如果你走路慢慢吞吞的，做事拖拖拉拉的，你所带的班的幼儿也会走路慢慢吞吞、做事拖拖拉拉；如果老师在处理事情的时候容易发脾气，那么，你所带的班的幼儿也很难学会控制好自己的情绪；如果你从不主动向人（同事、家长、幼儿）问好，那么，你所带的班的幼儿也不会主动向人问好；如果你经常打断幼儿的话，那么，幼儿在与人交谈时也会经常打断别人的话。

幼儿眼尖耳灵，教师的一言一行、一举一动，他们都看在眼里，记在心上。他们人小心大，渴望模仿老师的言行，希望成为像教师一样的人。因此，教师要处处以身作则，事事以身作则，努力在幼儿面前成为执行常规的好榜样。

1.要求幼儿做到的，教师首先要做到

要求孩子们做到的，教师首先要做到，否则，说一套做一套，教育效果可能就会是零，甚至是负效果。因此，要求幼儿睡觉安静，教师就要做到动作轻，不能老远就喊："快睡觉，别说话了。"更不能在幼儿安静睡觉时，自己却与同事坐在一起聊天。要求幼儿洗手时节约用水，教师就不能开着水龙头打肥皂。要求幼儿注意倾听别人讲话，教师就要认真听幼儿讲话，而不能边听边做其他事情。要求幼儿在喝水时排好队，老师口渴了也要排队，不可以插到前面直接就接水。教师要时刻注意自己的言行，以自己的一言一行为幼儿树立榜样，使幼儿能在潜移默化中受到教育。

午睡室里安安静静的，想讲话的幼儿也会打消讲话的念头。教师良好的行为对小班幼儿来说很重要，这仅仅是一些小小的例子。

案例 2-6　范老师，你在干什么呀？

一天中午，因为班级里面只有范老师一个老师在，所以等大部分孩

子吃完饭后，范老师就组织他们围坐在一起看小书，然后范老师就坐在他们旁边吃午饭。范老师平时不喜欢吃大蒜，于是把菜里面的大蒜给挑出来，坐在范老师边上的晓惠一直在看着范老师。看到范老师也在看她时，晓惠问范老师："范老师，你在干什么呀？"晓惠这么一问，范老师一下子回答不上来了。正当范老师不知道该如何回答晓惠的时候，晓惠仿佛看出了范老师的心思，说："我们不能挑食哦，都要吃。我就不挑食，什么菜都吃的，范老师，我最乖了。"听了晓惠说的话，范老师感到很惭愧，脸一下红到了耳根。

在上述案例中，范老师不仅应感到惭愧，而且应该利用这一事件来教育孩子们，比如，感谢晓惠对自己的提醒——不仅私下对晓惠说谢谢，还要在全班小朋友面前表扬晓惠对老师的帮助，并且向小朋友们保证今后自己一定按常规要求去做，不挑食。这样会取得更加理想的教育效果。

2. 教师要正确地对待自己在幼儿面前所犯的错误

案例 2-7　老师没有按程序洗手

晨间活动结束后，米老师像往常一样督促孩子们上厕所、洗手、喝水，同时米老师又重复地对孩子们说："老师教过你们正确的洗手方法，洗手的时候把袖子卷起来，水开得小一点，手心手背多搓几下，把脏物冲洗干净……"大部分孩子都能随着米老师的口令正确地洗手。

过了一会儿，大部分孩子都陆续地离开了厕所，这时米老师也快速地打开水龙头开始她的洗手"程序"。等她洗完手后正准备离开时，听到韦阳稚嫩的声音："米老师，你怎么洗得这么快啊？没有用肥皂吧？

你不是叫我们慢慢地洗，才能把手上的脏东西洗干净吗？可是你比我们洗得还快，水龙头的水也比我开得大。”米老师听了韦阳的这些话，一时之间不知该怎么回答他，只能尴尬地笑笑，说：“哦，阳阳，米老师刚才没有和你们一样玩大型玩具，所以手没有像你们的这么脏，稍微洗一下就好了。”阳阳听了米老师的解释，似懂非懂地点点头，走开了。

等孩子们都回到座位上之后，米老师越想越觉得前面的做法不妥，因为那样会给孩子们树立一个坏的榜样。于是，在与孩子们晨间谈话时，米老师在孩子们面前说了刚才发生的事情，并且和小朋友说刚才老师洗手的过程是不对的，还谢谢阳阳小朋友跟老师说了。这时的阳阳很高兴。没想到的是，阳阳还在全班小朋友面前大声地对米老师说：“能承认错误的孩子还是好孩子——米老师，这是你经常和我们说的！”这时米老师的表情显得十分复杂。

在上述案例中，米老师为小朋友们树立了正确对待别人批评的榜样和知错就改的榜样。

3.主动带头践行常规要求比单纯说教更有效

案例 2-8 教师主动示范

杨乐乐小朋友早晨入园时从不肯喊老师，任凭家长怎么说都没用。有一天，我试着改变一下方式，等她走到活动室门口时，我主动而大声地跟她打招呼：“乐乐早上好！欢迎你！”没想到乐乐马上仰着小脸笑着对我说：“老师早上好！”我很高兴，因为我成功了。

从那以后，我在师幼互动中，都尽量避免充当监督者的角色——监督幼儿是否按常规要求去做，而是主动为幼儿做出榜样，效果非常不错。

确实是这样，与其不断地抱怨幼儿缺乏应有的礼貌行为，不如我们主动地以礼貌的方式与幼儿打交道，这样更能促进幼儿有礼貌的行为的发生。

（二）同伴榜样

要在幼儿同伴中树立良好的榜样，促进幼儿对常规的理解与践行。由于同伴与幼儿年龄相仿，经验和兴趣接近，同伴在遵守常规方面的良好表现如果得到老师的适当引导，就更容易被幼儿接受。为了提高同伴榜样对幼儿常规行为习惯形成的影响，我们应该注意以下几点：

1. 注意榜样的来源

榜样可以来自同班的小伙伴，也可以来自年龄稍大的哥哥姐姐。

当同班小伙伴在常规方面有良好表现时，老师要及时给予肯定并引导其他幼儿向他们学习，这对被肯定的幼儿是一种激励，也会对其他幼儿起到正确的导向作用。

另外，请能力强者给其他幼儿做示范，可以提高效率。在教幼儿如何脱衣服的时候，教师可以让会脱衣服的小朋友示范脱衣服的步骤，即先解开纽扣，再脱袖子，最后将衣服摆放整齐。这样，幼儿在感性经验的基础上，就很容易掌握一些生活常规。

教师还应当注意运用以大带小的形式来实现同伴间的榜样示范，即让年龄大的幼儿来给年龄小的幼儿做榜样示范。比如，我们可以带小班的幼儿到大班，观察哥哥姐姐如何安静、独立地穿衣叠被，从而让幼儿受到教育。

2.将榜样学习的内容具体化

教师向幼儿推出某一榜样时，一定要引导幼儿进行思考，启发他们思考应学习榜样的哪些方面，从什么地方学起，行为动作要达到什么具体标准，从而使榜样深深烙印在幼儿的心灵上，成为激励他们的力量。如果推出某一榜样时没有让幼儿学习的具体标准，那么教育就会流于形式，就不可能取得预期的教育效果。例如，星星按照老师的要求看书，而银银不看书，反而拼命地卷书，老师说："星星真棒，银银你看星星真棒。"银银看了星星也不知道星星棒在哪里、应该向星星学习些什么。教师应该对银银说："银银你看，星星真棒！你看他看书看得多认真呀！"

同伴间的榜样行为是大量的，比如，"瞧，小明的小手洗得多干净"，"看看伟伟看书后把书放得多整齐"，"瞧，小雯把碗里的饭菜吃得多干净"，"小松上课坐得多好"，"看小辉洗手不推不挤，排好队"，等等，在日常活动中，教师只要表扬了某个幼儿，小朋友们便马上会纷纷模仿受表扬的良好行为。在幼儿园的日常教育活动中，教师应当做到多说、多表扬、多给幼儿指点可供模仿的好榜样。这样，良好的常规行为自然就会出现了。

另外，我们还要注意：我们所倡导的是同伴的良好行为，而非行为者。因为某一行为符合规范而将许多完美的"高帽"戴给行为者，这也不利于行为者自身的健康成长，对幼儿的发展是非常不利的。

3.榜样教育可采取竞赛的形式

幼儿一般都是比较好胜的，常规教育如果采用适当的竞赛形式，将能满足他们争强好胜的心理，有利于提高榜样示范教育的效率，取得良好的教育效果。在竞赛的环境下，幼儿为了取得胜利，会把自己的潜能最大限度地发挥出来。当我们看到某位幼儿在某方面做得好时，我们可以向全班小朋友们号召："你们看看，某某在××方面做得多好呀，老师想看看哪位小朋友能做得像某某一样好。"孩子们听到号召后，会迅速地向该小朋友看齐。

4. 正反榜样同时呈现时要注意给负面榜样提供者以尊严

同时向幼儿提供正反榜样，会加深幼儿对常规要求的认识，但这样做要注意对负面榜样的自尊的保护。在幼儿园见习时，我就曾看见过如下的案例：

案例 2-9　嘟嘟，嘟嘟，你真棒！

吃点心时，丁涛把蛋糕皮剩在盘子里，王老师说："你看你那蛋糕怎么吃的！小朋友们，你们看丁涛这样吃蛋糕对不对？"小朋友们异口同声且十分大声地回答说："不对！"王老师又看看嘟嘟，然后端起其吃得空空如也的碗说："丁涛，你看看人家嘟嘟吃得多好呀，一点都不剩！大家说，我们应该向谁学习呀？"小朋友们大声地喊答："向嘟嘟学习！"然后小朋友们一面有节奏地为嘟嘟鼓掌，一面大喊："嘟嘟，嘟嘟，你真棒！！"

当时，我看见丁涛的头低到不能再低的地步了……

在上述案例中，幼儿最后也学会了"吃蛋糕不能剩"的规范，并且我深信该班幼儿今后肯定没有谁会再把蛋糕皮剩在盘子里。但是在这里我更想表达的是，常规教育不能以伤害任何一位幼儿的尊严为代价。

如果是我来处理"丁涛不按常规要求吃蛋糕"事件，应该有如下方案可以考虑：

- 问一问丁涛为什么不把蛋糕皮一起吃了。如果他的理由充分，我认为他是可以不吃的。
- 将丁涛和嘟嘟的盘子对比后，在给嘟嘟鼓掌的同时，也鼓励丁涛把盘子里的蛋糕皮吃完，然后，请小朋友们一起为丁涛加油，并在他按常规要求吃完后，给他鼓掌。

（三）文学艺术作品中的榜样

文学艺术作品中的小动物们既可爱，又生动，是幼儿最喜欢的形象，在他们的脑海里很容易留下深刻的印象。在碰到幼儿违反常规时，教师要学会用口头自编的童话故事教育幼儿，为他们树立一个个生动活泼、有爱心、遵守常规、互相帮助的小动物形象，这样既让幼儿欣赏了文学作品，又给幼儿提供了学习的榜样。

- 通过讲述《大公鸡与漏嘴巴》的故事，可以对幼儿进行爱惜粮食的教育。
- 通过让幼儿观看木偶戏《森林动物园》，来使幼儿受到文明礼貌以及与朋友友好相处的教育。
- 针对某些幼儿洗手、拿茶杯不遵守秩序的现象，可给孩子们讲《猴子过河》的故事，让幼儿懂得不遵守公共秩序的危害性，使其主动停止违反规则的行为。
- 通过讲述《狼来了》，可以对幼儿进行诚实做人的教育。

……

另外，要注意避免或消除文学艺术作品中负面榜样对幼儿的消极影响。比如，不宜让幼儿观看有过多攻击性场面的影视片，即使是好的影视片，教师也要加强指导，以防止幼儿模仿习得违反常规要求的行为。

班杜拉的研究表明，对榜样的奖励能使儿童表现出榜样的行为，对榜样的惩罚则使儿童避免榜样行为。因此，夸大负面榜样的负面后果，能在一定程度上阻止幼儿学习负面榜样。比如，我们在幼儿面前特别强调攻击行为的坏处，如“罪有应得”、“恶有恶报”、“杀人偿命”等，强调不讲信用所受到的报应等，都有利于幼儿形成符合常规要求的行为。

三、图标法

图标是一种介于实物图像和抽象符号之间的用以指代事物的图形、标志、符号。简单地说，图标就是以“图”来“标”示事物。一个图标就是一个标示事物的符号。在幼儿园教育教学活动中，图标一般是由教师、幼儿或师幼共同制定或约定并获得师幼共同理解的约定性图形、标志、符号。

幼儿常规教育中的图标法就是用图标来让幼儿了解相关活动的常规要求，进而按照常规要求去完成相关的活动。

（一）使用常规图标的意义

1. 常规图标让幼儿更易于接受常规要求

常规图标是具有指代意义的图形符号，具有高度浓缩、快捷传达信息和便于记忆的特性。借助图标，教师可以很轻松地向幼儿传递各种信息和要求，摆脱了教师的生硬说教，以形象有趣、色彩鲜艳的图标，让幼儿以愉快自主的方式理解常规、接受常规、践行常规。

2. 常规图标可以大大减少教师的语言提示

常规图标通俗易懂，常贴在相关区域的显眼位置，幼儿只要进入该区域，就能看到相应的常规图标，进而了解并明确自己在该区域“能做什么”、“能怎样做”，不用老师过多的语言提示，这大大减轻了教师的工作量，有利于提高教师的工作效率，进而提高其职业胜任感和幸福感。

3.常规图标具有反复提示作用

常规图标一般都会粘贴在墙壁、地面、相关设备等位置上，幼儿每次到相关区域活动或者路经相关区域都会看到相应的常规图标。这样的贴有常规图标的环境也就成为幼儿的隐性老师，它时常在提醒幼儿此时此地“能做什么”、“能怎样做”，有利于幼儿在不知不觉中形成符合常规要求的行为习惯。

（二）常规图标的功能

常规图标能为我们做些什么呢？这是许多老师都十分关心的一个问题。一般而言，常规图标能代替老师“告诉”幼儿在这里“能做什么”、“能怎样做”、“应该怎样做”。

1.图标为幼儿标认自己的物品

从幼儿入园的第一天开始，就要让幼儿在家长的帮助下给自己的床、椅子、被子、杯子及其位置，毛巾及其挂钩以及衣物贴上自己的相片或者贴上其他独特的图标，或写上、缝上自己的名字，这样可以避免小班刚入园的孩子抽到哪个杯子就接水喝，洗完手后顺手拿块毛巾就擦，坐位置、睡觉时逮着就坐、就睡等混乱现象，减少常规教育的环节。

2.用常规图标告诉幼儿各种物品的存放处

● 活动区的常规图标告诉幼儿，收拾各活动区材料时，要把不同区域的材料固定放在一个地方。比如，在美工区分别贴上油画棒、彩泥、剪刀等标志，孩子们在整理时就非常方便；益智区贴着小鱼的筐子表示这是小鱼的家，贴有几何图形的表示几何图形应放的位置。这样做还能培养幼儿对应、分类的意识和能力。

- 午睡室里，每张小床边的小脚印，让孩子养成了将脱下的鞋子摆整齐并且左右放好的良好习惯。
- 用玩具图标标识各种玩具的位置，有利于幼儿独立有序地取放玩具，进而养成物归原处的习惯。

3. 用常规图标告诉幼儿做事的正确程序及其常规要求

- 在水龙头上方贴上洗手的步骤图：卷起衣袖、开小水冲湿、擦肥皂搓一搓、用清水冲洗干净、关水龙头、甩三下等。将图标按洗手顺序排列，让幼儿认识“洗小手”的规则含义，并在图标的指示下学会正确洗手的方法。
- 在餐厅以流程图呈现进餐程序：洗手→端托盘→拿饭菜→进餐→擦嘴→收拾餐具。把流程图放在进餐区醒目的位置，教师尽量少提醒，让幼儿自己看图标做事情。
- 在寝室贴上睡觉步骤图：脱外衣→盖好被子→闭上眼睛→安静睡觉→起床→叠好被子→穿好外衣……提醒幼儿只要进入寝室就要轻轻地说、轻轻地做，养成良好的睡眠习惯。
- 在益智区，将图形对应玩具“你会放进去吗”的玩法制成步骤图贴在益智区的墙上：打开→倒出里面的彩色图形块→关好盒子→将图形块塞进对应的“嘴巴”里。这样，就算幼儿是初次进入该区域，也不至于束手无策。

- 在生活区设计四幅操作顺序图片：挂进区卡→戴帽子→自由取放橡皮泥→把东西整理好。处在这样的环境中，“小厨师们”往往会做出相应的行为调整。有的小朋友进入厨师区，忘记了戴厨师帽，但只要他一看到标记图，就会意识到自己不对，马上去摘下一顶厨师帽戴在小脑袋上……久而久之，标记图便与幼儿的行为建立起了联系，吸引孩子们积极主动地参与到区域活动中来，使得标记图的隐性教育作用发挥到最大限度。
- 用餐后，可以让先吃完的幼儿找一个小圆点休息，这样一来孩子就有目标了，知道自己接下来要怎么做！
- 在汽车城区域的地上画上图标——箭头、车辆停靠站，暗示幼儿活动的进出路线、规则，这样可以避免幼儿开汽车时互相碰撞。

4. 用常规图标告诉幼儿各活动区的活动常规

各活动区中的常规图标告诉幼儿，在该活动中能做什么、不能做什么。

- 看到小图书馆里的那张小朋友在做“嘘”的动作的图标，幼儿就知道要安静地看书，不能大声吵闹。
- 在饭厅的图标上画一个大大的嘴巴，嘴巴旁边有许多饭粒，然后在圆形图标上画一个醒目的斜杠，无须老师用过多的语言描述，幼儿很快就能明白进餐要专心，保持手和脸、桌面和地面干净的道理，掌握文明卫生进餐的规则。
- 在开水桶前贴上等待的小脚印，注意第一个脚印和第二个脚印之间的距离要稍大些，可有效避免后面的幼儿碰撞前面取水的孩子。

- 用常规图标提醒幼儿以小组为单位进行玩耍。在玩“降落伞”、“羊角球”、“自制布毽子”、“呼啦圈”等不够人手一个的玩具时（有时会故意减少投放数量），可在玩具筐上贴上图标“3个人一组”或“5个人一组”，要求幼儿自行组合，合作、轮流玩。
- 在草坪区设置一双小手托着一朵花的图标，提醒幼儿“把花儿当成手中的宝贝，要小心呵护它”；在抬起小脚要踩小草的图标上画上红色斜杠，提醒幼儿“爱护小草，不要践踏”。
- 在小树上挂“在双手用力将小树摇弯了腰的图标上画上红色斜杠”的图标，告诉幼儿“不能摇小树，要爱护小树苗”。
- 在活动室内的纸篓上方设置“垃圾入篓”的图标，提示幼儿不乱扔垃圾。
- 在滑梯上贴禁止往上爬的图标和头向下滑的图标。

5. 用常规图标告诉幼儿各活动区的人员情况

- 在建筑区中，在地上贴上鞋印，幼儿就知道能进去的幼儿人数，一旦鞋子在鞋印上摆满，就不能再进入。
- 在“娃娃家”区中，在指定位置贴上图标，幼儿就知道一个家中只能有一个爸爸和一个妈妈，其他人来到“娃娃家”中只能扮演客人或家庭中的其他成员。

6. 用常规图标告诉幼儿自己在活动中的位置

- 在地上贴上一些小圆点，集体教学时幼儿就能很整齐地围坐在老师周围。
- 通向卫生间的进出箭头标记和中间的分界线，可以避免拥挤，帮助幼儿养成秩序感和走路靠右的习惯。
- 饭桌上的水果图标：把每个桌子都贴上不同的水果图形，把幼儿分成各个水果组，这样孩子们就能正确地找到自己的位置和小组了。

- 做操的站点图标能够让幼儿整齐地排好队做操。

（三）设计和制作常规图标的要求

1.明确常规图标设计的目标

设计和制作常规图标是为了规范幼儿的行为，是为了提高工作效率，因此，教师在设计和制作常规图标时，要思考：设计和制作这样的常规图标是为了什么？如此设计能达到我预设的目标吗？

常规图标不仅要告诉幼儿什么事情不能做、什么事情不能怎样做，更要告诉幼儿这些事情应该如何做。常规更重要的是告诉幼儿事情的正确做法，而不是对错误做法的禁止，因为在现实中，许多幼儿懂得不该怎样做，却不知应该怎样做。

案例 2-10　利用图标控制进入活动区的人数

常规图标设计：老师在每个活动区门边都挂上一定数量的该区域的图标小挂牌，同时，在每个区域的入口处地面上还粘贴上与小挂牌数量相同的小脚印图标。

图标使用要求：幼儿进入每个活动区域时，都必须挂上该区域的图标小挂牌，同时要自觉地把自己的小鞋子一一对应地放在小脚印里。

图标使用效果：

“小脚印”方式和“图标小挂牌”对幼儿起到双重提醒的作用——“小脚印”没有摆满鞋子、“图标小挂牌”没有被领完，幼儿就可以进入该活动区活动，反之则不行，这就避免了幼儿在区域活动中“一窝蜂”涌入场地的现象，避免了某些区域的人数过多时相互冲突现象的发生，从而让幼儿更专注地投入某一活动。

2.常规图标示意要具体明确

常规图标要具体明确地告诉幼儿能做什么、应该怎样做。比如，在娃娃家入口处的地板上贴上几个非常可爱的小鞋印图示，鞋跟朝向娃娃家的地方（因幼儿进区时从容、出区时匆忙，这样放鞋方便穿着），再将一双摆放正确的鞋（左右脚正确）画成两张相向而笑的人脸，以提醒幼儿，当你的鞋放成一对好朋友的姿势时，左右脚便不会穿错。这样，鞋印不仅是娃娃家满额人数的标志，也成了训练幼儿生活技能的无言之师。

案例 2-11　明确而具体的活动区常规图标

在美工区，画1把剪刀、1张废纸扔进塑料筐和8个人头图标，这是在提醒幼儿，在美工区的要求是：用剪刀时要小心，剪下来的纸要放入塑料筐中，不能乱扔，只能8个人进区。

在阅读区，画1个整齐的书架和1个人认真读书的样子，加上8个人头。这是在提醒幼儿：看书时要安静认真，看完书后必须放回原处，一次只能8个人进区。

在建构区，画的是有序排放的积木标记、一些搭建的示范图和6个人头。这是在提醒幼儿：在活动结束后要把积木分类摆放、收拾整齐，每次只能有6个人进活动区。

3. 常规图标要让幼儿易于理解

设计使用常规图标的目的是让幼儿理解并按其要求去做，如果常规图标不能为幼儿所理解，那么，这样的常规图标是没有意义的。因此，我们设计的常规图标要简单明了，让幼儿容易理解。

案例 2-12 “小脚丫”为孩子们上下楼梯指明方向

在培养小班幼儿沿着楼梯的右侧上下时，一方面因为他们分不清左和右，另一方面因为他们喜欢随心所欲地走，所以，虽经老师不断地强调、提醒，但碰撞、拥堵现象还是时有发生，更是有少数调皮的孩子因乱走挡住别人的路，三天两头地挨批评。此时，某幼儿园在楼梯的第一层台阶和拐角处的右边都贴上小脚丫的图标，表示前进的方向。现在，每个孩子都喜欢踩一下小脚丫的图标，主动、愉快地沿着楼梯的右侧快速、准确地上下了。

“小脚丫”图标有趣、方向明确，易于使幼儿理解和接受，这样的常规图标既避免了老师一次次地对幼儿进行提醒、说教，也更利于幼儿养成上下楼梯时的自律行为。

（四）使用常规图标法的注意事项

1. 让幼儿了解常规图标的含义

只有幼儿了解了常规图标的含义，他们才能按照常规图标所标明的常规要求去参与相关的活动。比如，某幼儿园根据每个区域的特点在区域里贴上了数量不等的小喇叭图标——小喇叭越少，说明该活动区要求的活动音量就越小；小喇叭越多，说明该活动区的活动音量就可以越大。

经过讲解，幼儿基本了解了这一图标的含义，通过一学期的实践，大多数幼儿都能根据各活动区的音量图标控制好自己活动的音量，以适当的音响方式参与相关区域的活动。

为了让幼儿了解各种常规图标的含义，除了讲解、在实践中体验以外，我们还可以通过让幼儿参与相关图标的制定，来加深对相关常规要求的认识和对相关图标的理解。比如，教师和幼儿一起为阅读区制定图标。首先，师幼共同讨论参与阅读区活动的常规要求——幼儿提出“要安静”，“不能撕书，要看一本书拿一本书”等。教师接着向幼儿提出：应该用什么图标来表示这两个常规要求呢？幼儿你一言我一语，分组合作画出不同的图标，再通过选举“我最喜欢的图标”，由大家投票决定。最后采用画“一只手碰到破书，书哭了”的标记表示“要爱护图书，不能撕书”的规则；画“一只眼睛加上一只手、数字1”表示规则“看一本书拿一本书”；画“一个小嘴巴上竖着一个手指”的图标，表示规则“保持安静，不能影响干扰别人”。

2.建立按常规图标行事的监督运行机制

幼儿的自控能力是较差的，因此，了解了常规图标的含义与要求，不等于他们就能一贯地按照常规要求去活动，他们违反常规的行为会时不时地出现反复。因此，要建立一种教师监督、幼儿相互监督、自我监督的机制——当某幼儿出现违反常规的行为时，老师或小伙伴就提醒他看一看常规图标，并提醒他及时改正违反常规的行为；必要时，还应该建立一种惩罚机制，如，对于没有老师在场时，没有按照常规图标的要求而头朝下滑滑梯的幼儿，不仅要暂停活动，还要在滑梯处担当“协管员”——看看有哪位小朋友违反滑滑梯常规，并责令其改正。

3. 按常规图标行事要持之以恒

幼儿的行为习惯不是一朝一夕就能形成的，它需要时间的积累，因此，利用常规图标来培养幼儿的常规行为要有足够的耐心，要不断地提醒、不断地坚持让幼儿按图标所标识的行为规范行事，这样才会取得预期的教育效果。比如，在排队接水时，总是有少数幼儿不喜欢排队，会挤着往前跑。为了解决这一问题，老师们就在开水箱前的地上贴上小脚印图标——要求每个幼儿按要求站在小脚印图标上有序地排队接水。开始，还是有部分幼儿不按要求站在小脚印图标上有序地排队接水，总喜欢挤着往前跑，但经过老师反复提示和小伙伴的抗议，这些违反常规的行为逐渐消失了；经过一段时间后，小脚印虽然被磨没了，但幼儿排队的习惯也自然养成了，而超过3人就要排队这样的自律行为随之又扩展到分发点心时、在盥洗间洗手时、滑滑梯时、进行投篮练习时、跳格子时……

常规图标，不仅改变了幼儿的某一行为习惯，还改变了幼儿的性格。

四、自然后果法

当幼儿违反常规后，不必直接去拒绝他们或处罚他们，而是可以让他们通过亲身体验，体会到违反常规的自然恶果，从而使他们记住教训、明白事理，这就是自然后果法。自然后果法可以让幼儿从具体的生活经验中理解什么样的行为是对自己有利或有害的行为，进而可以不断积累关于对或错的经验。比如，幼儿弄坏、弄脏他们所穿的衣服时，老师别忙着给他们洗涤、更换或缝补，就让他们继续穿着脏的或破的衣服与人交往、活动，穿脏的或破的衣服会被别人取笑，这会使他们觉得难过，从而产生“当时不该把衣服弄脏、弄破”以及“以后穿衣服可要当心点”的想法。

（一）自然后果法的优点

1. 自然后果法符合幼儿的认识特点

幼儿的思维以具体形象思维为主，他们往往是先做再想，而不会想好了再做，几乎是凭借自己的直接经验对自己所做的事加以思考。而自然后果法则符合幼儿的这种学习特点，它让幼儿根据自己的行为所导致的自然后果进行体验，并在体验中直观地领悟自己行为的不当，从而改进自己的不良行为。

案例 2-13　小牛不再“牛”

小牛很喜欢下棋，但只能赢不能输，常常不按规定下棋，一输就掀棋盘。邓老师平时讲道理他也不听。终于有一天，当他要求与别人下棋时，没有一个同伴接受他，同伴回答他的都是：“不跟你玩，你老耍赖。”此时，他感受到了掀棋盘行为的后果，体验到了没有玩伴、备受冷落的孤独、无奈。看着别的伙伴愉快地玩着，他只好央求同伴：“你们和我一起玩吧，我以后不再耍赖了。”可是还是没有人愿意跟他玩……

当邓老师看到教育时机成熟了，在对小牛进行相应的教育的前提下，当着小牛的面请求其他小朋友们给小牛一个机会。小牛从此以后能赢能输，再也没有出现过掀棋盘的行为。

以前邓老师多次给小牛讲道理都没有教育效果，原因在于邓老师所讲的道理没有真正让小牛体验到“耍赖”、“掀棋盘”对他有什么“坏处”；

而后来小牛愿意改掉“耍赖”、“掀棋盘”等违反常规的行为，是因为他从“耍赖”、“掀棋盘”等违反常规行为的自然后果——没有玩伴中感受到备受冷落的孤独。

2. 自然后果法可以避免受教育者与教育者的对立

自然后果法中幼儿所受到的处罚是幼儿自己行为所导致的自然后果，是一种自然性的回应，不是人为的、另外给予的惩罚。它是公正的，因而幼儿就不会觉得委屈、冤枉，情绪波动就会较小，也不会被“激怒”，更不易与教育者形成对立情绪。

3. 自然后果法有利于激发幼儿按常规行事的内在动力

案例 2-14 让“不系鞋带的后果”教育孩子

5岁的苗苗从不自己系鞋带，她总是说：“我不会。”老师告诉她，她已经长大了，完全可以自己系鞋带，但是苗苗仍然不学。有一天，老师正好有时间，于是耐心地教苗苗，但是她根本不听，也不动手。于是，老师决定让她穿着没系带子的鞋出去做游戏。

结果，苗苗摔了几跤后，跑过来让老师教她如何系鞋带，并且学得非常认真。

不系鞋带的后果——摔了几跤，让苗苗感觉到了系鞋带的必要性，因此，她就会主动地去学习系鞋带了。

许多时候都是这样，教师生硬地要求幼儿如何如何去做，但由于幼儿不知道这样做的“好处”，于是往往有抵触心理而不愿意去做，并且教育多了还会引起幼儿的反感。其实，有时候，教师可以利用自然后果来让幼儿感受到按常规要求行事的必要性，然后再对其进行教育。

4. 避免空洞的常规说教

自然后果法是让幼儿在具体的经历中体验自己的行为及其后果，不需要教育者对常规进行空洞的说教就能让幼儿在对行动及其后果的体验中明白常规的重要性及其基本要求。自然后果法让幼儿深刻体悟到常规与他们的利益的关系，有利于幼儿对常规的理解和遵守。

案例 2-15　道歉不被接受

某幼儿园中班自由活动，有的小朋友在搭积木，有的小朋友在玩娃娃家，有小朋友在串串珠，有的在插积塑……

小滔不停地跑来跑去，不是抢这个小朋友的娃娃，就是抢那个小朋友的串珠，或是推倒别人刚刚搭建好的积木、积塑，总是干扰别的小朋友活动。当小滔把晓云刚拿到手的一个积木抢走后，晓云大声地哭了起来。尽管小滔把积木立即还给了她，但她还是哭个不停，并且很生气地把积木扔得远远的。小滔又赶忙把积木捡回来放到晓云的手里，说："对不起。""有关系！"晓云大声回答，并把积木狠狠地扔掉。小滔一下子愣了，不知如何是好……

如果教师在小滔一开始侵扰他人的活动时就严厉制止，并告诉他在别人进行活动时是不能打扰的，小滔由于没有亲历这种打破规则后的体验，就难以认识到自己行为的不妥，尽管一时不侵扰，但过后他仍会时不时地做出侵扰行为。

但是，小滔发现自己的侵扰行为最终导致晓云对他的不满以及不原谅，这使得小滔"不知如何是好"，在这一过程中的体验就足以让他知道自己的行为对别人的影响，此时不用老师讲太多的道理，他今后就会尽量减少这种扰人行为。

（二）运用自然后果法培养幼儿常规行为的注意事项

自然后果法符合幼儿的心理特点和发展规律，是一种行之有效的培养幼儿常规行为的教育方法，但我们在运用自然后果法培养幼儿常规行为习惯时要注意以下几个方面的要求：

1. 要让幼儿明了其行为后果与其错误行为的关系

只有幼儿认识到其不符合常规要求的行为与后果的关系时，这样的后果才是“自然的”，才能让幼儿减少或者避免不良的行为。

案例 2-16　让你们跑个够

隋老师组织小朋友们到位于走廊中部的卫生间如厕。由于刚刚拖过地板，走廊的地板很滑，在入厕之前，隋老师告诫小朋友们：“你们要慢慢地走，不准跑！”可是，仍然有四五个小朋友在入厕时你推我搡且跑了起来。隋老师非常生气：“你们不是喜欢跑吗，我就让你们跑个够！”于是，老师罚那几个小朋友绕活动室跑了5圈。

被罚绕活动室跑了5圈并不是违规行为“你推我搡且跑了起来”的自然后果，而是小朋友们没有听老师话的结果，他们也因此会产生“老师不喜欢我们跑，我们就不跑了”这样的想法，而根本没有认识到老师之所以不让跑是因为担心他们会摔倒、摔伤。这对矫正幼儿“乱跑”并没有多大的帮助，因为他们不“乱跑”不是出于对“乱跑”必然后果的认识，而是因为老师的态度。

自然后果法强调的是自然后果对幼儿的处罚，因此，它能够使违反常规的幼儿获得正确的因果知识，经过多次的、一贯的经验，使幼儿在行动与行动所带来的结果之间建立起固定的因果联系，亲自经验这一后果的好坏，得到有关正确与错误行为的理性知识，从而学会如何行动。当一个幼儿经历了因玩火而烧伤手、因粗心大意而失去心爱的东西、因毫不讲理地抢了人家精致漂亮的玩具而被小伙伴推倒在地的事件时，他就不只是深刻地感受到了后果，而且理解了两者之间的内在联系，获得了因果知识，他们对按照常规要求行事就有更加迫切的内在需要。

案例 2-17　行为·自然后果·行为变化表

幼儿违反常规的行为	自然后果	行为变化
用手指靠近火	被火烫了一下，感觉被火烫得疼	不会再去随便接近火了
曾从高处跳下	被摔疼了	以后走到高处自然就小心了
随便抛弃玩具	想玩玩具时找不到，使他在一段时间内无法玩这种玩具	学会用过东西之后要及时收拾好
游戏时欺侮小同伴	不再有小同伴愿意与他玩，使他有一种孤立感	不再欺侮同伴
毁坏物品	在物品修理过程中幼儿感到疲劳，或者根本就不知道怎么修理而感到无奈或痛苦	学会珍惜东西，不随便损坏东西
撒野、说脏话	没有人愿意和他玩，感到孤独	不再撒野和说脏话
攻击同伴	被同伴有力地回击	不再攻击同伴
把小刀弄断	感受到没有小刀的某些不方便	珍惜东西

续表

幼儿违反常规的行为	自然后果	行为变化
不听老师的话：“外面天气转冷了，要加衣服才能出去玩。”	在外面被冻得瑟瑟发抖	外出之前预估天气情况，再穿适量的衣服
故意弄坏玩具	只能玩损坏了的玩具	珍惜玩具
中午不好好吃饭	下午被饿得发慌	认认真真吃午饭
新的图书摆出来没几天，封面与内芯就分家了	只能看缺页的图书，许多想了解的内容没有了，感到十分遗憾	珍惜图书
彩色油画棒用了几次就少了好几支	需要用时却找不到相关颜色的油画棒，很是难过	珍惜、不乱丢油画棒
图书被撕破了	老师把书收起来，不再添置新书，幼儿想看图书却发现没有图书可看	珍惜图书
玩具损坏	老师把玩具收起来，不再添置新玩具	珍惜玩具

当幼儿问“老师，图书哪里去了？”，“老师，积木怎么不见了？”，“老师，我想画一朵红色的花，可是找不着红色水彩笔，红色水彩笔去哪了？”，此时，老师应引导幼儿讨论为什么会这样——不用老师费什么口舌，幼儿自然就知道了没有图书看、没有玩具玩、没有彩色油画棒用是他们不爱护图书、不爱惜玩具材料的自然后果。当老师再次拿出新图书、新玩具，把彩色油画棒颜色补齐时，小朋友们就会表现出加倍的爱惜。

自然后果法强调让幼儿从其不符合常规要求的行为后果中自然而然地受到处罚，而不主张一切违规行为都通过打屁股、罚站、责骂等与违反常规的行为没有直接关联的方式来惩罚幼儿，因为打屁股、罚站只能让“屁股”和“腿”成为替罪羊，而不能从根本上让幼儿认识到自己的过错行为与真实后果的关系，这不利于矫正幼儿违反常规的行为。

2. 自然后果要让幼儿感受得到

幼儿不按常规要求做，教师不必过多地加以斥责，也不必过多地予以安慰，更不能袒护、纵容、置之不理，或替他解决问题、弥补损失，而是应该提供机会，尤其是给他充足的时间，让他充分感受他的违规行为所造成的不良后果，品尝自作自受的苦头。这样，自然后果才会有正面的教育效果。

案例 2-18　老师还没有骂

每天户外自由活动时，总是有几个小孩拖拖拉拉的，不愿和其他小朋友同时回活动室。有一天，我听到带班老师已经发出回活动室的指令了，那几个小朋友还是自顾自地在玩耍，根本不理会老师的口令。我十分好奇，走过去问他们：“老师已经叫回去了，你们几个没有听到老师叫你们吗？”那几个小朋友异口同声地回答：“听到了。”我说：“听到老师发出回去的口令了，但是你们为什么不马上就回去呢？”那几个小朋友很爽快地回答说：“因为老师还没骂我们呢！”

为什么那几个孩子直到老师“骂”了才回去？为什么老师轻声细语地叫他们，他们就是无动于衷呢？原因就在于，老师轻声细语的后果不能让幼儿有“痛”的感觉，而老师的“骂”会让他们有“痛”的感觉。

因此，平时幼儿“不听话”，我们就应该反思：是不是我们没有让幼儿感受到“不听话”的“痛”？如果是这样，我们就很有必要让幼儿从“不听话”所带来的后果中体味到“痛”的滋味。例如，一次自由活动时，几个幼儿恶作剧地将粉笔丢进开水桶，教师没做出任何反应，仍带小朋友们去进行体育活动，等活动后，幼儿又累又渴，迫不及待地想喝开水时，却发现“水不能喝了”。这一幼儿“自造”的后果让平时没有爱水、节水意识的幼儿受到了一次深刻的教育，从那以后，小朋友们不再做类似的恶作剧了。同样一个事件，如果教师发现桶里的水不能喝后，马上将脏水倒掉，然后换上干净的开水，那么，孩子们就不会因此而懂得爱护和珍惜水了。

3. 人为创造“自然后果”也能让幼儿受到教育

有时候，幼儿的某些违反常规的行为并不一定马上就会产生幼儿能体会到的后果，这时，教师可以人为地创造某些“自然后果”来让幼儿从中受到教育。比如，某班的孩子特别喜欢到盥洗室玩水，教师给孩子们讲过无数次节约用水的重要性，可是，孩子们就是改不掉这个毛病。有一天，教师趁孩子们在盥洗室玩水玩得正高兴的时候，悄悄将总水龙头关掉，当孩子们要用水时发现没水了，这时，教师说：“因为刚才有小朋友玩水浪费得太多，水已经被用光了。”孩子们经过没有水用的难受（想洗手不能洗，想洗脸不能洗，想冲厕所不能冲）后，真正体悟到了玩水不是件好事，从此该班的孩子不再有人随便玩水了。

4. 幼儿萌发了摆脱自然后果“惩罚”的意愿时就是教育的好时机

当幼儿因为做了违反常规的事而受到自然后果的“惩罚”、感觉到“痛”后，就会开始想方设法地摆脱这种“惩罚”——这就是幼儿改正不良行为习惯的开端，教师要及时地予以积极引导和鼓励，必要时还应该给予适当的帮助，促进幼儿向积极的方向发展，切不可讽刺挖苦或正话反说：“你要是不做那么蠢的事就不会有这些麻烦的事了。”要知道，幼儿时常做些违反常规的事，是他们的年龄特征所决定的。幼儿摆脱自然后果“惩罚”的过程正是弥补损失、矫正自己行为偏差的具体表现，此时教师要耐心详细地从正面鼓励入手，对他们的细小进步给予表扬和奖励，促进他们良好行为习惯的形成。

案例 2-19　书是我的

饭后，小娟去看书，一眼便看中了尧尧的书，小娟刚从书袋里拿出来，尧尧便冲过去，一把夺过书：“这是我的书！”小娟同他商量：“咱们一块看行不行？”“不行。”尧尧很坚决。小娟求助地望着我。我对尧尧说：“你自己翻书，让小娟在你旁边看，可以吗？”

“不行！她想看，不会让她妈妈给她买吗？”尧尧还是很坚决。

唉，这点面子都不给我，可我又不能强行命令，因为书是他的，他有权利保护自己心爱的东西。分享，应建立在孩子自愿的基础上，而不能靠老师的监督与控制，但分享又是孩子社会化的重要部分，我得让他去体验一下。

户外活动时，我知道尧尧最爱玩爬板，就把装板的箱子抱在怀里。果然，尧尧过来了：“老师，给我两个爬板行吗？”我看着爬板，装出舍不得的样子说：“这些爬板是我好不容易做出来的，我怕你玩坏了。”尧尧愣住了，显然这大出他的意料。正在这时，小影也来要爬板了，我说：“小影，你每次有了新书都让我看，我做的玩具当然也让你玩。”我便给了她两块。尧尧很聪明，当即说：“老师，我有书也让你看。”

“为什么？”我问。

“咱俩互相帮助。”

“让小朋友看吗？”我接着问。

"让看。"

"为什么呢？"

"要是不给小朋友，他们就不喜欢我了，以后有好玩的也不让我玩了。"

尧尧最初不愿意与人分享自己的图书，原因在于他没有发现那样有什么不好的；后来，当他发现自己"不分享"也导致别人不与他分享的"痛"后，他萌发了要与人分享的意愿。这时，老师抓住了教育的契机，让尧尧产生了一种发自内心的与人分享的愿望。相信通过老师这一次的"教育"，今后尧尧一定会变成一位乐于与别人分享的孩子。

5. 要让幼儿知道怎样做

在幼儿对由自己造成的不良后果有所感受、有所认识、有所反省的同时，教师还必须耐心详细地为他们指明符合常规的行为做法。自然后果可能仅仅告诉幼儿"不能这样做"，却没有告诉幼儿"应该怎样做"，因此，为了让幼儿少犯同类的错误，教师在幼儿被自然后果"教育"后，还要为幼儿指出该事情的正确做法。只有当幼儿既知道什么是不好的行为做法，又明白应该怎样做的时候，先前的自然后果的"惩罚"才算真正起到了作用，符合常规要求的行为习惯才能自然而然地形成。

6. 自然后果与自然"好处"相结合

幼儿违反常规的自然后果会让幼儿不再违反同样的常规，这对幼儿选择按常规行事有很大的帮助；而幼儿遵守常规自然获得的"好处"，更能激发幼儿选择按常规行事的内在动机。

因此，在实践中，我们在培养幼儿的常规行为时，应该努力创造条件，让幼儿真实地感受到违反常规的后果和遵守常规的"好处"。

案例 2-20　棋王威威的转变

在同龄孩子中，威威棋艺最高，他为此很自傲，根本不把其他小朋友放在眼里，并且每每赢棋时都会对输棋者说："你真笨，你怎么这么笨？！"思老师批评了他多次，让他改掉这个毛病，他就是不改。

某天下午自由活动，威威几次想找同伴下棋都碰了钉子，只好眼馋地看着别人下棋了。

看着他那渴望又无奈的眼神，思老师走过去对他说："威威，敢不敢和我下棋？"威威回答说："好呀，看谁厉害！"第一盘，思老师故意输给他，威威的棋王风范马上显现，"真笨"随口而出。看着他那得意的样子，思老师提出再下几盘，他不屑一顾地说："再下，你也得输。"结果，连下三盘，威威连输三盘。常胜将军终于沉不住气了，满脸通红，哇哇大叫："气死我了，我怎么就赢不了呢？"

围观的小朋友为思老师的胜利而欢呼。杨洋对威威说："这回该是你笨了吧？！"威威用眼睛使劲地瞪杨洋。这时，思老师随手把威威揽在怀里，然后问他："威威，输了棋心里不舒服吧？"他点点头，眼睛里已涌上了泪水。"刚才，杨洋说你笨，你不爱听，可你每次赢棋，总说人家笨，小朋友心里会怎样？"听到这里，威威抬起头说："思老师，以后我再也不那样说小朋友了。"思老师说："这就对了！你下棋比其他小朋友厉害，你不仅不能说人家笨，还要教他们下棋，这样，你们会玩得更开心。"

从此以后，威威少了一些骄傲，多了一些虚心和耐心。威威认真教其他小朋友下棋，渐渐地，威威的棋友越来越多……

在上述案例中，思老师仅仅用语言来教育威威没有一点效果，是因为这种教育方式没有让威威感受到有什么不能承受的“后果”；后来，威威感受到了自己说话“伤人”的后果——没有人愿意与他下棋了；再后来，思老师和小朋友让威威感受到输棋又被人说“你真笨”时的不舒服；然后，思老师又为威威指出了方向。这样，威威不仅改掉了不良行为，还学会了如何更好地与小朋友相处，并且真实地感受到与人友好相处（虚心、耐心、教同伴下棋）的好处——棋友越来越多。

7. 自然后果法的局限性与适用范围

每种教育方法都有其局限性，自然后果法也不例外。认识自然后果法的局限性，对我们更好地利用它来培养幼儿的常规习惯会有帮助。

如果幼儿一违反常规就马上感受其后果，自然后果法的教育效果就比较好；如果幼儿按照常规去做就能马上感受其“好处”，自然后果法的教育效果也比较好。

如果幼儿违反常规，其后果不能马上被幼儿感受到，自然后果法的教育效果就比较差；如果幼儿违反某项常规并不一定会让幼儿感受到其后果，那么，自然后果法对该常规的培养则无能为力。

另外，自然后果法仅限于幼儿不愉快或者因自己所为而不能将活动继续下去的情况，如果自然后果会导致严重伤害、生命危险以及重大财产损失，则不适宜使用自然后果法。比如，如果你眼看着幼儿在卧室玩火而不理会，特别是在床上玩火，让他感受自然后果，那么很可能会使整个卧室内的物品都化为灰烬；又如，让幼儿接触高压电，可能会给幼儿带来终生的痛苦和遗憾。

最后，我们还应该清醒地认识到：使用自然后果法最重要的是让幼儿从其行为的后果中切实认识到自己的错误，并从行动上加以改正，我们坚决反对仅仅要求幼儿口头上认错——因为只是口头上认错对其健康成长是徒劳无益的，甚至还会养成幼儿阳奉阴违的恶习。

五、行为塑造法

幼儿常规教育中的行为塑造法是指一种程序，它用来形成幼儿目前还没有形成的常规行为，即幼儿个体从不会到一步步学会一个新常规行为的过程。它是从强化一种与最后新行为稍微接近，且其出现率比零次出现率稍高的反应着手，连续强化最接近新行为的反应并消除前一个较接近这个行为的反应，从而最终建立起这个新的行为的过程。行为塑造法也叫作连续逼近法。

案例 2-21 矫正龙彪抢答的毛病

龙彪是个大班的小朋友，聪明活泼，但在各项教育活动，特别是语言和科学教育活动中喜欢抢答，每每不待老师指名，他已抢着报出答案。而且，他的答案往往正确，致使其他小朋友简直没有思考和插嘴的余地。郑老师尝试过种种办法，如喝止、告诫、威吓等，都没能奏效，有效果的话也只是昙花一现。

郑老师实际观察一周，发现龙彪每天都抢答，少则7次，多则22次，平均每天高达13次。

于是，郑老师和龙彪讲好，若每5分钟内未擅自发言，可获筹码1个，每获得12个筹码可拿来换一次奖品，结果效果不错。

经过一周后，龙彪已连续3天可达到目标，于是进入第二阶段，把5分钟延长为10分钟……

第三阶段、第四阶段、第五阶段分别改为15分钟、20分钟、25分钟，最后改为一节课，也达到目标，龙彪抢答的毛病终于得到了改善。

上述案例中，郑老师矫正龙彪抢答行为所使用的方法就是行为塑造法。

（一）行为塑造法的步骤

行为塑造法一般要经历以下几个步骤：

1. 确定具体的目标行为

塑造的第一步是要清楚地确定最后所要达到的行为，应该明确指出该行为的所有特征，如行为发生的次数、行为表现的形式、行为的强度等，另外也应说明行为出现或不出现的条件。例如，龙彪的目标行为可确定为：在一节课中未擅自发言抢答。

2. 选择适当的强化物

强化物的选择要因人而异，投其所好，并且还要保证在所期望的行为发生后，能立即给予强化物，保证多次使用不至于引起迅速的满足，保证不需要花费大量的时间和金钱。

3. 选择一个合适的起点行为

在塑造程序中，由于目标行为开始并不可能发生，教师必须强化一些接近它的行为，因此要先选择一个合适的起点行为。这个起点行为应当是幼儿有时能发生的，并且与目标行为相似或相关。例如，在上述案例中，我们把龙彪在教育活动中“每5分钟内未擅自发言”作为起点行为，就是这个道理。【说明：大班每天上午有2节课，下午有1节课，3节课至少有90分钟。教师观察一周，发现龙彪平均每天抢答达13次，

平均大约7分钟抢答1次。】

4. 设计塑造步骤

在实施塑造计划之前，最好能大体规划出孩子为了接近目标行为而需要做出的相近的行为，即确定几个中间过渡的阶段。例如，在上述案例中，让龙彪在一节课中30分钟左右的时间内未擅自发言抢答，我们可以设想，将“每5分钟内未擅自发言”作为起点行为，设计下列步骤：“每5分钟内未擅自发言”→“每10分钟内未擅自发言”→“每15分钟内未擅自发言”→“每20分钟内未擅自发言”→“每25分钟内未擅自发言”→“一节课中30分钟左右的时间内未擅自发言抢答”。

案例2-22　矫治婷婷退缩行为的目标分解

婷婷是个有退缩行为的幼儿，我们设置了一个循序渐进的行为塑造目标。

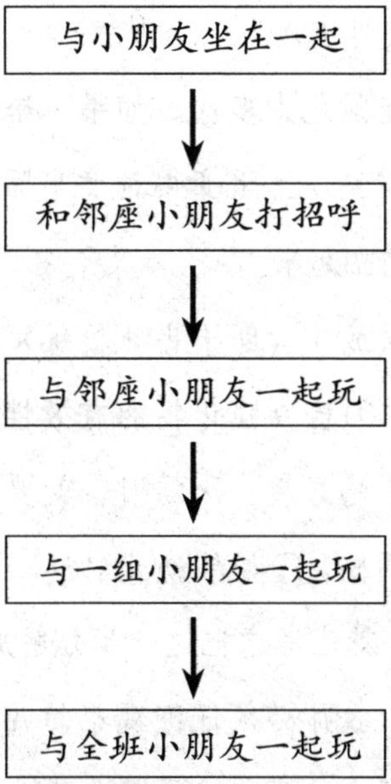

每当幼儿完成一个小目标时，成人就给予奖励以强化，再提出新的小目标，这样不断进行下去，直至达到最后的矫治目标：婷婷在幼儿园能与全班小朋友一起玩。

目标由易到难，循序渐进，每一步都让幼儿有足够的时间，并体会到其中的快乐，这对行为塑造是十分关键的。

（二）正确进行操作应注意的事项

- 在开始进行塑造程序之前，应告诉幼儿所定的计划。
- 在每个起始反应发生时应立即给予强化。
- 在幼儿还没有掌握前一个接近性行为时，不能进行新的接近性行为训练，否则容易导致前一个接近性行为已消退，而下一个新的接近性行为又没有建立的尴尬局面。目前训练 10 次中有 8 次以上正确，便可进入下一个训练。
- 任何一步都不能强化太多次。如果一个连续接近的行为经过长时间的强化和重复以至于变得过度牢固了，那么新的接近性行为就会很难再建立起来。
- 如果幼儿停止反应了，即不再执行规定的行为要求了，那就应采取如下措施：①检查强化物的有效性；②如果幼儿表现出注意力不集中或不感兴趣、厌烦时，就要考虑步子可能太小或太大了，应立即调整；③如果幼儿对这一步行为，不管用什么方法仍难以达到，就应考虑把这一步分解成更多的小步子。
- 在塑造过程中，教师必须仔细观察幼儿的行为，及时调整还不恰当的行为程序，如变化步子的大小、加速或减速，甚至是否需返回程序中某一个步骤再重新进行塑造训练等。

● 注意避免使用行为塑造法所产生的不良效应。

行为塑造法如果使用不当，就会产生我们意想不到的负面后果，甚至这些负面后果比原来行为的后果还可怕。

案例 2-23 矫正利莉吃饭慢的问题

利利刚入幼儿园就读，聪明伶俐，不仅学习认真，而且开朗懂事，实在讨人喜欢。唯一让老师和父母头痛的是其吃饭习惯不好，一顿饭要拖好久，导致平常无法正常参加各项教育活动。

后来老师和家长决定：若利利每天能在1小时内把早餐吃完，周日就带他和妹妹去儿童乐园。第一周他做到了。

第二周，老师和家长把1小时缩短为45分钟，第四周缩短为半小时……

经过两个月的训练，利利已经能在20分钟内把饭吃完，而且能正常参加各项教育活动。

利利的改变，让老师和父母高兴极了，从此，老师和父母不用再为利利吃饭而烦恼……

可是半年后，妈妈却发现利利吃饭的速度更快了，真可以说是狼吞虎咽，不久就发现利莉经常闹肚子痛，后来医生诊断说，是消化不良的结果。

幼儿的有些行为并不是越快越好的，当这些行为速度或强度超过了幼儿生理结构所能承受的限度后，就会影响幼儿的身体健康。再看下面的案例：

案例2-24 上厕所次数的控制与膀胱生理疾病

伍老师因工作需要调到一个新幼儿园接管大（1）班的工作，刚刚到新班还不到两个星期，伍老师就发现他们班有些孩子有个不好的习惯——喜欢在教学活动时上厕所。这不但影响教学活动的正常开展，也令伍老师担心他们的安全问题。于是，伍老师决定纠正孩子们的这个不好的习惯。

伍老师观察一周后了解到，孩子们上厕所的大致情况是：少则每天一人3次，多则每天一人14次，平均每人每天高达7次。于是，伍老师决定采用行为塑造法来改善小朋友们的上厕所行为。伍老师和小朋友们商定，在厕所门口前的公布栏上粘贴一张表格，让每位小朋友每次上厕所时打一个“√”，每天统计一次；如果哪一天哪位小朋友上厕所的次数不超过7次，就给一张贴贴纸；如果哪位小朋友一个星期得到4～5张贴贴纸的话，就在周末放学时送一朵小红花。第一周实施的效果非常不错，所有的孩子都得到了小红花。

经过三个星期后，伍老师把每天7次降为6次，并且每隔三周达到行为目标后，分别依次降为5次、4次、3次，至此次数不再降低，结果改善了小朋友上厕所的次数。

可是三个月后，班里不少的小朋友患上了膀胱生理疾病。

我们在设计某些常规要求时，如果涉及幼儿的身体功能，请不要无限地控制，在制定常规时要多听听儿科医生的建议，看看我们这样的常规是否对幼儿的身体健康有害。

案例2-25　顾此失彼

浩然每天上幼儿园时都穿戴得十分整齐，但是浩然活泼好动，在每天的自由活动时，他总是疯玩，时而与小朋友相互追逐，时而和小朋友在地上摸爬滚打，到放学回家时总是满身脏兮兮的，家长不满意，带班的巫老师也因此而内心很不爽。可是，不管巫老师和妈妈怎么和他讲道理，浩然的行为仍然没有任何改进，他的行为实在令巫老师和家长伤脑筋。

后来，巫老师无意中看到了关于行为塑造的相关资料，决定和浩然的家长一起使用行为塑造法来改进浩然的行为：首先巫老师和妈妈跟浩然约法三章，若浩然能在一星期之内有一天没有把衣服弄脏的话，就准许他每天骑半个小时的自行车（骑自行车是浩然最喜爱的活动），结果效果很好。

渐渐地，浩然弄脏衣服的次数由每周5次、4次逐次改善……

3个月后，浩然每天都一身整齐地上幼儿园，也一身整齐干净地回家。

但老师在幼儿园发现了另一个更可怕的现象：浩然近来自由活动时，常常一个人呆坐着，不与小朋友游戏，甚至做值日生工作，也因怕弄脏衣服而逃避。

现实中确实大量地存在类似的现象，我们为了改掉幼儿的某个“坏毛病”，却又培养了幼儿的另一个“坏毛病”，并且后一个“坏毛病”对幼儿的健康成长更为不利。这不能不引起教育者的注意。

六、阳性强化法

幼儿常规教育中的阳性强化法就是指在幼儿符合常规要求的行为出现之后给以强化（奖赏），以增加这种幼儿继续按常规要求行事的概率的一种方法。例如，4岁的淑华到幼儿园以后，从来没有好好吃过饭，一次，她因为饿，很快地吃完了一大碗饭，宁老师很高兴，一面说“淑华今天吃饭吃得真好！老师真为你感到高兴”，一面报以微笑，轻轻摸她的头，还在教室墙上的奖励栏里给她加了一朵小红花。从此以后，在吃饭时，淑华一改过去的慢悠悠状态——当然宁老师也继续及时地给予肯定和奖励，淑华吃饭的速度也就变得正常了。

运用阳性强化法培养幼儿的常规行为时应该注意以下几点：

（一）正强化要有正确的目标

强化是为了让幼儿形成符合常规要求的行为习惯，因此，幼儿教师心中应该时刻装着目标——时时刻刻都要明了幼儿的哪些行为是应该给予正强化的、哪些行为是不应该给予正强化的，对幼儿有意无意中表现出来的符合常规要求的行为都应该给予正强化。请看下述案例：

案例 2-26　周胜斌进步了

周胜斌，一个4岁的小男孩，有一天在幼儿园午睡起床后认真整理自己的床铺，将小被子叠得还真不错，龙老师看到后说：“胜斌真能干，把床铺整理得真整齐。”第二天，龙老师关注了他并在全班小朋友面前表扬说：“周胜斌进步了。”接下来，龙老师还一直对周胜斌给予适当的关注，周胜斌每天都精神饱满地认真整理床铺。

在上述案例中，龙老师无意中发现周胜斌在常规行为方面的进步，并及时给予表扬和肯定，而且给予连续的关注，因此，周胜斌不仅明确了自己的行为方向，而且深受鼓舞。

如果目标不明确，就有可能该强化的不强化，不该强化的错误行为又强化了。请看以下案例：

案例 2-27　不该给的小点心

郭老师发现，白翔画画的时候将其他小朋友的绘画工具都抢过来自己用，她不禁大声地批评了白翔几句。白翔大哭起来，郭老师无计可施，把他拉到一旁，他依然大哭不止，郭老师无奈给了白翔一块小点心，白翔终于不哭了。

在这个案例中，郭老师批评白翔是因为他抢其他小朋友的绘画工具，郭老师这一行为没有错，但后来她又给了白翔一块点心，这就会让白翔分不清是非，不明白郭老师是表扬他抢东西的行为，还是对他受批评给予补偿。

（二）强化要及时

心理学研究表明，即时的强化比延迟的强化更有效。经过一段延长的时间间隔，幼儿会在理解他的行为与正性强化物之间的关系方面存在困难。而且，对适当行为延迟的强化可能会无意地强化那些在中间时段可能已发生的不适当行为。

（三）注意强化物的变化

使用单一的强化物会使幼儿感到腻烦，从而让强化物失去奖励的价值。因此，当某种强化物已不起作用时，应立即给予一个更为有效的强化物，有时可以同时提供多种强化物，让幼儿随意挑选。

强化物对幼儿的效力随幼儿个人爱好、处境以及强化历史的不同而不同。例如，对于经常遭受挫折的幼儿，成功产生的强化作用具有很高的价值，而对于经常获得成功的幼儿，表扬和鼓励没有多大的强化作用，相反，偶尔的失败对其却有很大的刺激作用。因此，在计划运用强化物时，应注意谨慎地选择强化物。

正强化物的后果和价值也是重要的。幼儿越在乎某个强化物，它就可能会越有效。对不同的个体和同一个体在不同的情况和时间内，它会无限地变化。某种强化物的价值常常与其他获得的强化物有关。如果正强化物是新奇的和多变的，常常会更加有效。另外，要保证幼儿不会得太多的任何强化物，免得幼儿对强化物产生厌足心理。

正强化物是地地道道的个别化事物：一个香喷喷的面包，对肚子饿的孩子而言，其强化效果一定比对饱食的孩子要好；一张笑脸贴纸，可能深受小班幼儿的喜爱，而大班幼儿则不屑一顾；有人闻了臭豆腐不禁垂涎三尺，有人闻了臭豆腐却掩鼻而逃，胃部翻腾半天；英莲喜欢物质奖励，小敏喜欢当众的夸奖，解东则喜欢老师拍他的肩。

正强化物不仅因人而异，而且因主客观条件的不同，其作用也不同。

一般而言，强化物有四种：

- 由他人提供的具体（物质的）强化物，如糖果、金钱等。
- 由他人提供的非具体（社会性的）强化物，如微笑、拥抱、鼓励、表扬等。

- 由自己提供的具体强化物，如让自己轻松地玩乐一番等。
- 由自己提供的非具体强化物，如自我表扬、自我欣赏等。

（四）注意逐渐脱离阳性强化程序

一定要记住："强化是为了不强化"，即强化的最终目的是为了不再强化时幼儿仍然能按常规去做。因此，对幼儿进行强化要有一个长远的眼光，当幼儿的一个符合常规要求的行为多次发生后，可逐渐消除可见的强化物，而以社会性强化物继续维持这个行为，随着时间的推移，应该让幼儿逐渐发现按常规行事的"好处"，或者习惯成自然，进而在没有外部强化的情况下仍然能按常规要求行事。

七、消退法

幼儿常规教育中的消退法就是指撤销促使幼儿做出某些不符合常规的行为的强化因素，从而减少这些行为发生次数的教育方法。例如，一个备受宠爱的孩子乱发脾气，啼哭不休，其目的就是想引起成人的注意，以满足某种不合理的欲望。如果成人对这种行为坚决不予理睬，并排除其他人对他的注意，这个孩子乱发脾气的坏行为就能完全停止，其过分的要求也因得不到强化而消退。这种有意漠视、不理睬他的不当行为的方法，就是消退法。当幼儿的任何一个行为一连发生多次，都未能带来满意的结果，无法获得想要的强化物时，其行为发生强度会逐渐减弱，最后等于零，不再发生。

运用消退法来减少幼儿特定的不良行为时，要注意几点：

（一）了解消退法的适用范围

研究表明，只有当幼儿违反常规的行为主要是为了获得老师的注意或关注时，才可用消退法处理。比如，幼儿的攻击、破坏、说谎、过度反抗、任性、过度活动、不自主排便、厌食、拒绝午睡、在教育活动中打小报告、做鬼脸、用方言与老师讲话、不举手就回答问题等违反常规的行为均可运用消退法矫正。

而那些能够自行满足幼儿需要的行为（如贪食、迷恋电视、自慰等）和对幼儿的身体可能有损伤的行为（如幼儿间的打架等）则不适用消退法。

（二）注意防止消退幼儿的良好行为

当幼儿表现出良好的行为时，如果老师不予理睬，这种行为就可能消失。例如，午睡时间到了，亚琴便找到方老师说："方老师午安！"而方老师正因为一个小朋友不肯上床睡觉而闷闷不乐，因此对亚琴爱理不理的，连瞧也不瞧亚琴一眼，亚琴傻愣愣地站在那儿，大惑不解。第二天，午睡时间到了，亚琴又去对方老师说"方老师午安"，结果仍如石沉大海，没有回音。从此以后，亚琴再也不对方老师说"午安"了。

案例 2-28　不再想举手

有好几次，程老师面对小朋友们提问后，韦鑫都高高地举着手站起身大喊："老师，老师！我知道，我知道！"老师不但没有因此而提问韦鑫，反而在活动小结时，批评了韦鑫的这种行为。

从这以后，韦鑫发言的次数少了，有时甚至不发言了。

后来程老师找了一个机会问韦鑫：“现在怎么看不到你举手了？”韦鑫说：“老师，我不想举手了。”程老师问：“你以前那么积极，现在为什么不想了？”韦鑫说：“现在老师都不请我回答问题了，举手也没意思。”

幼儿的良好表现不应受到冷落，更不应受到打击。作为一个负责任的老师，一定要对幼儿的良好表现给予充分的关注和热情的回应，否则，幼儿的良好行为就可能消失，甚至还会由此而产生其他心理方面的障碍。

（三）消退与表扬、奖励相结合

在消退不良行为的同时，如能对良好行为进行强化，就可以取得较好的消退效果。例如，小玲在幼儿园里上中班，她有个毛病，就是爱哭，小朋友们给她起了个外号叫“爱哭鬼”。她一哭起来，无论老师怎样哄、怎样安慰，都没有用。后来，当她哭闹的时候，黎老师就带领其他小朋友离开她，等她不哭了，再走过去注意她并赞赏她。就这样，没过多少天，她就变得不爱哭了，小朋友们也不再叫她的外号了。

（四）坚持一致性原则

在幼儿园实施消退法时，也要让父母参与，做到家园一致，千万不要幼儿园在消退，家里却在强化。例如，幼儿园老师想方设法使幼儿养成独立睡觉的习惯，而回到家里父母却天天陪着孩子睡觉，白白费了老师的一片苦心，其结果可想而知。

另外，在实施过程中还要保持前后一致性，不可一时不予理睬，一时又给予关注，否则就会前功尽弃。

案例2-29 温老师斗不过小珊

4岁的小珊在家里养成了不好的习惯，每次摔倒都要大人去扶，如果没人扶，就趴在地上大哭。一次，小珊摔倒了，温老师请她自己爬起来，小珊趴在地上不肯起来，后来看温老师真的不理她，小珊又干嚎了两声才爬起来。

第二天，小珊又摔倒了，温老师请她自己爬起来，这一次小珊比平时哭得还响。温老师装作没听见，小珊于是加大嗓门，把音量放大了许多，把其他小朋友都招来了。

温老师无奈地妥协，拉起小珊，并不断安慰她。

结果，这一矫正行为的努力彻底失败，以后小珊跌倒，温老师让她自己起来，她哭得更大声。

温老师的失败在于她没有坚持，只要她坚持就能胜利！

运用消退法矫正幼儿的不良行为一定要有坚持性，因为在开始时，情况可能会更糟，即出现消退爆发现象，比如，幼儿的哭闹会更强烈，但这样也要坚持下去。只要坚持下去，一段时间后，幼儿的不良行为就会消除。

八、儿歌强化法

儿歌琅琅上口，简单易记，符合幼儿的年龄特点，因此，老师可以把相关常规行为规范编制成儿歌，让幼儿记诵，既能培养幼儿的语言能力，又能强化幼儿的行为习惯养成。尤其在开始活动前，先记诵童谣，然后开始活动，可以促使幼儿按童谣中的要求去做，便于养成习惯。比如在吃饭前，可先让幼儿记诵童谣“吃饭了，快坐好，慢慢吃，细细嚼，不说话，不挑食，人人夸我好宝宝”。幼儿经过这样几次训练和强化，就能够较快地形成正确的进餐行为模式。

洗手歌（一）

洗手先要卷衣袖，
二要拧开水龙头，
三用清水湿湿手，
四用香皂细搓洗，
搓手心来搓手背，
搓搓十个手指头，
搓了还要冲冲水，
冲后关好水龙头，
最后毛巾擦干手。

洗手歌（二）

小朋友，
来洗手，
洗手先要挽袖口，
洗手心，
洗手背，
洗手缝，
洗手腕，

看谁洗得最干净。

洗手歌（三）

搓搓搓，
搓手心；
搓搓搓，
搓手背；
换只手再搓搓，
甩三下，
一二三，
关好水龙头，
擦干手。

洗手歌（四）

挽起衣袖打湿小手，
香香肥皂擦擦小手，
搓搓手心搓搓手背，
小手开满朵朵白花，
清清水儿流过手心，
一二三，甩三下，
小手洗得真干净。

洗手歌（五）

吃饭之前要洗手，

轻轻拧开水龙头。
先把小手打打湿，
再用肥皂搓搓手。
搓手心，
搓手背，
甩甩小手真干净。

洗手歌（六）

搓搓搓，
搓手心，
搓搓搓，
搓手背，
换只手，
再搓搓，
冲冲冲，
冲冲手，
冲冲冲，
冲干净，
关上龙头甩三下，
一二三。

洗脸歌

双手拿起小毛巾，
平平整整放手心，

洗洗眼，

洗洗鼻，

洗洗嘴，

洗洗颈，

最后擦擦小耳朵，

小脸洗得真干净。

漱口歌

含一口水，

鼓鼓嘴，

咕噜咕噜吐出水，

连漱三遍真干净，

最后还要擦擦嘴。

吃饭歌

吃饭时，

坐端正，

右手拿调羹，

左手扶着碗。

细细嚼，

慢慢咽，

不剩饭，

不挑菜，

自己吃饭真能干。

进餐歌

一日三餐喷喷香，
安静就餐不能忘，
爱惜粮食不挑拣，
细嚼慢咽得健康。

红萝卜·绿青菜

红萝卜，
绿青菜，
红红绿绿真可爱。
吃红萝卜，
吃青菜，
身体健康人人爱。

进餐后

小手绢，
四方方，
拿起它，
擦嘴巴。
一二三，
左擦擦，
右擦擦，
嘴巴乐得笑哈哈。

升　旗

国旗国旗真美丽，
小朋友们排整齐，
升旗要行注目礼，
身体立正看国旗。

排排队

小宝宝，
排排队。
你在前，
我在后。
一个跟好一个排，
整整齐齐排好队。

排队走（一）

小朋友，
排队走，
你在前来，
我在后，
不说话，
不回头，
老师夸我真优秀。

排队走（二）

小小手——摆摆动；

小小脚——踏起来；

小胸脯——挺起来；

一二一，

一二一，

……

轻　轻

轻轻说，

不吵闹，

轻轻走，

不奔跑，

轻轻做，

不打扰，

从小文明习惯好。

睡觉歌

小床板，

已铺好，

小被子，

盖盖好，

大家快来睡午觉，

不说话，

不吵闹，

眼睛一闭睡着了，

天天午睡身体好。

睡前要小便

幼儿园，

静悄悄。

小朋友，

要睡觉。

睡觉前，

要小便。

呼噜呼噜睡得好。

午睡歌（一）

枕头放放平，

花被盖盖好。

小枕头，

小花被，

跟我一起睡午觉，

看谁先睡着。

午睡歌（二）

午睡到，

午睡到，

小朋友们准备好，

先放枕头后铺被，

再把鞋子摆放好。

先脱裤，后脱衣，

钻进被子睡着了。

午睡歌（三）

小手拍拍放枕边，

身体转向右侧卧，

风不吹，树不摇，

幼儿园里静悄悄，

我是一个乖宝宝，

规规矩矩睡午觉。

穿衣服

抓领子，

甩一下，

左一伸，

右一伸，

我的衣服穿好了。

从上述儿歌中，我们可以看出，用于常规培养的儿歌应该具有任务、程序、具体要求三要素，即要告诉幼儿要做什么、怎么做、要达到什么样的要求——要求明确具体，利于幼儿按要求去行动。

九、指令法

幼儿常规教育中的指令法就是指教师通过显性的口头语言，或者通过音乐等训练幼儿常规行为的一种方法，利用条件反射原理，多次强化“指令—常规行为”的联系，让幼儿一听到老师发出的指令就知道该做什么事，或者该停止哪些无关的事。“指令—常规行为”条件反射的建立，可以为班级活动的组织工作节省许多时间和精力，“指令—常规行为”条件反射建立稳固后，也有利于幼儿快速、愉快地进入各种活动状态。

（一）音乐指令

音乐是人类的另一种语言。幼儿对音乐的感知与对语言的感知是同样敏感的。因此，教师可尝试用特定的音乐代替语言的指令，在幼儿生活、学习的各个环节中播放音乐，让孩子在轻松、优美的音乐声中产生愉悦、饱满的情绪，并逐步知道听到某一乐曲时就该干什么或不该干什么，在“音乐—活动”之间建立条件反射系统，既可以让孩子熟悉大量的歌曲和乐曲，享受音乐的熏陶，也可以让孩子在轻松愉快的氛围里接收特定的信号，形成良好的习惯。

我们可以根据不同音乐的特点和幼儿一日活动的各个环节的内容来安排、选择相应的音乐。例如，在进餐环节，可选择《田园曲》，该曲愉快、节奏平稳、安静，能让幼儿以愉快的情绪进餐；开展教育活动前，老师弹《拍手，点头》曲子，幼儿就会一边听音乐，一边做动作，

很快安静下来；在活动中，走路和变换队形，四排变半圆或变圆形，需要幼儿有斗志昂扬、精神百倍、神采奕奕的精神境界，选择《运动员进行曲》能达到此效果；睡觉时间到了，只要《摇篮曲》的音乐声响起，小朋友们都会自觉地上厕所，然后上床睡觉，在优美的音乐声中进入梦乡；要洗手了，老师给小朋友们播放一曲悦耳动听的《大雨小雨》，小朋友们就会一边唱着歌曲，一边洗手，认真完成洗手任务；巧妙运用音乐《火车呜呜叫》，使孩子们能开着火车排好整齐的队伍；在活动中需要幼儿起立时可一边伴奏｜135|135|一边起立；坐下时，同样边伴奏｜531|531|，边做出坐下的动作……小朋友们在固定的音乐信号中有序地参加老师组织的各类活动，在老师的音乐提醒下学会了排队等候、用肥皂洗手、轻轻走动、安静游戏……

只要小朋友们在音乐和活动之间建立了条件反射，以后一旦听到相同的音乐，他们就会出于条件反射，自然而然地进入相应的准备和活动状态，老师不用费任何的口舌，一切都会在十分轻松自然的氛围中进行。

为了更好地发挥音乐对幼儿发展的作用，选择的音乐应该与常规教育的内容相适应，同时，还应该尽可能的优美动听，富有教育意义。

（二）语言指令

教师将特定语言与幼儿的常规行为建立联系，让幼儿听到某一语言就做出相应的行为。

教师说："一二三。"幼儿回应："坐坐好。"

教师说："四五六。"幼儿回应："看老师。"

教师说："七八九。"幼儿回应："没声音。"

教师说："一二三。"幼儿回应："请安静！"

教师说:“请安静!”幼儿回应:“我安静!”

教师说:“小小手。”幼儿回应:“摆摆动!”小手随即摆起来。

教师说:“小小脚。”幼儿回应:“踏起来!”小脚随即踏起来。

教师说:“小胸脯。”幼儿回应:“挺起来!”小胸脯随即挺起来。

教师说:“谁的小手拍得响?”(一面说,一面拍手)幼儿回应:“我的小手拍得响!”(一面说,一面拍手)

教师说:“谁的眼睛最漂亮?”(一面说,一面看着幼儿)幼儿回应:“我的眼睛最漂亮!”(一面说,一面看着老师)

教师说:“谁安静?”幼儿回应:“我安静!”

(三)铃鼓指令

教师可将不同节奏的铃鼓声与不同的活动及要求建立联系,让幼儿听到铃声即会做出相应的常规行为反应。比如,游戏活动结束了,教师以快节奏摇动铃鼓,多次重复后,幼儿一听到此节奏的铃鼓声就会主动收拾玩具停止游戏。

请安静、请上位、请上厕所、请喝水……许多活动要求都可以通过不同节奏、不同强弱的铃鼓声来发出不同的指令,这样可以省去语言指令造成的声带疲劳。

十、行为巩固法

幼儿常规教育中的行为巩固法是指定期对幼儿的常规行为进行检查和评比,以使其形成更加符合常规要求的行为习惯的教育方法。

行为巩固法有定期检查、评比活动等。定期检查有每日的晨检、午检和每周一次的周检，在检查中对常规行为好的幼儿要进行表扬，对常规行为较差的孩子要提供针对性帮助。评比可以每日一次，也可以每周一次，对评比中行为表现突出的幼儿可以奖励一朵小红花，使其产生自豪感和荣誉感，以激励其他幼儿向常规行为习惯好的幼儿学习。由于幼儿年龄小，每天评比一次效果较好。比如，为了养成幼儿的良好生活习惯，可以根据班级幼儿的常规要求，在值日生活动中开展“小小检查员”的活动，每天安排3～5个幼儿担任本班的常规“检查员”，让他们检查和评价全班小朋友的生活常规表现，这对“检查员”自身及其他幼儿的良好行为的养成都会有很大的帮助。让幼儿成为常规教育的检查者和评价者能够有力地促进他们良好行为习惯的养成。

案例2-30　瞧，我真棒！

尹老师在教育活动室最显眼的地方贴有一张“瞧，我真棒！”的幼儿每天表现表：幼儿每个细项目的行为符合常规要求了或者改掉一个缺点了，在当天相应的格子里就可以贴上一个★——每天评★活动，先自评（自己先说说今天自己在哪方面表现好、应该得★），然后由同伴评（由同伴确认该幼儿是否真的表现好、真的应该得★），最后由老师确定能否给其贴★；在每星期五下午的周评时，看谁得★最多，给获得N个★的幼儿奖1朵小红花，给前15名奖励2朵小红花；并和家长协商好，当幼儿得到10朵小红花就要满足孩子的一个小小的愿望。小朋友们积极性很高，每天都会督促自己改掉坏习惯，学习别人的优点，争取得到红五星。家长也非常支持这种做法。这样，通过每天、每周的检查→评比→奖励，通过教师、幼儿和家长的积极参与，幼儿的常规行为很快就形成了。

幼儿 \ 项目 \ 日期			星期一	星期二	星期三	……
A	生活	吃饭				
		睡觉				
		……				
	教学活动	……				
		……				
	游戏	……				
	……	……				
B						
……						

本章主要参考文献

[1] 陈秀芬．案例研究是教师教育行为转变的桥梁 [J]．中国农村教育，2006（10）：47．

[2] 傅芳芳．幼儿园班级常规教育研究：以上海市某一郊区幼儿园为例 [D]．上海：上海师范大学，2011：19-22．

[3] 姜锐．教师应对幼儿违纪行为的现状分析及策略研究 [D]．南昌：江西师范大学，2010：54-56．

[4] 刘冰．幼儿行为失范情境下教师的应对策略 [D]．长春：东

北师范大学，2006：14-22.
[5] 刘淑兰，主编．幼儿园课程实施指导手册[M]．北京：北京师范大学出版社，1999：20.
[6] 冒永健．巧用图标培养幼儿自律品质[J]．当代学前教育，2012（1）：46-48.
[7] 孙爱琴．幼儿园常规教育的文化批判[D]．兰州：西北师范大学，2010：21-34.
[8] 万成．如何给幼儿树立榜样[J]．教育导刊：幼儿教育，2008（12）：46.
[9] 王凤梅．浅谈中班幼儿行为规则教育[N]．绍兴日报：综合新闻，2009－03－07（2）.
[10] 王锦飞．瞧，我真棒[M]//高美娇，主编．幼儿园课程实践研究．北京：新时代出版社，2004：28.
[11] 吴英宏．棋逢对手[M]//高美娇，主编．幼儿园课程实践研究．北京：新时代出版社，2004：52.
[12] 徐晋华．强化理论在学前教育中的应用与误区规避[J]．教育探究，2012（6）：37-39.
[13] 应丽萍．幼儿日常生活规则教育探析[J]．教育导刊：幼儿教育，2011（9）：17-19.
[14] 于凤丽．书是我的[M]//吴晓燕，主编．走进童心世界：幼儿教师优秀笔记集粹．北京：北京师范大学出版社，2000：77.
[15] 张冬梅．代币法在班级幼儿行为塑造中的运用[J]．教育导刊：幼儿教育，2011（7）：20-24.

[16] 张莉．音乐在幼儿园常规教育中的运用 [J]．伊犁师范学院学报：社会科学版，2008（6）：125-126．

[17] 郑静，曹家正，邵慧玲，编著．幼儿问题行为及其矫正 [M]．上海：华东师范大学出版社，1996：50-52．

[18] 周宏.区域活动中幼儿常规培养策略[J].早期教育：教科研版，2011（7/8）：59-60．

第三章　幼儿常见的常规问题与对策

探讨幼儿常见的违反常规问题，对有效地建立班级常规有着十分重要的指导意义，我们要弄清幼儿违反常规的原因，然后有针对性地采取有效的措施矫正幼儿的违反常规行为。

一、幼儿违反常规的原因分析

幼儿违反常规的原因往往是多种多样的，请看案例3-1：

案例3-1　搓面包的原因

陈剑钊吃早餐时，把面包搓成一条一条的，再扔掉。

用专业的眼光来看，我们则应该思考：

陈剑钊是不是觉得面包不好吃？

陈剑钊是不是觉得扔面包很有趣？

陈剑钊是不是想用这个动作引起别人的注意？

陈剑钊是不是想观察大小不同的面包条下落的速度有何不同？

……

幼儿违反常规的行为产生的原因并没有我们想象中的那么简单、

单一，比如，陈剑钊扔面包的行为并不是简单的不爱惜粮食所能解释的。因此，我们有必要研究幼儿违反常规的原因，进而对他们进行有针对性的教育。下面我们对导致幼儿产生违规行为的原因进行分析，以期能给大家一些启示和指导。

（一）幼儿的心理需要没有得到适当的满足

研究表明，幼儿的许多违反常规行为往往与其心理需要没有得到适当的满足有关：

1. 幼儿为引起别人的关注或获得成人的爱而出现违反常规行为问题

幼儿感觉到自己被冷落后，为了获得他人的爱与关注而容易出现的违反常规行为有：厌食、偏食、捣乱、攻击行为、“假无能”、吮手指、高声谈笑、口出怪音、敲打作响、做怪异动作、“人来疯”等。比如，有些平时被老师冷落了的孩子，在客人、老师来园参观时，常表现得异常活跃，吵闹不停。又如，一个已经5岁多的小女孩，在3岁多时已经会独立吃饭了，并且自己吃得又快又好，但是到了中、大班后反而变得逐渐“不会吃饭”了——吃得很慢，并且吃饭时撒得到处都是饭、菜，最后，幼儿园老师忍无可忍，只好每餐都喂她。幼儿为什么会出现这种“退化行为”（假无能）呢？心理卫生学认为，出现“退化行为”是幼儿适应不良的一种表现。当小女孩使用种种方法都得不到老师的关注或爱后，她的这种“退化行为”反而轻而易举地得到了老师的关注和爱——餐餐都有老师陪她、喂她，满足了她的被人关注和获得成人的爱的需要。

因此，当幼儿出现了类似的行为问题时，我们要反思，是不是我们由于工作或其他原因过于冷落了某些孩子？如果是，我们就应该给他们以适当的关注，让孩子在爱的沐浴下健康成长。

案例 3-2　喜欢违规被抓走的“木头人”

在“熊和木头人”游戏中，当念完儿歌的最后一句“动了手指就会痛”后，小朋友做一个小木头人的造型，然后，扮“熊”的人巡视，谁动了，谁就被“抓走”。开始玩的时候，小朋友们还能较好地遵守游戏规则，过了一段时间，个别孩子就开始故意大声叫嚷、做怪相、随便跑动，以便被“熊”抓走吃掉，被“熊”抓走的孩子不但不难过，反而很高兴……

附：

游戏“熊和木头人”

此游戏至少三人玩，一人扮“熊”，其他人扮“木头人”。“木头人”手拉手边走边念儿歌：“我们都是木头人，不准说话不准动，动了手指就会痛。”念到儿歌的最后一个字时，木头人摆一个动作姿势，并保持不动。“熊”上场，边走边观察，谁动谁就会被“熊”给“吃掉”。

这些孩子被“抓走”后，不但没有难过，反而很高兴——你注意观察就会发现，他们被抓走时脸上堆着的满是笑容。因为在这个游戏中，老师对孩子遵守规则的良好表现没有给予注视、鼓励，对被“抓走”的孩子却给予了关注——这正好满足了他们的被关注的需要，因而被“抓”了、被关注了，他们反而很高兴。

2. 幼儿为宣泄和消除内心紧张而引起的违反常规行为

幼儿的一些无意识行为，如吮手指、吃被角衣角、咬嘴唇、咬指甲、

“偷”东西、撕衣服、拔头发、发脾气，与其说是坏习惯，不如说是幼儿紧张心理的一种宣泄方式更为恰当。幼儿之所以出现这些行为，是因为幼儿要把内心的紧张情绪释放出来，给其许多内心冲突和其他适应困难提供情绪上的出路。

幼儿的残忍行为和攻击行为往往是其压抑心理在行为上的一种表现。比如有些家庭父母不和，孩子成了出气筒，得不到家庭温暖；有的父母对人缺乏同情心，对孩子动辄施以惩罚，甚至拳脚相加；有些孩子与继父或继母生活在一起，得不到应有的爱，只知道恨。孩子生活在这样的家庭中，感情受到过度压抑，容易产生发泄的冲动，在能够发泄的场合，稍不如意就伤害他人或其他动物。他们从折磨或戏弄小动物（如把昆虫的翅膀拔去；把动物的眼睛捅瞎，或把动物的头扭下来；把小狗扔进水中；把青蛙对半劈开等）、欺凌弱小中得到乐趣，以发泄内心的不满和压抑感，并逐渐形成在恶作剧中寻求刺激和乐趣的心理。

与因心理紧张而引起的情绪宣泄有关的违反常规行为还有：破坏性行为、摔门、敲桌椅、报复行为、敌对行为等。

所以，我们在处理幼儿的这类违反常规行为时，一定要慎重。当幼儿出现这类行为问题时，我们要意识到，幼儿正处在心理紧张状态，然后再找出使幼儿处于这种心理紧张状态的原因是什么，最后对症下药，消除幼儿心理紧张的原因，从而消除幼儿的紧张，进而消除幼儿的违反常规行为。

3. 幼儿为了自我保护而出现的违反常规行为

有时候，幼儿违反常规往往是出于自我保护。比如，有的幼儿喜欢告状，因为在这些幼儿的观念里，先告状可以避免被批评和处罚；又如，有的幼儿喜欢说谎，在幼儿说实话后遭到的惩罚或幼儿失误后受到的处罚过于严厉的条件下，幼儿往往会在干“坏事”、做错事后冒险去说谎，而不愿说出实情，以逃避惩罚。

当幼儿出现自我保护之类的违反常规行为时，教师要认真反思，我们到底是在哪些方面有意无意地伤害了幼儿。我们要尽量为幼儿创造一个更加安全的环境，特别是安全的、没有伤害的心理环境，以减少幼儿类似的违规行为问题。

4. 出于好奇心而出现的违反常规行为

很久以前著名的儿童教育家陈鹤琴先生就说过，幼儿是好奇、好模仿的。由于受影视节目内容情节和图书的影响，有的幼儿为了体验一下冒险的滋味，他们会去“偷”别人的东西，或者去……

有的幼儿的残忍行为也是好奇心引起的。比如幼儿想知道“把小鸟的羽毛拔下来会怎么样呢”，“把昆虫的眼睛挖掉，它还会飞吗”，而这些是幼儿无意的残忍行为。

还有一些孩子喜欢说粗口，原因就是他们出于好奇模仿别人说，然后就成了一种习惯。

所以，为了避免幼儿产生这方面的违反常规行为，我们一方面要注意正确引导幼儿的好奇心，另一方面要注意尽量避免或者减少各种媒体对幼儿心理行为发展产生的消极影响。

（二）幼儿的自我控制能力差

对于某些方面的常规，幼儿也知道应该遵守，但到了具体情境中，他们却管不住自己，因此仍然违反常规。请看下面的案例：

案例 3-3　我知道，我不应该

宋老师刚拖完地板，地面很滑，小峰在教室里跑来跑去，宋老师叫住了他。还没等宋老师开口，小峰就对宋老师说："宋老师，我不乱跑了！"宋老师问："跑来跑去很好玩吗？"小峰如实地回答："好玩！"宋老师又问："你应该这样做吗？"小峰回答说："不应该，因为容易摔倒。"说完便做了一个摔倒的动作。

宋老师又问："那你刚才跑的时候想到什么呢？"小峰不好意思地回答说："宋老师，别问了，我以后不这样玩了。"说完，他笑着跑开了。

在现实中，幼儿确实大量地存在这样的问题行为——他们知道这些事情不该做，也知道其中的"道理"，但真正面对该情境时，他们又无法控制自己。

（三）幼儿认知上的错误

有时，幼儿违反某项常规往往是由于幼儿对该常规理解有误或者根本不知道该常规的存在。请看案例 3-4：

案例 3-4　小松的回答让宁老师哭笑不得

小松因为没有遵守常规，宁老师决定不让他参加后续的集体活动，但宁老师并没有向小松解释为什么不让他参加集体活动。下课后，小松走到宁老师面前说："对不起，我以后不那样做了。"宁老师问他："不哪样做呀？"小松怯怯地说："我不知道。"小松如此诚实的回答让宁老师惊呆了。

确实，许多时候幼儿违反常规，不是他们不想遵守常规，而是他们不了解或者误解了相关的常规。

案例 3-5　攻击与说“对不起”

某天下午，雷强打了小旭两拳，然后马上对小旭说：“对不起！”然后，他转身又攻击俊杰、海东、小寒……然后，再一一地对这些小朋友说“对不起”……

闫老师发现雷强的攻击行为后，立即对他进行了干预，可是没想到的是，雷强却理直气壮地说：“我已经对他们说‘对不起’了！”

雷强理直气壮地对小朋友进行攻击，那是因为他的脑子里存在一种错误的观念，即只要事后说了“对不起”就可以攻击别人了。

案例 3-6　扔汉堡包

午饭时间，保育员正忙着给孩子分汉堡包。这时，带班老师从外面进来了，吃惊地看到黄善宝小朋友已经“吃完了”，田老师问他：“你已经吃完了？”黄善宝小朋友答道：“是的。我已经饱了。”这时保育员对田老师说：“不，他没有吃，他把汉堡包扔进了垃圾桶，他还需要一个汉堡。”田老师走到垃圾桶旁一看，果然看到了一只完整的汉堡包。保育员问田老师：“要不要再给他一个？”田老师果断地回答说：“不用，他说他已经饱了。我想，他的意思是说他不需要了。”

幼儿有权表达他不需要了，但幼儿没有权利浪费粮食。黄善宝之所以把分给他的汉堡包扔了，除了他不需要以外，更重要的是他不知道如何处理发给自己而自己又不需要的食物。

（四）幼儿的神经系统功能发育不完善

幼儿大脑皮层的兴奋与抑制过程发展不平衡，其大脑皮层发育尚未完善，兴奋占优势，抑制过程形成较慢。因此，幼儿易于疲倦，容易激动，易受外界刺激物的影响，注意力不集中、不稳定，所以幼儿极易出现好动、“坐不住”、“坐不稳”等现象，容易感情用事而做出违反常规的行为。

案例 3-7　因兴奋而不能自已

有一天早晨，小东和小军在第一排领操，这是他们第一次领操，所以他们很兴奋，在前面笑得厉害，并且手舞足蹈，结果没把操领好。

做完早操回到教室，仇老师批评了小东和小军：“你们刚才上去是要干什么呀？是去做领头人的，是让下面的小朋友跟着一起做操的。可是你们一上去就疯跳疯笑。开心可以用表情来告诉大家，不要手舞足蹈的，不可以因为高兴而忘记了自己应该做些什么……”

事实上，幼儿往往容易因高兴而忘记了他们该做些什么。

（五）幼儿原有不良习惯的影响

幼儿的许多不守常规行为，往往不是在幼儿园形成的，而是未入园前在家形成的坏习惯。请看以下案例：

案例3-8　不喜欢吃茼蒿菜的海涛

某天，小朋友喝的是茼蒿蛋汤，范老师在海涛的碗里盛了半碗汤，他立马就大声说：“我不喝汤！”范老师说：“不行，汤要喝的，汤可以帮助你消化！”老师说完就去给别的小朋友盛汤了。不一会儿，就有小朋友来告状：“范老师，海涛把菜都扔在桌子上了！”范老师一看就有点生气了：“海涛，你干什么？！不吃也不要扔在桌子上啊！碗里还有一点点，你一定要把它吃掉！”范老师把桌面大致清理了一下，就走开了。

没想到，范老师刚走两步就听“咚”地一声，海涛把剩下的汤全都倒在桌子上了……

范老师努力控制住自己的情绪，先平静地看了看他身上有没有被汤泼到，然后搬着椅子牵着他的手让他坐到旁边干净的地方，把桌面、地面清理干净后再来到海涛的身旁，轻声问他：“海涛，你没有喝汤，想不想喝水？”海涛摇摇头哭了：“我不喜欢吃茼蒿，我在家也不吃的，我妈妈知道我不喜欢吃所以从来不煮的。我不爱吃的东西，我妈妈说可以不吃的。”

海涛的任性、挑食，是他母亲和家人在家宠坏的。像海涛这种问题的矫正，只靠幼儿园的力量是很难取得预期效果的，必须有其家庭成员的参与和配合方能奏效，并且这一坏习惯也不是一朝一夕能矫正的，因此，对这类孩子进行教育，老师们要有足够的耐心。

（六）幼儿有意无意的模仿

幼儿是好模仿的。幼儿有时候违反常规是由于有意或无意地对同伴或其他人的行为的模仿而形成的。比如，在一次欣赏散文诗《梨子小提琴》的语言教育活动中，当听到“拉呀拉呀”那一句时，军军小朋友故意发出各种怪声，立刻就有好几个小朋友参与了这场“新游戏”，结果活动室里顿时大乱起来。

又如，吃午饭时，小朋友们正津津有味地吃着，班上的两位老师也分别从教师餐厅打来了饭菜，她们坐在小朋友中间，和小朋友们一起进餐。其中的一位老师对小朋友们说：“大家吃饭的时候不要说话。”而她自己却和另一位老师大声地边吃边聊，还把菜里的葱和蒜挑出来放在桌上。这两位老师的负面示范，很难让幼儿养成安静进餐和不挑食的好习惯。

案例 3-9　老师，我跟你学的

某天，乐老师带小朋友们进行一次户外游戏后，小朋友们随着音乐学小鸟飞陆续进教室。这时，陆家俊小朋友的鞋带松了，过来请乐老师帮忙。乐老师正在帮陆家俊系鞋带时听到教室里传来“啪”的一声，于是，她急忙过去，结果发现一面铃鼓掉在地上。小朋友们都瞪大眼睛看着徐虎，而徐虎正满面怒容地站在教室中间。

乐老师走到徐虎面前问他：“你怎么了？”徐虎气冲冲地说：“乐老师，我正在叫他们别乱跑。”原来小朋友学小鸟飞进教室就乱跑了，没有回到座位上。乐老师立即让小朋友们轻轻地找到小椅子坐下来休息。乐老师接着问小朋友们：“这铃鼓怎么会在地上呢？”小朋友们七嘴八舌地说：“是徐虎扔的。”乐老师有点不高兴地对徐虎说：“你为什么把它扔在地上？”徐虎说：“我生气啊，他们不听我的话。”乐老师又接着说：“那小朋友们不听你的话，你也不能扔铃鼓呀？”只听徐虎小声说：“乐老师，我跟你学的。”

老师的许多有意无意的行为都会成为幼儿模仿的对象，因此，教师平时要注意检视自己行为的适宜性。

（七）常规要求超过了幼儿的能力

有时候，幼儿不按照常规去做，是因为教师向幼儿提出的常规要求超过了幼儿的能力。请看以下案例：

案例 3-10　冬天里不愿盖被子的孩子

一天午睡前，汪老师提醒孩子们脱掉外衣盖上被子再入睡。大部分幼儿都在认真地做着，只见晓楠小朋友和衣躲在床上，也不盖被子。汪老师走过去摸着她的头轻声地问：“晓楠，你哪里不舒服？怎么不盖被子？汪老师帮你盖，好吗？”听到这儿，晓楠立即坐了起来说：“汪老师，我不冷，我不盖被子。”汪老师说：“那怎么行，一会儿睡着了会感冒的。”晓楠坚持说：“我不怕。”

当汪老师碰到她的被子时，她立即用身体挡着被子，好像老师要碰坏她的宝贝一样，然后大声地说：“汪老师，我不会叠被子！”这时赵燕跑过来对汪老师说：“汪老师，晓楠不会叠被子，昨天是我给她叠的。”

晓楠没有按睡觉的常规——“脱衣、盖被子睡”去做，那是因为“起床后要自己叠好被子”这一要求超过了晓楠的能力。

（八）幼儿的沟通协调能力欠缺

幼儿有时候违反常规是因为他们不善于表达自己的意愿、不善于与同伴沟通协调所致。比如，晓友喜欢婷婷的玩具，他缺乏直接告白自己意愿的能力和意识，而采取了婷婷所不能接受的方式——“抢”——来表达他的愿望。事实上，他是知道“不能抢同伴的玩具”这一常规要求的，而违规行为之所以仍然发生，是因为晓友不知道如何以对方能够接受的方式来表达自己的需要。

案例 3-11　同伴不听话

一天早餐后，俊文哭着向周老师报告说，陈天明打他。

周老师把陈天明叫过来，问：“天明，你为什么打俊文？”陈天明不慌不忙地回答说：“俊文刚吃完早餐就跳绳。老师说过，这样会影响身体的。我叫他别跳了，他偏不听，所以我就打他了。”

陈天明是个有责任心且听话的孩子，他能对违反常规的小伙伴进行纪律约束，但由于缺乏处理事情的能力，最后自己反而违反了常规。

对于幼儿的此类违反常规行为，我们应该肯定他们的良好动机，同时，还要告诉他们处理问题的正确方式。

（九）某些常规违背幼儿的身心发展特点

许多幼儿园常规违背幼儿的身心特点，因此幼儿很难遵守，就算有的幼儿遵守了，这些常规对其也是一种伤害。比如，有的老师要求幼儿在教育活动中“小手背好，小脚并好，小嘴闭紧，腰板挺直”——这样的常规就算是成人也很难做到，何况幼儿呢？再如，在说话常规中，有的幼儿园规定："幼儿排队时不能说话；上楼时不能说话；进教室坐下来不能说话；喝水时不能说话；上课时不能随便说话，除非得到允许；午餐时不能说话；睡觉时间不能说话……"我们老师经常批评幼儿"乱说话"，其实，那是因为幼儿园常规中过度压抑了幼儿说话的机会，幼儿憋得慌，只能通过"乱说话"来发泄了。在幼儿园里，厕所成为许多幼儿向往的地方，那是因为厕所几乎是幼儿在幼儿园里唯一能自由说话的地方。

又如，有的老师在教学活动中的纪律要求是很严格的："眼睛看老师，小手放腿上，两脚并拢，不举手不能发言。"这大大地超出了好动期幼儿的能力范围，因此，幼儿就会时常违反常规——正是老师们时常说的所谓的"乱说"、"乱看"、"乱动"。

案例 3-12　睡前 5 分钟

每天午睡前，大（3）班的小朋友们总是喜欢争分夺秒地说话，喜欢你推推我，我推推你，挠挠这个，挠挠那个，不管老师怎么训斥，效果都不明显。

后来，带班的老师告诉小朋友们，在睡觉的前5分钟，可以尽情地说话，过了这5分钟就必须上床睡觉。没想到这一招还真管用，满足了小朋友们的一点小小的需求后，老师叫睡觉时，他们都能很快地安静下来睡觉了。

前面禁而不止，后面幼儿获得说话机会后反而听话了，这说明前面的生硬禁止不符合幼儿的心理需要，而后者则让幼儿的交往需要、说话需要得到了适当的满足，因而他们听话了。

（十）教师在幼儿面前没有应有的威严

在现实中，我们经常看到同一个班的孩子，A老师带班时，孩子们十分守规则，而B老师带班时，孩子则不怎么守规则。其根本原因就在于A老师在孩子们面前有威严，而B老师在孩子们面前则没有建立起适当的威严。

案例3-13　孩子们喜欢欺负外教

为了让孩子们学到地道的英语，中（2）班在家长的大力支持下，决定每周三请一位名叫Adye的美国留学生担任教师。Adye第一次上课，孩子们异常兴奋，她一出现，小朋友们就你一言我一语："外国人老师！哈哈！""外国人讲的什么话？嘻嘻……"刘老师连忙过来制止："有什么好笑的，请坐好！"刘老师好不容易把孩子们排成平时的"U"形，没想到，小威跑上去使劲捶Adye，宋徽也跟着踢一脚，其他孩子们则大笑起来。刘老师揪起小威、宋徽，十分生气地说："你们就这样欢迎外国老师吗？谁再闹，我就请他到外面去！"

接下来的一个星期三，Adye来上课时，她在黑板上画了一些小动物，还没来得及教孩子们念，小明马上跑上去，用手抹掉黑板上的"dog"，丁力马上如法炮制，上去擦掉"cat"……

一个月后，英语老师换成了中国老师，孩子们以往那种大声吵闹、跑来跑去、故意破坏的"闹学"行为宣告结束。

小朋友们喜欢"欺负"Adye，原因就是Adye在小朋友们面前没有威严。平时，我带学生去实习也时常看到我的学生被小朋友们“欺负”，原因也在于她们在孩子们面前没有任何的威严，而最终的“烂摊子”都是由原班有一定威严的老师来“收拾”。

（十一）常规教育未能激起幼儿的内在动机

有些老师在对幼儿进行常规教育时往往只强调遵守常规的利他性，而没有强调它的利己性。比如，“不要插嘴”，“不要抢别人的玩具”，“不要打别人”，“不要抓别人的脸”，“洗手时不要把水洒在别人身上”，“说话不要太大声，以免影响别人的活动”，“看到别人有困难要给予帮助”等，小朋友们无法从这些规则中看到它对自己的“好处”，因此，他们对遵守此类常规也就失去了内在的动力，进而就会出现老师管得严时就老实遵守，老师不在场或者管理不严时就随意违反常规的现象。

二、常见的幼儿违反常规行为与矫治

幼儿常见的违反常规行为主要有开小差、“偷窃”行为、攻击性行为、捣乱行为等七种，研究幼儿的这些违反常规行为，有利于有效地矫治这些不良行为，有利于幼儿的健康成长。

（一）教育活动中幼儿的开小差

在幼儿园见习时，经常能看见在老师组织教育活动时，有的孩子总是东张西望，不专心听课，而这时，组织教学活动的老师就会提醒该孩子要专心听老师讲课；提醒多次不见有效时，老师就会对其进行批评，进而强压孩子坐在位置上听课；如果这样做还没有效果的话，保育员往往就会坐在该孩子的身边进行“监视”，甚至用双手放在该孩子的肩上，强压孩子坐好并认真听课。

面对孩子开小差，如此处理真的有效吗？我们应该如何正确认识和对待教学活动中孩子开小差呢？

1. 了解幼儿开小差的原因

在教学活动过程中，幼儿开小差的行为有：眼神游离、眼睛看别处、东张西望、玩弄玩具或其他物体、指手画脚、坐立不安、坐姿不端正、随意走动、突然站起、发出响声怪声、摔扔东西、与同伴乱说话、挤弄同伴、玩触同伴的身体或物品等，其原因如下：

(1) 外界因素干扰。

容易引起幼儿开小差的外界因素有：活动室外小朋友们的嬉戏声，活动室的温度太低或太高，教师过于华丽奇异的穿着打扮，活动室的装饰过于繁杂零乱，教玩具过早落到幼儿的手上，幼儿随身带有具有吸引力的玩物。成人对活动后的许诺也会成为幼儿开小差的一个重要原因。

在一次教学活动中，李老师正在给全班的孩子讲《萝卜回来了》的故事，娟娟却总是不停地把头转向门口，并未认真地听李老师讲故事，李老师暗示了她几次都不见效果……

后来老师了解到，娟娟的妈妈早上对她说，今天要带她去外婆家，下午会很早就来接她，因此她一直在等妈妈来……

(2) 教学活动的性质。

案例 3-14 哭泣的小河

危老师给小朋友讲故事《哭泣的小河》，呼吁大家树立环保意识。危老师说：“原本清澈的小河变得黑乎乎的，而且充满臭气，小河伤心地哭了起来……”小朋友们在下面开始交头接耳，说起话来。危老师说：“请安静！”小朋友们随声附和：“我安静！”可他们还是管不住自己而说话，课堂上一片喧闹。

危老师提高了声调：“小朋友们，请安静！”大家稍微安静了一些。危老师又说：“小河哭了起来……”危老师才讲了一句，小朋友们又开始说话聊天。危老师说：“请你跟我拍拍手！”小朋友们回应：“我跟老师拍拍手！”只有部分小朋友跟教师拍起手来。小朋友们静不下来，没办法，危老师只好宣布下课。

在危老师组织的教育活动中，幼儿总是开小差，其根本原因就在于教育活动内容、形式单调乏味，整个教育活动对幼儿没有吸引力，不能激起幼儿的内在需要和兴趣。

(3) 幼儿的身心需要没有受到适当的关照。

幼儿的身心需要在教学活动过程中没有受到适当的关照，是导致幼儿开小差的根本原因。比如，在教学活动过程中，教师提出问题后，许多孩子都积极举手要发言，有的甚至跑到教师跟前大喊：“老师，叫我！老师，叫我！”可是，教师只叫了坐得很好的小明起来回答问题，这样，其他孩子的自我表现欲望受到了压制，当小明起来回答问题时，其他孩子就开小差了。再比如，在一节公开课中，教师在上面讲课，一个孩子在底下因“背痒”而“乱动”并且带着渴望得到帮助的眼神看着教师喊：“老师……”可是，没等孩子继续说下去，教师就立刻制止说：“等下课后再……”结果孩子们在整个教育活动过程中都在开小差、乱动。

2. 应对幼儿开小差的方法

(1) 治“标”之法。

当幼儿注意力分散时，教师可以采取以下方法调控幼儿的注意力。

①凝视。当某一两个孩子出现注意力分散行为时，当班教师可暂时停讲，凝视注意力分散的孩子，或向他摇摇头等。

②邻近控制。为了使信号更加有效，教师可一边凝神，一边走近注意力分散的孩子。

③提出问题。

A．“小朋友们要认真听老师讲课，一会儿老师要提问的。”——孩子们为了能顺利回答教师的提问，往往会认真地听教师讲课。

B．“××小朋友你来说一说，老师刚才讲什么了？”——如此直接提问刚才注意力分散的孩子，会让他因回答不出教师的问题而得到“教训”，今后就会变得“老实”。

C．当有孩子出现注意力分散行为时，教师先面向全体孩子提出问题，然后指名让注意力分散的孩子回答，当他因不专心听讲而无法正确回答教师的提问时，教师便因势利导地对他和其他孩子进行教育。

④特殊安排。当某一两个孩子反复出现注意力分散行为时，教师可以将他的位置安排在适当靠近教师的地方。

⑤直接批评。当某个孩子注意力分散时，教师直接点名批评，达到警示教育其本人和其他孩子的作用。

⑥通过信号等整顿全班纪律。当有超过20%的孩子出现注意力分散行为时，教师可以通过以下方式达到将孩子的注意力转移回来的目的：

A．“请你像我这样做”。即教师在做出某种动作的同时嘴里说：“请你像我这样做。”然后幼儿在跟着教师做相应动作的同时嘴里同样回应：“我就像你这样做。”

师：请你跟我这样做。（拍手）

幼：我就跟你这样做。（拍手）

师：请你跟我这样做。（跺脚）

幼：我就跟你这样做。（跺脚）

B. 对答法。即幼儿对教师的口令做出相应回答并做出相应的行为。当幼儿东张西望、手脚乱动时，教师可采取如下方式来调控幼儿的注意力。

老师：“小手儿？”幼儿：“背好。”（并做出背手的动作）

老师：“小脚儿？”幼儿：“并好。”（并做出并脚的动作）

老师：“小眼睛？”幼儿：“看老师。”（并做出眼睛看老师的动作）

老师：“小嘴巴？”幼儿：“不说话。”（并做出闭嘴的动作）

老师：“一、二！”幼儿：“安静。”

老师：“三、四！”幼儿：“坐好。”

老师：“一、二！”幼儿：“三三四！”

老师：“五、六！”幼儿：“七七八！”

老师：“一二三！”幼儿：“坐坐好。”

老师：“四五六！”幼儿：“看老师。”

老师：“七八九！”幼儿：“没声音。”

老师：“一二三！”幼儿：“请安静！”

老师：“请安静！”幼儿：“我安静！”

老师：“我的小手拍一拍！”幼儿按节奏拍手。（× × × × ×）

老师：“我的小手勾一勾！”幼儿按节奏用小手拉勾。（× ×

××× ）

老师："我的小手弹一弹！"幼儿按节奏用小手做弹指动作。（××
××× ）

老师："我的小手捏一捏！"幼儿按节奏用小手做捏的动作。（××
××× ）

老师："我的小手握一握！"幼儿按节奏用小手做握的动作。（××
××× ）

这些方法能让幼儿迅速停止无关动作，进而集中注意力参与活动。

C．琴声法。琴声法就是在幼儿注意力分散的情况下，教师用钢琴弹奏幼儿熟悉的律动或歌曲，让幼儿随着教师弹奏的音乐做律动或唱歌，他们的注意力自然就集中到教育活动中来了。

D．找眼睛。当教师发现有的幼儿东张西望、左顾右盼、不注意听课时，不妨和小朋友们做个"找眼睛"的游戏。"小朋友们，现在老师要来找你们的眼睛，你们仔细看看，老师的眼睛里有没有你们的眼睛。"这时，小朋友们就会两眼紧盯住教师。这种方法常常用于教育活动的开始。

E．"录音"。当幼儿的注意力分散时，教师对幼儿说："小朋友们，你们的小耳朵就是录音机，现在请你们打开录音机准备录音，看谁的录音机最灵。"小朋友们的注意力自然而然地被教师的话吸引过来。这种方法常常用于教育活动中途教师要范唱、范诵或交代某一重要事情时。

F．看口形。譬如音乐教育活动中的范唱或幼儿跟唱几遍后，教师要求幼儿看教师的口形跟唱，而教师并不发出声音。在幼儿熟练以后，再让幼儿不出声地唱，教师看幼儿的口形。这样做既集中了幼儿的注意力，又激发了幼儿学习的兴趣，增强了幼儿记忆的效果。音乐、故事、诗歌、散文教育活动可采用此法。

G．铃铛铃鼓节奏法。幼儿开小差时，教师用铃铛、铃鼓或者手掌打出一定的节奏，让幼儿用手击掌跟着打同样的节奏，这样，东张西望的幼儿会很快地把视线转移到教育活动中来。

上述7种“口令法”一般都需要经过多次训练、强化，让幼儿熟稔于心方能有效。因此，教师平时要注意对幼儿进行适当的训练，让他们形成条件反射——当教师发出“口令”时，幼儿则条件反射般地做出相应的行为。

⑦表扬他人。当超过20%的孩子出现注意力分散行为时，教师还可通过表扬守纪律的孩子来让所有的孩子变得守纪律。比如，教师在混乱的班级中发现有几个特别老实的孩子端坐着听课，这时老师可以对孩子们说，“××小朋友的纪律最好，我看谁能像他一样”，“××小朋友听得最认真了，小眼睛一直看着老师”，“××小朋友坐得最好了，两脚并得好好的，一动不动”，“我发现××小朋友表现得很好，一点都不吵闹，我想和他做游戏”，“××小朋友做得真好，他听课认真，还大胆举手回答老师提出的问题”。其他小朋友听了会很快模仿他，继续专注于教育活动。

⑧许诺。当教学活动中多数孩子都注意力分散时，教师可利用教学活动后的“好处”来吸引孩子们控制好自己，专心地听教师讲课。比如，有的教师说：“如果大家现在好好地听课，今天放学时，老师给每个小朋友发一朵小红花。”还有的教师说：“老师一会儿要给听课认真的小朋友一个五角星。”

⑨降音法。当部分幼儿注意力不够集中，甚至交头接耳，影响了其他幼儿时，这时教师如果提高声音制止，往往收效甚微，但如果突然

降低声音，反而会引起幼儿的注意。

值得注意的是，上述所列的9种具体的控制幼儿注意力的方法，只是治“标”之法，而非治“本”之法，它们不可能从根本上改变孩子的注意力分散状况。治“标”之法，只能让孩子形似“老实”，而未能让孩子的身心都变得“老实”，因为孩子们变得“老实”是由于外力所致，而不是被教师组织的教学活动所吸引，所以也无法达到较好的教学效果。像方法1—6，这些方法只能让孩子暂时变得“老实”——一动不动或者装模作样地“用‘眼睛’看着老师”，“小嘴巴闭得紧紧的”，“小手背得好好的”，但小朋友们可能身在曹营心在汉，外表言行变得“老实”了，内心还是在开小差——胡思乱想而没有真正把心思放在当前的教育活动上。而方法7也仅仅能让孩子为了得到老师的表扬和肯定而变得“老实”——一动不动，但并不一定将心思放在当前的教育活动上。方法8可能会误导幼儿为了教育活动后的“五角星”、“小红花”等而变得“老实”，但他们并没有因此而真正地、发自内心地喜欢当前的教育活动。

(2) 治“本”之法。

因为治“标”之法不能从根本上改变幼儿的注意力分散问题，所以很难取得理想的教育教学效果。

因此，我们要努力寻找矫治孩子开小差的治“本”之法，即让孩子对教学活动本身感兴趣。为此，各种教学活动必须以符合幼儿心理需要的方式来展开，以孩子们的身心需要为出发点和归宿，教学活动的目标、内容、实施方法和手段等都要充分关照孩子们的各种身心需要。唯有这样，教学活动才能变成孩子们发自内心地向往的活动，他们对这样的教学活动才会乐在其中，才会被教学活动本身所吸引，他们在教学活动过程中才会神情专注，绝对不会开小差。

（二）幼儿的攻击性行为

攻击性行为是指旨在导致他人身体上或心理上的痛苦的有意伤害行为。这种有意伤害行为包括直接的身体伤害（打人）、语言伤害（骂人、嘲笑人）和间接的、心理上的伤害（如背后说坏话、造谣诬蔑）。有伤害他人的意图但未造成后果的攻击性行为仍然属于攻击性行为，但幼儿在一起玩耍时无敌意的推拉动作不是攻击性行为。攻击性行为在不同年龄阶段的幼儿身上都会或多或少地存在，它一般表现为打人、骂人、推人、踢人、抢别人的东西等。

从攻击性行为的意向性来分，攻击性行为可以分为目的性攻击（源于愤怒的情绪，目的是给他人造成痛苦或伤害，并以此为乐）和手段性攻击（存在伤害他人的动机，但伤害是为了达到其他目的，而不是给他人造成痛苦）。从心理问题的严重程度来看，前者比后者要严重得多，更需要幼儿教育工作者关注。

从攻击性行为发生的频率来分，可以把攻击性行为分为习惯性攻击性行为（个别幼儿由于多次发生攻击性行为而又没有得到有效的控制，所以养成某种习惯，频频发生，成为习惯性攻击性行为）和偶发性攻击性行为（某些幼儿只是偶然做出一两次攻击性行为，大多数幼儿的攻击性行为属于这一类）。前者是严重的心理问题，需要幼儿教育工作者特别关注，它产生的原因也特别复杂，在纠正时，一是要找出其行为背后的原因，然后对症下药；二是要有相当的耐心，因为作为一种习惯，它的形成已经历了一个较为漫长的过程，而它的消除当然也需要一个相当长的过程，其中可能还会有反复。而后者则只是一般的行为问题，只要我们能进行及时的有针对性的教育，都会取得比较理想的教育效果。

攻击性行为是幼儿期的孩子经常出现的一种问题行为，它对攻击者或者被攻击者的身心健康发展都有着许多不良的影响，因此，我们有必要研究和探讨它，以便更好地促进幼儿的健康发展。

1. 了解幼儿产生攻击性行为的原因

不同流派的心理学家从各自的研究立场出发，对幼儿的攻击性行为提出各自不同的主张，其观点主要有以下几种：

(1) 它是幼儿在遭受挫折后宣泄精神压力和紧张情绪的一种方式。

这是精神分析论的观点。这一学说认为："攻击性行为的发生总是以挫折的存在为先决条件；反之，挫折的存在也总会导致某种形式的攻击性行为。"比如，经常被班里的老师和同伴忽视的某幼儿，为了引起老师和同伴对他的关注，有一天可能会突然爆发出极强的攻击性行为——这是幼儿被关注的心理追求受挫的结果。又如，一个体质虚弱的男孩，为了一展自己的能耐，也可能会突然爆发攻击性行为，如，愚弄和欺凌比他更弱小的同伴或动物——这是幼儿追求自我价值感遭受挫折后的一种反应。

案例 3-15　因失去爱而攻击同伴

有一天，涛涛不小心碰倒了一位小朋友，小朋友向老师告了状。涛涛平常比较顽皮，老师便不问青红皂白地呵斥涛涛："你好讨厌，总是打人！待会儿不准玩游戏！真不讨人喜欢！"或许涛涛已经习惯了老师的这种态度，他紧咬着嘴唇而没有为自己辩解，只是后来更爱打人了。问他为什么，他脑袋一歪说："我就是要打人，反正老师也不喜欢我。"

涛涛由于失去教师的关爱而将这种受挫的情绪向小伙伴发泄，可以预见，在这种没有关爱、被冷落的幼儿园环境中学习和生活，涛涛的攻击性行为还会继续，甚至还会增加。

(2) 它是幼儿在其与周围环境交互作用的过程中经验积聚的结果。

建构主义理论认为，幼儿的攻击性行为是在其与周围的人或物交互作用的过程中获得的，其中他在这一过程中所获得的经验起着至关重要的作用。比如，一个幼儿攻击另一个幼儿，抢他的东西，被欺负者哭着躲开，攻击者得到了自己想要的东西，下一次就会对同一孩子或别的孩子采用攻击性行为来达到自己的目的。在这种情况下，被欺负者的退缩谦让，鼓励了攻击者的攻击性行为。又如，性情温顺的幼儿，在一般生活情境中，往往被动地甚至忍辱负重地承受着富有攻击性的游戏伙伴的各种非礼待遇，并成为其发泄的对象或牺牲品，但在某些特殊场合下，当这些幼儿遭遇到攻击性强的幼儿的非礼时，他们也会奋起反抗，如果这些反抗意外地获得成功而使他们自己的尊严得到了维护，那么，这种偶然但成功了的反抗经验，不仅增加了这些幼儿以自卫性的反击来应对非礼遭遇的倾向，而且也逐渐培养了他们在未遭受非礼的情况下主动地对别人施以非礼或攻击。

相反，如果攻击者在首次采取攻击性行为时就被还击者击败——不但没有从攻击中得到任何好处，而且受到被攻击方的痛击，或者那些被攻击的幼儿在试图进行反抗的过程中失败了，那么，这两类幼儿都不可能从中强化攻击性行为。前者的攻击性行为会由此而明显地减少，或者此后他们在采取攻击性行为之前会三思而行，而不敢像以前那样随意地对他人进行攻击。而后者则可能继续保持着对攻击性幼儿的顺从和对攻击性幼儿各种形式的非礼与攻击的忍受。

(3) 它是模仿学习的结果。

社会学习理论认为，幼儿的攻击性行为是其观察和模仿的结果。幼儿习得攻击性行为，其关键是他们从影视片、文学作品、同伴、成人中看到或听到了攻击性行为的榜样。因此，减少幼儿攻击性行为的关键是减少攻击性行为的信息源。

(4) 它是成人教育的结果。

案例 3-16 以牙还牙

某幼儿园小班的老师分别问过该班35名小朋友同一个问题："在幼儿园里，如果有小朋友欺侮你，你怎么办？"有26个小朋友的回答是："打他。"老师问："为什么要打他呢？"幼儿的回答都是："我爸爸（或妈妈、爷爷、奶奶、外公、外婆）教我的。

确实是这样，许多幼儿的攻击性行为是由于长辈错误的导向造成的。又如，在一次见习时我看到：小波在户外活动时追逐小叶，追上后狠狠地打了小叶几下。这令我大吃一惊，我急忙赶过去制止并问小波："小波，老师不是讲小朋友要团结友爱吗，你怎么这么狠地打小叶？"小波理直气壮地说："他差点碰倒我。我奶奶说，谁要招你，你就狠狠地打他！"小波牢牢地记住了奶奶的话，却把老师的教育完全忘记了。

(5) 它是幼儿缺乏交往技能的表现。

案例 3-17 喜欢"打人"的雷雷

"老师，雷雷打我了。""老师，雷雷掐我了。""老师，雷雷抓我的脸了。"户外活动时，我悄悄地拉过了雷雷，问他："你为什么总是打别的小朋友呢？”他大哭了起来，我哄了他一会儿后又让他去玩了。可是在整个户外活动期间，没有小朋友跟雷雷玩。我刚要去与他交谈，只见他走到一名幼儿跟前用手轻轻地去抓了那位小朋友的脸，那名幼儿便跑开了。

下午起床后，我悄悄地对雷雷说：“雷雷，你是不是很想与别的小朋友玩？”他点了点头。我又说：“是不是因为你想与别人玩你才去打别人、抓别人的？”他又点了点头。我告诉他，要想与小朋友一起玩，必须与别人友好相处，而且应该把自己的玩具也拿给别人玩一会儿。我告诉他方法后，请他去试一试。他去试了一下，仍然有小朋友不跟他玩。于是，我作为一名游戏的参与者去为他们调解，果然雷雷下午没有打任何一名幼儿，玩得很开心。

其实，“打人”有时候只是幼儿与人交往的一种方式，只要你教会了他们与人交往的正确技巧，那么他们很快就会成为受小伙伴欢迎的小朋友。

2. 幼儿攻击性行为的矫治策略与措施

(1) 充分关照每位幼儿的需要。

幼儿的需要受挫是其产生攻击性行为的一个重要原因，因此，教师在各种教育活动中要充分关照每位幼儿的各种需要，减少他们的受挫感，进而减少他们的攻击性行为。比如，某大班的一位幼儿因父亲是扫垃圾的清洁工，在同伴面前总觉得抬不起头来，同伴一提及他爸爸的职业，他就以拳相对。而老师了解到这一情况后，就特意请他的父亲来到班上向小朋友们介绍环卫工作的意义，还特别介绍了垃圾分类的意义，这使得该班幼儿获得了许多闻所未闻的知识，大家从此都很敬佩这位幼儿的父亲，这样，这位幼儿的尊重需求得到了满足，其攻击性行为也就大大地减少了。

在日常学习和生活中，教师要充分关照幼儿的各种需要，让各项教育教学活动都以符合幼儿需要的方式来展开，让每个幼儿在各项教育教学活动中都沐浴在老师和同伴的关爱之中，过着有尊严的生活；各项教育教学活动都应有幼儿自我表现的平台，使幼儿在各项教育教学活动中都能找到他们心灵的归属，在每项教育教学活动中都过得很充实，使不同层次的孩子在每次教育教学活动中都有成功和进步，有成就感；当某位幼儿的某种需要受挫时，教师要勇于通过有效的方式来加以弥补，这样，幼儿的攻击性行为才会在我们的教育教学活动中减少甚至消失。

(2) 正确对待还击型的攻击性行为。

还击型的攻击性行为，客观上起到了教育主动攻击者的作用，同时对还击者自己的心理健康也有一定的积极意义。当一个幼儿被攻击时，他做出还击是一种很正常的自然反应，幼儿的这种反应不应受到指责。他的还击，会使得主动攻击者认识到攻击别人没有“好果子”吃，攻击不会获益，进而减少他们的攻击性行为。相反，如果被攻击的幼儿一味地忍让、一味地消极躲避，就会助长主动攻击者的霸道行为，这当然也不利于主动攻击者的心理健康发展。另外，遭到攻击而奋起还击，这是幼儿在为自己的权利而战，这是一种勇敢的表现，是一种良好的品质，这比逆来顺受、消极地躲避别人的攻击更有利于他们心理的健康发展。

因此，对于那些幼儿在遭受攻击时所表现出来的一味忍让、消极躲避等消极应对行为，教师就不应给予表扬和鼓励，否则很有可能会使他们形成懦弱和只会逃避问题的性格，最后还可能会发展为害怕上幼儿园、害怕与人交往的心理疾病，也会给他们本应快乐的童年生活蒙上一层阴影。另外，鼓励一部分幼儿的忍让，其客观上是在鼓励另一部分幼儿的攻击性行为。对于这一点，教师应该有一个清醒的认识。

当然，这里需要特别指出的是：我们并不是鼓励孩子们去“以牙还牙”、“以怨报怨”，因为这样做也会助长幼儿的暴力倾向，使幼儿学会攻击性行为。同时，我们也应认识到，还击也并不是应对攻击的最佳的或者是唯一的方式，除此之外，还有语言警告、向其他小朋友求助或向老师报告（这不是恶意的告状，而是相当于我们成人间以法律的形式处理纠纷、保护自己权益的一种方式）等。

因此，在对幼儿间的相互攻击性行为进行处理时，一定要认真区分谁是主动攻击者，谁是还击者，然后分别对他们进行有针对性的教育，绝对不应让主动攻击者从攻击中得到任何“好处”，否则就是对他们攻击性行为的鼓励。

(3) 为幼儿宣泄不良情绪提供路径。

弗洛伊德认为，在人们受到挫折后，除非允许他们宣泄自己的攻击性，否则攻击性的能量将受到抑制而产生压力，由于这种能量要寻找一条输出通道，所以便产生暴力行为，或者以精神疾病的状态显现出来。威廉·门宁格也认为：“竞争性的游戏能为人的攻击内驱力提供一个不寻常的令人满意的出路”，只有生气者对使自己受到挫折的人或物进行一种安全的、没有自疚感的攻击，精神发泄的效应才最明显。

当幼儿因心理挫折而产生心理负能量时，不应让幼儿“安静”地压抑它，因为被压抑的心理负能量不会因此而消失，而是会深入到他们的潜意识中，危害其身心健康，过分压抑的结果往往导致攻击性能量的过度积聚，最终会爆发出更为猛烈的攻击性行为。我们要努力创造各种机会，让幼儿宣泄其心理负能量，以减少他们的攻击性行为产生的可能性。比如，经常组织幼儿参加一些消耗能量的竞赛性游戏，特别是竞赛性体育游戏以及丰富多彩的艺术活动、游戏活动；另外，还可以多与每个幼儿交谈，交流情感，耐心倾听他们的心声，在适当的时间和场合还应允许幼儿大哭或大喊大叫，以减少心理负能量在他们心中的积聚，进而减少其攻击性行为。在这里需要特别提醒大家的是：不能让幼儿通过摔打物品的方式来发泄其内心的不满情绪，因为大量的研究表明，这样的宣泄不但不一定能减少幼儿的攻击性行为，甚至有可能让幼儿在宣泄后习得更多的攻击技能，产生更加强烈的攻击倾向。

另外，同理心也是幼儿宣泄不良情绪的有效途径。

案例 3-18 同理心让幼儿的负性情绪得到一定的宣泄

5岁的丁勇跟每一位小朋友都搞得不高兴。他既富有攻击性又好动粗，对很微小的刺激也会做出过度的反应。打架往往有他的份，在班上构成一种威胁。今天他又打架了，老师随即“召见”了他。

老师：“看来你很生气，我可以从你的脸上看出来。”

丁勇：“我的确生气。”

老师：“当你生气的时候就来告诉我吧。”

丁勇对老师的处理感到很意外，内心愉快，说了声“谢谢”，自此以后竟然改掉了爱打架的坏习惯。

丁勇因为自己没受到谴责而感到意外。如今他每隔一段时间就要到教师那里诉说他生气的情形，激动的情绪因此而缓和，他不再动粗了。

同理心，即幼儿心情不好时，成人应该设身处地地理解并接受幼儿当时的心情，让幼儿知道你明白他的感受。当幼儿向你表达某种感受时，你可以用他的原话表示你对他的理解。比如，当幼儿想妈妈不开心时，你可以说："我知道，你心里想妈妈，老师让你在这里好好想妈妈，你想完妈妈就过来和老师一起做活动。"当幼儿想妈妈不开心时，千万不可对幼儿说："没什么好想的，妈妈很快就会来接你，过来做活动。"因为这样会让幼儿觉得你是在支配他，并不理解他，他的感觉会很糟糕。

另外，还可以讲一讲你在类似的情境中遇到过的事情和当时的感受："我记得我在你这么大的时候，我的老师也曾……那时我也很生气。"幼儿就会觉得并非只有他一个人是那样，其实还有很多人都跟他一样，同时，他还会因为你理解他而感到心情舒畅。

案例 3-19　同理心反应与非同理心反应对比

遭到老师批评，幼儿很不高兴。

(注：◆代表同理心反应，◇代表非同理心反应。)

◆"我知道你很生我的气，我知道你不喜欢听我说的那些话。"

◆"老师知道你很难过。"

◇"老师都是为你好，你怎么能生老师的气呢！"

幼儿的玩具被别人抢了。

◆ 老师摸着幼儿的头说："我知道，别人拿走你的玩具容易让你生气。"

◇ 老师气愤地对幼儿说："他比你小，你应该让着他。"

一个4岁的孩子拆不开拼装的玩具时，挫折感使他把玩具扔到地上。

◆"因为拆不开这个玩具，你有点狼狈了。"

◇“我不喜欢你乱扔积木。”

A小朋友打了从他手里抢走图书的B小朋友。

◆老师对A小朋友说：“因为你想要这本书，所以你愤怒了。”

◆老师对A小朋友说：“把你的感受告诉他，让他知道被他抢走了书，你很不开心。这样说明抢别人的东西是不好的，但你打他就不对了。”

◇老师对A小朋友说：“无论如何，你打人都是不对的。”

一幼儿被老师批评后，对老师大喊“我恨你”，然后跑到外面去了……

◆“我知道你很生我的气。让我们坐下来谈谈，看仅仅是这件外套的问题，还是你有别的不满。”

◇“你做错了事，还对我发脾气！”

◇“我听到你对我说你恨我。我很难过，也很气愤。”

幼儿哭丧着脸。

◆“你是不是很难过？可不可以告诉老师为什么？”

◇“你为什么总是哭丧着脸？！”

幼儿打别人且正在愤怒。

◆“你是不是很生气？可不可以告诉老师发生了什么事？”

◇“你为什么要打别人？”

◇“你整天打人，太过分了！”

◇“你没有理由那样愤怒。”

教师在用语言向幼儿的不良情绪表达理解和接纳的同时，如果还能用自己的身体语言表达对幼儿的关心，如，轻轻拥抱幼儿、握着幼儿的手等，就更容易让幼儿的负性心理能量得到宣泄，进而更容易敞开自己的心扉，向教师述说自己的情绪困扰。

(4) 教会幼儿与人交往的技能。

有个4岁的小男孩，聪明好动，看见同伴在一起做游戏玩得很开心，就前去观看，看见自己喜欢的玩具就一把抢过来。问他为什么要抢别人的玩具，他很委屈："我不是抢玩具，我想和他们一起玩。"可见，他的主观意识是想参与交往，行为上却不知如何交往。一个偶然的机会，同伴用小汽车与他交换恐龙，他高兴极了，因为他最喜欢小汽车，而且这个小小的交往带给他的不仅仅是快乐，还有交往技能的启示。从那以后，他不再去抢别人的玩具，而学会了拿一件玩具去和同伴协商交换。

因此，教师要教会幼儿与人交往的正确技能，这对减少幼儿的攻击性行为具有十分重要的意义。教师应该掌握并教会幼儿积极的交往技能和原则，如商量、合作、尊重、互惠、同理心、分享、宽容等，而尽量避免消极的交往方式，如，以牙还牙式解决冲突、强行抢夺自己想要的玩具等。

案例 3-20　分享玩具

活动目标

A. 学会与同伴分享玩具的技巧。

B. 感受集体生活中与同伴分享玩具的乐趣。

活动准备

每周星期一、星期五两天让幼儿自带心爱的玩具上幼儿园。

活动过程

A. 情境表演。

小男孩A很喜欢桌旁同伴的玩具飞机，于是说："给我玩玩！"他的同伴B说:"不! "B想了想之后猛地抢起来，A大哭起来……

B. 讨论。

a. 别人想玩你的玩具时该怎么办?

b. 你想玩别人的玩具时该怎么做?

C. 幼儿各自展示自己的玩具及其玩法。

D. 自由相互交换玩具。

E. 交流思想、感受。

a. 你最喜欢谁的玩具?

b. 你和小伙伴是怎样玩的?

c. 你把自己玩具让给谁玩了?

d. 玩同伴的玩具，你有什么感受?

活动延伸

家长在小区里让孩子经常带玩具外出与同伴分享。

幼儿经常参与玩具分享活动，可以让他们学会明白地向同伴表达自己的 意愿，学会与人相处的方法，体验同伴交往的乐趣。

(5) 避免攻击性行为的示范。

幼儿的许多攻击性行为是通过模仿学来的，因此，为了减少幼儿的攻击性行为，一是应该尽可能地不让幼儿看带有暴力情节的影视片，也不要给幼儿讲带有暴力性质的故事；二是不要对幼儿进行体罚，因为体罚不仅会伤及幼儿的身心，而且它本身就起着不良的示范作用，同时还会增加幼儿的心理挫折感，所以它往往会使幼儿的攻击性行为增加；三是多为幼儿提供"协商"解决冲突的榜样；四是当幼儿表现出攻击性行为时，应对其本人及同伴进行及时、适当的批评教育。

（三）幼儿的吮吸手指行为

吮吸手指是幼儿常见的一种问题行为，它是自我安慰需要的一种表现。

幼儿常常会在内心紧张或感到孤独、无聊时出现吮吸手指行为，这时候的吮吸手指具有自我安慰的意义，它对缓解幼儿的内心紧张是有一定的积极意义的——这正如成人感到内心有压力或心理紧张而嚼口香糖或吸烟、喝酒一样。

因此，幼儿教师要慎重对待幼儿的吮吸手指行为。

1. 不要强行纠正幼儿的吮吸手指行为

许多教师和家长从各种途径了解到幼儿经常吮吸手指会有许多害处——幼儿经常吮吸手指会影响其牙齿的生长，过多地吮吸手指会造成牙齿咬合不正，且伤及下巴肌肉及颚骨，也易造成细菌感染；同时，幼儿吮吸手指常会遭到小朋友的耻笑，引发他的害羞、焦虑；再者，幼儿经常吮吸手指，总是把手放在口中，可影响其手指肌肉发育和精细动作的发展，从而对以后的工作、学习及生活有一定的影响。正是基于上述这些认识，许多教师和家长对幼儿采取了强制戒除的方式来纠正他们的吮吸手指行为，比如，在幼儿的小手指上涂上些有苦味、辣味的东西来防范，或者给幼儿戴上手套或在其手指上贴胶布，还有的教师和家长很紧张地一直盯着幼儿，一发现幼儿把手指放进嘴里就进行制止；另外，有的教师和家长为了防止幼儿在睡觉时吮吸手指，则把幼儿的胳膊缚在床边，用线绳将幼儿的手控制在既可活动又够不到嘴的程度上……这些方法，如果能严格地坚持使用一段时间，大多数幼儿都会放弃吮吸手指行为，但却不能减轻幼儿内心的紧张，相反还会加重幼儿的心理负担，导致幼儿产生其他相类似的心理行为问题。

从另一种意义来说，即使上述这些方法真的能把幼儿由于心理紧张而可能出现的类似的吮吸手指行为都“堵住”了，但幼儿也会因失去宣泄（减轻或缓解心理紧张）的机会或途径，而使紧张能量在心中逐渐积累，他们可能会产生更加可怕、更加内隐的心理问题，这给幼儿心理的健康发展将带来更大的危害。

因此，我们不主张单纯地用强制性的办法来迫使孩子放弃吮吸手指的行为。

2. 要了解并努力消除造成孩子内心紧张或压抑的因素

引起幼儿产生习惯性吮吸手指行为的根本原因是幼儿内心紧张或有压力。因此，教师和家长要了解造成幼儿心理紧张的具体因素，进行家园合作，努力消除幼儿心理紧张的根源。比如，当幼儿吮吸手指时，我们不妨先想想以下几个问题：幼儿是否缺少感兴趣的玩具？最近幼儿园或家里有没有发生令他不安的事情？他在幼儿园或家里是否碰到麻烦了？他是不是与好朋友分开了？家里或幼儿园里是否发生了较大的变化？大人陪他的时间是否比以前减少了？家人之间是否有冲突？家人是不是对孩子的期望太高？……教师和家长应一一查证，然后努力消除这些“紧张源”，让幼儿轻松愉快地成长。

3. 不要因孩子吮吸手指而吓唬孩子

案例 3-21　再吸手指，就用刀砍掉你的手指

见习期间，老师发现小（2）班里有一位小朋友经常一个人偷偷地将手指放在嘴里津津有味地吸，吸得手指头都脱皮了，大拇指的关节处都变形了。

有一天睡午觉时，小朋友们都进入了梦乡。只听见寝室的一个角落里传出轻轻吮吸的声音，老师循声过去，走到小明床边，只见他睡得甜甜的，但是嘴里含着大拇指正津津有味地吮吸着，这时，老师从桌子的抽屉里拿出一个手套套在小明的手上……

下午教师组织孩子们玩游戏，孩子们玩得很兴奋，在中途休息时，教师与隔壁班的教师聊天，隔壁班的教师问："你们班的小明还在吸手指吗？"教师马上很气愤地说："怎么不吸？！似乎还变本加厉地吸呢——上课、吃饭、睡觉都在吸！"隔壁班的教师马上将小明拉过来，指着小明的头说："你再吸手指，我就拿菜刀来把你的手指头砍掉！"原班教师在一旁附和说："对，再吸手指，就打电话给你妈妈，跟她说不要你了。"当时，小明马上就大喊："不行！不行！"接下来，小明的脸上再也没有过笑容。

幼儿吮吸手指说明他正处于紧张或矛盾状态，这时候幼儿最需要的是体谅和关爱，而不是恐吓，因为恐吓不但不能减轻幼儿的心理负担，反而会增加幼儿的心理负担，进而提高幼儿产生类似的吮吸手指行为的频率，甚至还会导致更为严重的心理问题。

4.家园合作，丰富幼儿的生活

改变幼儿过于单调的生活内容和生活方式，多和幼儿做游戏，多陪他玩，多和他聊天，多带他到室外，特别是到自然界去走走，有利于缓解幼儿的内心紧张。

另外，大运动量的体育活动和各种带有情绪宣泄色彩的音乐活动、舞蹈活动、绘画活动、游戏活动、文学表演活动，都有利于幼儿宣泄内心积聚的负性能量，有利于缓解幼儿的内心紧张，进而减少幼儿吮吸手指的问题行为。

5.给幼儿创造一个温馨轻松的环境

以轻松积极的情绪感染幼儿。教师和父母应以积极情绪及表情去影响和带动幼儿，使他们拥有愉快的心情和愉快的表情。教师和家长不要把工作、生活中的本该只属于成人自己的烦恼传染给幼儿。

无条件地爱每个幼儿。无论世界发生什么变化，教师和家长每天都要通过自己的语言或行为明确地向幼儿表达对他们的关爱，不要让幼儿因为某种过错而担心失去成人的爱。

无条件地尊重每个幼儿。要让幼儿每时每刻都生活得有尊严，让他们不用忧虑是否会因为做错了什么事而失去尊严和面子。

对幼儿多些鼓励，多些肯定。对幼儿要温和，要宽容，不要过于严厉，要多看到幼儿的进步，不要有意无意地拿某一幼儿的短处去和别的幼儿的长处做比较，要让幼儿在轻松的环境里放松自己的心情……

只要我们努力，随着孩子心理的日益轻松，相信孩子吮吸手指的行为一定会逐渐地消失。

6.矫治幼儿吮吸手指行为的技术举例

(1) 用行为塑造术改变幼儿吮吸手指的习惯。

案例 3-22　小红星和称赞的力量

晓辉自小就养成咬指甲的习惯，到底始于何时，父母也不清楚。当他上了幼儿园后，这个习惯很快就被胡老师发现，且愈来愈严重，指甲咬得几乎光了。

胡老师经过一周的观察，了解到晓辉一天的在园时间里咬指甲的次数至少15次，多则26次。

接下来，胡老师和晓辉设定了改进目标：如果一天咬指甲不超过10次，老师就奖励晓辉代币——1颗小红星。

实施一段时间后，晓辉连续5天都不超过10次，胡老师认为时机成熟，就把目标行为从10次降为7次。胡老师给他的强化物除了1颗小红星的奖励外，还不断给他口头称赞。实施一段时间后，效果也不错。

如此，次数依次降为5、3、1次，最后晓辉终于改掉了咬指甲的习惯。

行为塑造术采用循序渐进的方式矫正幼儿吮吸手指的问题行为，幼儿的痛苦是很少的，甚至是没有痛苦的，矫治的阻力也就不大，加上幼儿达到目标后会获得相应的奖励，因此，这种矫治方法是幼儿容易接受的。

行为塑造改变吮吸手指习惯的技术要点：

- 循序渐进；
- 每一个进步保持连续5天以上；
- 幼儿共同参与矫治计划的制订；
- 奖励的方式：物质奖励＋精神奖励。

(2)“解禁”让幼儿对吮吸手指彻底失去兴趣。

案例3-23 禁果效应的力量

由于担心被老师和父母批评及被同伴取笑，孩子们就躲起来偷偷地吮吸他那心爱的手指。老师和父母看管得越严，他们吮吸手指的欲望就越强烈，吮吸的次数就越多……

后来老师和父母们接受了幼儿教育专家的建议。

成人与孩子达成协议，规定了以下时间为吮手指头时间：

10:20—10:30

13:20—13:30

20:00—20:10

在这段时间里孩子们可以自由地在任何地方吮手指头，但在其他时间就不再允许吮吸手指了。

每当吮吸手指的时间一到，老师即宣布：吮吸手指的时间到了，喜欢吮吸手指的小朋友可以吮吸手指10分钟，其他小朋友可以看别人吮吸手指，但不可取笑人家。

最初几天，班里的那几个喜欢吮吸手指的孩子，总是迫不及待地在教室里、在过道上低着头专心致志地开始吮吸他们的手指头。他们当着众人的面，使出吃奶的劲儿，弄得啧啧有声……

一个星期后，这帮孩子对吮吸手指再也没有兴趣，自然他们的吮吸手指行为也就消失了。

心理学上有个心理效应叫作“禁果效应”，说的就是，越是被禁止的行为，人们去做这种行为的欲望就越强。确实是这样，当吮吸手指是被禁止的行为时，幼儿对这一行为的兴趣就愈加浓厚，当我们允许幼儿自由公开地吮吸手指时，吮吸手指这一行为对幼儿反而失去了吸引力。

（四）幼儿的“性活动”

幼儿期孩子的“性活动”是指幼儿的性游戏、性好奇、自慰等。幼儿的“性活动”对其今后的“性心理”及其人格的发展都有着极其深远的影响，因此，我们应该正确地认识和对待幼儿的“性活动”，以便更好地促进他们的健康发展。

1. 幼儿的性好奇

有一天，我到公园里游玩，看见一个五六岁的男孩和一个3岁左右的女孩在草坪上一起玩耍（他们各自的父母就坐在草坪旁的石凳上，他们并无亲戚关系，只是无意中碰到而已）。不久那个男孩随地排尿，而那个女孩奔到男孩的面前，低头看男孩排尿，男孩不想让她看，就转身向另一边，谁知女孩却绕着男孩转，细看男孩的小阴茎在排尿……类似的现象，我们在幼儿园里也能经常看见。

有的幼儿教师常常问我：孩子们的这些行为是否正常？在这方面好奇心特别强的孩子是不是患上了心理卫生学上所说的“窥阴癖”？

其实，问题并没有那么严重，幼儿期的孩子对异性的生殖器官感兴趣，是一种很正常的心理现象。研究表明，大部分2—6岁的孩子都渴望了解自己和同龄伙伴生理结构上的异同，以确定自己的身体器官是不是缺少了什么。为达此目的，他们往往公开地或者偷偷地去看异性小便。他们在观看小伙伴的生殖器时，如果被成人发现并受到责罚，那么，他们类似的活动就会进行得更加小心，或者以另外一些“安全的方式”进行。比如，他们会以游戏的方式，按照一定程序，用一种众人所能接受的方式“展示”他们的生殖器；或者“扮家家”，参与者模仿爸爸妈妈，每个人都赤身裸体；或者“扮医生”，每个参与者都以“合法的手段”，“科学地”检查或观看其他小伙伴的生殖器。心理学研究表明，他们这样做，不但没有什么害处，而且有助于满足他们对异性身体的好奇心，同时还有利于他们今后成长为更健康的成年人。因为许多孩子长大后产生“窥阴癖”的心理障碍，其中一个很重要的原因就是他们对异性的身体抱有过于强烈的好奇心，而这种好奇心又没有通过合理的途径得到合理的满足。如果孩子对异性身体的好奇心在幼儿期就得到了很好的满足，异性的身体对他们来说就不会那么神秘，这将有利于他们今后性心理的健康发展。比如，在男女幼儿同用一个厕所、同用一个浴室洗澡的幼儿园里，就很少出现对异性身体过分好奇的现象。

我曾多次见到过五六岁的男孩站成一排比赛排尿，看谁排尿最有力又最远。有的小女孩也跟着学，当然，她们未能射出尿流，最后裤子湿了一大片……这可以说是一种性游戏，也可以说是孩子们探讨男女之别的一种认识活动。

这个年龄阶段的孩子的“性探讨活动”，都是受某种渴求知识的好奇心所驱使，而不是受性欲的驱使。因此，他们除了观察彼此的身体之外，几乎没有其他更进一步的行动，也不带有任何情感上的给予和获得的特征，他们的这些活动和浪漫爱情是绝对不沾边的。

想了解异性，特别是想了解自己在结构方面与异性有何不同，是幼儿十分正常的一种好奇心，成人要以平常心来对待幼儿的性好奇。

2. 幼儿的性游戏

(1) 与人“上床”仅仅是一种游戏行为。

有一位幼儿教师在家长来接孩子时，很严肃地将班上的韦晓云在下午的“新郎新娘”游戏中和“新郎”“上床”的事告诉了她的母亲。结果，回家后韦晓云被她母亲狠狠地打了一顿。因为她母亲从内心深处害怕她的女儿会因此而堕落。

其实，幼儿玩“新郎新娘”游戏，只不过是一种游戏，是一种模仿行为（好模仿是幼儿的天性），是一种正常的心理现象。孩子们绝对不会因此而堕落，成人绝对不能以“大人之心”度“幼儿之心”，没有必要将幼儿期孩子的这类行为“复杂化”。

当小男孩趴在小女孩身上，做出模仿性交的动作时，他们都没有想到生殖器可以交合，也没有想到这样的活动会产生性意义上的乐趣。由此可见，幼儿间的“上床”行为只是纯粹意义上的游戏行为，而没有真正意义上的“性动机”。

(2)“亲一下”≠“耍流氓”。

在幼儿园大班学习的小东，有一天趁别人不注意的时候，偷偷地亲了一个小女孩的脸，小女孩的老师和家长得知后大骂小东是个“小流氓”；小东的父亲则将他痛打了一顿，并气呼呼地对他说：“看你以后还敢不敢再耍流氓！”

其实，小东偷偷地亲了一下那个小女孩的脸，这一行为背后并没有什么复杂的“耍流氓”动机。他亲一下那个小女孩，或许是他昨天晚上刚看完类似的影视节目，出于好奇而模仿；或许是因为那个小女孩确实长得很可爱，他想以“亲她一下”的方式来表示自己的喜爱之情……

给这么小的一个孩子定罪为“小流氓”，这一“标签”很可能会成为孩子今后发展中的一个十分沉重的负担，它的负面影响将是难以估量的；同时，成人上述的这些过激行为，对那个小女孩今后的发展也未必就是件好事，因为成人的这些过激行为等于告诉她：“亲异性”是一种“流氓行为”……

案例 3-24　我也喜欢她

在做桌面游戏时，小虹把积塑插花插在自己的头上，温老师看到后表扬了她：“很漂亮，真能干，老师喜欢你。”温老师离开后，小楠用嘴巴在小虹的脸上亲了一下，小虹便向温老师报告……

温老师没有马上批评小楠，而是问他：“你为什么要亲小虹？”小楠回答说：“我也喜欢她！”温老师问：“如果不用这种方法，你想想看还可以用哪些方法来表示你喜欢她？”温老师告诉小楠表达喜欢的方式还有：用嘴巴说，做个手势，用手去摸一摸她的脸，拉一拉她的手等。这就使得小楠学会了采用别人能够接受的方式来正确表达自己的情感。

温老师不仅没有因为小楠出奇不意的一吻而鲁莽地责罚他，而且通过这一事件启发小楠学会用别人能够接受的方式来正确表达自己的情感。

3. 幼儿的自慰行为

研究表明，不同程度的自慰行为在1—6岁的孩子中是很普遍的行为。自慰发生时，小女孩常躺着，四肢会僵直且来回重复性地滑动或夹动，状似摩擦外阴部，且脸部会泛红、流汗，呼吸变化不规则，看似兴奋的样子，有时也可听到呻吟声；而小男孩则是用手去玩弄阴茎。

对幼儿期的孩子来说，自慰行为是他们探索其性存在并从中获得快乐的一种很自然的方法。但是许多教师和家长对幼儿的自慰行为（有的并不一定是真正意义上的手淫，而仅仅是无意中玩弄、抚摩生殖器而已）感到深深的不安。他们往往会严厉地训斥、惩罚幼儿，以期能制止他们的自慰行为。这种做法表面上也产生了一定的效果——孩子自慰的次数明显地减少了，然而更大的危险可能就此而潜伏下来——幼儿对自己的行为感到十分忧虑、紧张和愧疚；本来是一种对孩子们来说无特殊意义的动作，却从此使他们背上了沉重的精神包袱；更糟糕的是，孩子们有时会因此而刻意地压抑自己，形成“性压抑”心理，甚至一生难改，对一些性机能障碍（如男性的阳萎，女性的性冷淡、性高潮缺乏）的研究表明，这些性心理障碍都与童年时的“性压抑”有关。有时成人强行抑制孩子的自慰行为，只能是产生反作用，反而会加剧孩子自慰的欲望。

有关的研究还表明，自慰行为本身并没有什么“危险”，危险的是成人对孩子这一行为的大惊小怪或给予过度的关注，因为这样会使孩子觉得自己是在犯罪，也只有这时这一行为才会对他产生真正的伤害。

所以当发现孩子有自慰行为时，正确的处理方式不是斥责、惩罚，而应是理解，并在理解的基础上设法转移孩子的注意力，丰富孩子的生活内容，给孩子足够的爱与关注。因为从外因来说，孩子的自慰行为往往与其生活内容和形式过于单调、生活中缺乏必要的爱与关注有关。

人类学家曾对各种族儿童进行了大量的实地调查研究，发现儿童玩生殖器极其普遍，它是儿童生长发育过程中的正常现象，同时也是一种自然的、健康的行为。

从生理学和心理学角度来看，在自然状态下，自慰确实能给孩子带来某种程度上的快感和情感上的满足，它还可以帮助孩子在一定程度上宣泄或者缓解内心的紧张和郁闷，进而避免更为严重的心理问题的产生。

因此，为了促进幼儿更加健康地发展，我们要正确对待幼儿的自慰行为。

(1) 以一种自然的心态去看待孩子的自慰。

当发现孩子有自慰的习惯时，教师和家长不必紧张与惊慌，更不必打骂、羞辱、讥笑孩子。教师和家长过于紧张或有过激的表现往往会给孩子带来消极的影响，从而造成孩子心理上的恐慌或紧张，进而更有可能从自慰中寻求安慰，使自慰发生得更加频繁。发现孩子有自慰行为时，最好的办法就是通过各种有趣的方法把孩子的注意力转移开，以冲淡他自慰的欲望。

(2) 丰富幼儿的业余生活。

从外因来说，孩子的自慰往往与其生活内容和形式过于单调有关。因此，要让幼儿在丰富多彩的活动中享受学习和生活的乐趣。教师和家长要紧密配合，无论在家里还是在幼儿园里，都要主动和孩子交谈，让他多说话，鼓励他多参加集体活动，跟小朋友一起唱歌、朗诵儿歌、做游戏等。孩子从群体活动中得到了各方面的满足，就不会去注意自己的生殖器官，从而避免通过自慰来打发时间，进而逐渐忘掉自慰。

如果孩子不爱活动，自己独处的时间太长，应尽量让孩子的注意力从自己的身体转移到身体外的其他活动上，培养他对游戏、学习、人际交往的兴趣。不论工作有多忙，父母都应尽量挤出时间和孩子在一起，让孩子充分感受到父母的关怀，以及与父母相处的乐趣。教师在幼儿园里亦应给这些幼儿以特殊的照顾，多和他们玩，多与他们沟通，多鼓励他们，多安排他们参加一些有意义的活动。

孩子自慰常在睡前和醒后发生，因此孩子在床上醒着的时候，教师或家长最好陪着他，可以和他讲讲话、讲讲故事，也可让他讲一讲今天经历的最有趣的事，或一起听听音乐，以吸引他的注意力。另外，要注意让孩子的身心在白天都得到充分的活动并稍有倦意，这样上床后就能很快入睡。

(3) 满足孩子的情感需要。

如果教师和家长平日里对孩子关心不够，和孩子关系比较疏远，感情比较冷淡，缺少亲密的身体接触和言语呵护，就会令孩子通过自身刺激来求得安慰，通过自慰得到一种暂时的孤独情绪的排泄，结果日久天长就养成了自慰的习惯。

(4) 自慰是孩子的一种隐私。

教师和家长发现孩子有自慰的行为，请不要将之公布于众，要替孩子保守秘密，以免增加孩子的心理负担，导致孩子产生更为严重的心理行为问题。

（五）幼儿的嫉妒心理与行为

幼儿的嫉妒心理是指幼儿对强过自己的小伙伴的一种不服、不悦、失落、仇视，甚至带有某种破坏性的危险情绪，是幼儿将自己与小伙伴进行对比而产生的一种消极心态。

案例 3-25　爱嫉妒的隆小媛

英莲精彩的故事博得了大家的一片掌声。“英莲的故事真好听，而且和其他故事不同的是，它还隐含着一个科学小道理。多看多听这样的故事，我们就会越来越聪明。谢谢你！”说完磨老师给英莲的额头贴上了一张贴贴画。大家都向英莲投来了羡慕的目光。但与此同时，磨老师也看到了隆小媛不屑一顾的眼神。

在接下来的游戏中，隆小媛故意避开英莲，还叫走了和英莲一起玩的三个孩子。这一切磨老师都看在眼里。在自由活动的时候，磨老师问隆小媛：“你觉得英莲的故事讲得好不好？”隆小媛回答说：“嗯，我也会讲的，我会讲更长的呢！”磨老师说：“好的，下次你来试一试。如果你也可以的话，我们也会给你加油和鼓掌的，你要准备好喔！”

在最近的教学活动中，当磨老师叫别的小朋友回答问题而没叫隆小媛时，她就会说上一句：“就他好。”每当这时，磨老师就会有意识地引导她：“小朋友起来回答问题确实很光荣，只要你肯动脑筋，勇敢地举手，肯定有机会站起来答问题，我们班每一个小朋友都会有机会的。”磨老师不厌其烦的教育的确鼓舞着小朋友们勇敢举手，可隆小媛始终觉得，自己是最好的，老师就应该给自己表现的机会。

在第二天升旗的时候，磨老师也选了别的小朋友当小旗手，隆小媛的脸上有了一些不悦，在别人升旗的时候，她不停地指挥：“太慢了，太慢了”，“又有点快了，快了”。

有一次绘画活动结束后，磨老师把几个画得好的幼儿作品贴在小黑板上，让大家欣赏。下午放学时却发现有两幅画被撕破了，经过一番调查，原来是隆小媛做的。在磨老师耐心的询问下，隆小媛才说：“我不喜欢他们的画被贴起来。我也画得好，你怎么不贴我的？”

从上述案例中，我们可以看出嫉妒是一种破坏性因素，它对幼儿身心的健康发展都会产生消极的影响。如果幼儿长期处于这种嫉妒的心理体验之中，情绪上便会产生压抑感，久而久之，便会产生诸如忧愁、怀疑、自卑等不良情绪，影响其身心健康。嫉妒对个人、集体和社会起着耗损作用，是一种对团结、友爱非常不利的情绪情感。这种缺点如果保持到长大以后，那么，孩子就很难协调与他人的关系，很难在生活中心情舒畅，因为别人的成功和他自己的失败，都会给他带来痛苦，平添不少烦恼。所以，教师和家长要从小就纠正幼儿的这一不健康的心理行为。

1. 了解幼儿嫉妒心理与行为的种种表现

(1) 因嫉妒而贬损别人。

由于小伙伴得到老师的表扬引发幼儿的嫉妒，此时有些幼儿就会通过贬损别人来达到内心的平衡。比如，丁老师请小婧唱支歌，她刚唱了两句就被小惠打断了："小婧唱得一点都不好听。"原来小惠的好胜心很强，平时在各方面都跟小婧不相上下，这回老师让小婧唱歌，没有先叫她唱，所以她才打断小婧。又如，美术活动准备结束了，付老师给画得快涂得又好的小朋友盖了一个小红花印章，小明说："付老师，祝雅把线条画在外面了，不应该得小印章"，"付老师，朱柏恩还没画好"，"付老师，慧慧画得还不如我呢"。事实上，小明自己还没画好。

案例 3-26　揭发

又到了周末评小红心的时间了。小翠看到别的小朋友陆续得到了小红心，自己却没有，开始不高兴了。等到老师给文涛小红心时，她站起来，大声说："老师，文涛不爱护玩具，还不好好洗手，不要给他小红心。"

当小伙伴受到老师的表扬、奖励时，幼儿会表现出不服气、不高兴，并且情不自禁地当众揭发受表扬的小伙伴的缺点，以求老师放弃对这些小伙伴的表扬奖励，进而获得内心的平衡。

(2) 因嫉妒而毁坏别人的作品。

由于小伙伴的作品比自己的好，他们不服气，此时有些幼儿就会通过毁坏别人的作品来达到内心的平衡。比如，小玲在幼儿园里常常偷偷地把同桌的手工作品搞坏并丢在地上，老师发现后问她为什么这样做，她就说："我就要比她好。"又如，小朋友们正在跟老师学画飞机。老师在黑板上画了一架飞机，让小朋友们照着画。画画结束后，老师把孩子们的图画收上来，对小静的画提出了表扬，夸奖小静画得好，并且把小静的画贴在墙上展览。但小静的画贴在墙上不久，小敏就趁大家不注意，用黑笔在小静的画上乱涂乱抹。老师发现后问小敏为什么要这样做，小敏说："我不愿意小静画得比我好。"

(3) 因嫉妒而毁坏别人的物品。

当幼儿嫉妒别人时，他们可能会通过毁坏别人的物品来达到内心的平衡。一天，倩倩跟老师说："我再也不想跟小欣同桌了。"老师一听就觉得奇怪，忙问道："为什么呀？你和小欣是最好的朋友，不是吗？"这时倩倩的妈妈有些不好意思地说："小欣拿刀子割倩倩的书包，已经割了第三个了，今天的新书包再也不能让她割坏了。"老师问小欣为什么要割倩倩的书包，她却不回答，同时却眉飞色舞地炫耀她自己从家里带来的精美画册。

案例 3-27　我的衣服没她的好看

朋友的女儿小媛去年刚上幼儿园，可回家后总对爸妈讲幼儿园里的小朋友晓玉的衣服很漂亮。朋友一开始没有在意，后来有一次朋友去幼儿园接小媛回家，刚好穿着漂亮衣服的晓玉小朋友出来，小媛扯着朋友的衣服说："妈妈你看，她的衣服好漂亮！"朋友还是没有在意。可过了几天，幼儿园的老师告诉朋友："小媛把晓玉小朋友的衣服划破了。"回家后，朋友问小媛："你为什么用铅笔把人家的衣服划破了？"小媛说："我的衣服没她的好看。"

幼儿中确实有一些人容不得他人的物品比自己的好，当别人的东西比他们的好时，他们往往会采取损毁的方式来让对方失去优势，进而获得内心的平衡。

(4) 因嫉妒而攻击别人。

有时候幼儿会因嫉妒而攻击小伙伴。比如，在幼儿园见习时，我曾见到过几位平时受到教师冷落的孩子围攻一位得到老师过分宠爱的孩子。我问那几个孩子为什么要围攻人家，他们的回答很干脆："谁叫老师喜欢他呢？！"又如，一个4岁的女孩，脸上长有一大块胎痣，时常听到别人说她"阴阳脸"，她就心存恼怒，天天照镜子，对别的孩子产生了嫉妒心理，时常出现抓一把泥抹在别的孩子脸上的现象。

(5) 因嫉妒而不允许老师表扬别人。

因嫉妒心理过强，有的幼儿不允许老师表扬别人。比如，有一天早上，晓婷从林老师身旁经过，林老师就顺便夸夸她的蝴蝶结漂亮，可是没想到竟然"惹火"了班上的大美女小丛，她立即噘着嘴很不高兴地从林老师身边走开。林老师立刻下意识地走到她身旁，问她怎么啦，她竟然说："林老师，我不爱听你夸晓婷的蝴蝶结漂亮，我只喜欢你说我的漂亮。"

案例3-28　闹

有一次美术教育活动，小朋友画蝴蝶。每次画完后，黄老师总是将画得好的小朋友的作品进行讲评并挂在黑板上，让小朋友们欣赏，以往每次都是琪琪的作品第一个讲评并贴在第一个，而今天，老师讲评过琪琪的作品后，对小勇的作品也格外赞赏，并将琪琪的画贴到了小勇的后面。只听琪琪叫起来："我不要！"老师制止了琪琪的胡闹，谁知琪琪趁大家不注意用勾线笔将小勇的画画了好几道线，老师发现了琪琪的行为后对她进行了教育，可她却放肆地哭闹："他的画难看死了，我不要它贴在我的画前面！"

幼儿的嫉妒心理具有明显的外露性、攻击性、破坏性，当自己不能拥有像同伴一样的待遇时，当别人超越自己时，幼儿就会因此而产生嫉妒心理与行为，他们会直接地将自己的不快归咎于自己所嫉妒的人和事，进而对其做出破坏、攻击行为，以发泄自己的怨气。

2. 应对幼儿嫉妒心理与行为的策略和措施

(1) 了解孩子嫉妒心理产生的原因。

只有了解了幼儿产生嫉妒的原因，才能对幼儿进行有针对性的教育。一般认为，幼儿产生嫉妒心理的主要原因有以下几种：

①环境影响。如果在幼儿园里或家里，成人之间互相猜疑，互相看不起，或当着幼儿的面议论、贬低别人，就会在无形中影响幼儿的心理。

②不适当的教育方式。有的教师或家长常对某一孩子说他在什么方面不如某个小朋友，使得孩子以为教师、家长喜欢别的小朋友而不喜欢自己，由不服气而产生嫉妒。比如，自从妍妍5岁开始学钢琴，她的妈妈就一直处于“恨铁不成钢”的情绪中，经常逼她练琴，练不好时就骂，甚至打。一年下来，妍妍的琴技平平，而对面邻居女孩小娟的琴技却突飞猛进，于是，“你看人家小娟多好”这句话就成了妍妍妈妈教育女儿的口头禅，可是妍妍似乎无动于衷，反而闹情绪不练琴。直到有一天她妈妈邀请小娟上门作客，妍妍的反应异常强烈，她摔门大声地喊道：“我不欢迎你，你给我回去，我妈妈欢迎你，那是她一个人的意思。”

③幼儿能力较强，但在某些方面不如别的小朋友。一般而言，在各方面都比较“弱”的孩子，他们都比较“安分”，他们已习惯于做“弱者”——对得不到表扬和没有表现的机会都无所谓；但能力较强的孩子，

则因为能力较强（他们自己也认为自己很有能力）而又没有受到“重视”和“关注”（如，被老师表扬或被老师提问等），所以会对别的有能力的小朋友产生嫉妒。再者，每个孩子都有自己的长处和短处，如果因为在某些方面能力较差而做得不如别人好，也可能由羡慕而产生嫉妒，特别是一些在家里经常受到夸奖、家长比较溺爱的孩子更容易出现这样的问题。

(2) 及时发现幼儿的嫉妒心理与行为。

幼儿嫉妒心理的表现很外露且不加掩饰，教师和家长稍加注意，就能及时发现。嫉妒虽是幼儿心理发展中的自然现象，但不能听之任之，教师和家长应及时疏导，以免发展下去使幼儿形成不良的性格，长此下去孩子可能会形成古怪、多疑、粗暴、自卑、执拗或自暴自弃等心理问题，对幼儿的成长是不利的。

(3) 公平公正地对待每一个幼儿。

幼儿园是一个特别需要公平公正的地方，要让每个幼儿都有平等的展示自己、发展自己的机会。特别要防止“马太效应”的产生，不应把过多的荣誉和机会集中在少数人身上。有时候我们把机会给某些幼儿，可能会为我们幼儿园，为我们的班级带来更高、更多的荣誉，但其他小朋友会因此而失去平等的表现和发展的机会。相对而言，大家平等的发展和表现机会比起所谓的荣誉显得更为重要，因为幼儿园是个促进个体发展的地方，而不是训练参赛运动员、演员的地方，比赛的赢输不重要，重要的是让每个幼儿都能感觉到幼儿园是个公平公正的地方，同时每个幼儿在其中都得到了发展。

幼儿教师要努力做到以下几点：

- 让每个幼儿都有均等的发展和表现机会。

● 让每个幼儿都有均等的获得荣誉、赞美的机会。

● 让每个幼儿都有均等的获得关爱的机会。

● 让每个幼儿都有均等的与其能力、需要相适应的成功的机会。

幼儿园为幼儿提供了公平公正的环境，幼儿就会心情舒畅，怨言、牢骚、压抑、嫉妒就会在幼儿园中消失，幼儿园就会成为让老师和孩子们心灵舒展的地方，幼儿园就会变成他们向往的乐园。

(4) 培养幼儿的自信心。

自信心强大的幼儿往往较少嫉妒别人，嫉妒别人往往是缺乏自信心的一种表现。因此，我们要注意培养幼儿的自信心。

教师不仅要善于不断地发现孩子的优点，而且要不断告诉每个孩子"你……真不错"，同时每周还可以通过"夸一夸"的谈话活动，采用"教师夸"、"同伴夸"、"自己夸"的形式，对幼儿进行积极的评价，这种积极评价会让每个幼儿看到自己的长处，看到自己的进步。

教师不要有意无意地拿一个幼儿的强项来与另一个幼儿的弱项做比较。幼儿的嫉妒心理往往是由于教师或家长不适当地将幼儿进行相互比较造成的。比如，教师经常称赞某一个幼儿能干、聪明等，时间久了，必然会造成其他幼儿的反感和嫉妒。每个幼儿都有自己的强项，我们要多看到每一个孩子的强项，不要只表扬一个幼儿而忽略了其他的幼儿。

我们应该让每个幼儿都树立这样的理念：任何人都会有不懂或不会的地方，也都有比别人厉害的本领。例如，你唱歌跳舞不行，可你画画还可以；你画画不行，可你故事讲得好；你故事讲不好，但你会认很多字；你不认识很多字，但是动作灵敏；你动作不灵敏，但你心地很善良……

只要教师足够细心，就会发现，虽然每个幼儿都有很多地方不如别的同伴，但他总有那么一些项目比同伴优秀。对于他的弱项，只要他尽力而为就可以了，对于他的长处，那就应该鼓励幼儿，使之更强、更好，这样孩子对自己才会有自信心，内心的自我强大了，才不会嫉妒别人。

提高幼儿的能力是解决其嫉妒心理的有效方法。教师和家长如果发现幼儿在某些方面不如别的孩子，不要当面指责幼儿不如别人，而应通过有效的措施帮助他提高这方面的能力。如果有条件，教师和家长可以请一位能力强的孩子来帮助幼儿做好一件事情，这样既可以提高幼儿的能力，而且幼儿之间真诚友好的帮助也是克服嫉妒心理的良方。

对于优势不是很明显的幼儿，我们要发现并培育其优势项目，甚至有时可以采取提前教或者通过刻意的训练，让其某方面在同伴中显现出某些优势，这会让幼儿对自己充满信心，并且形成自我价值感，进而减少对别人的嫉妒。

(5) 平静地接受幼儿的嫉妒心理及其行为。

嫉妒是一种自然的情绪情感，嫉妒行为是一种十分自然的反应。幼儿的思维方式是以自我为中心的，情绪反应强烈，自控能力差，还不会进行理性的思考，因此，他们只会根据外界事物对他们的利弊，做出直接的情绪反应。他们希望独占家长和老师的宠爱，希望能总是处于受表扬的优越者的地位，他们不能分析这种希望能否客观合理，也不会进行自我调节。所以当我们发现幼儿有嫉妒心理和行为时，我们不要训斥和批评幼儿，不要对他说“不要这样，不要那样”之类的话，因为这样只会进一步增加幼儿的心理压力。

幼儿出现嫉妒心理时，首先，教师和家长要倾听幼儿的心理感受，不要盲目地对幼儿的嫉妒行为进行批评，要耐心地倾听幼儿的苦恼，因为此刻幼儿最需要的是向教师或亲人将自己的不安和烦躁和盘托出，希望有人能倾听他的诉说，并理解他、体谅他因无法实现自己的愿望而产生的痛苦情绪。在听的过程中，成人不必加以评论，这是幼儿嫉妒情绪安全宣泄的一个重要条件。其次，教师应该经常带幼儿出去玩耍，带他们去从事一些活动量较大的体育活动，并且给幼儿以适当的关注和爱，这对减轻幼儿因嫉妒而产生的心理压力是有好处的。

另外，在日常生活和教育活动中，教师和家长的一言一行都会影响到幼儿心理的发展。教师和家长首先自己要养成开朗、豁达的性格，不要为一些琐事而斤斤计较，如果教师和家长在幼儿的面前总是说一些嫉妒的怨言，幼儿会以为成人也经常这样，由此认为嫉妒是一种正常的行为。相反，如果成人为幼儿树立良好的榜样，久而久之，幼儿就会在潜移默化中形成豁达的个性，减少嫉妒情绪。

(6) 让幼儿具有接纳别人的胸怀。

平时应通过各种途径对幼儿进行教育，让他们理解人与人之间存在的差异性以及每个人都有自己的优点和缺点，一个人不可能各方面都胜过别人，因此要学会心平气和地接受别人的优点和自己的缺点，同时，也不要刻意追求比别人强。比如，有一次，晓萍用橡皮泥做了个玩具，然后对吴老师说："老师看——我做的比小燕做的好。"吴老师马上纠正她："不是你做的比她的好，而是你做的和她做的有不同的地方。"晓萍还是坚持说："我认为我的就是比她的好。"吴老师更加严肃地纠正说："不对，我认为你们两个做的东西有不同之处，各有各的特点。"吴老师的教育意图十分明显，她就是想让幼儿能平和地接纳别人的特点——她强调的是各个人的"特点"而不是"长处"——"特点"是个中性词，而"长处"是个褒义词，她不希望幼儿因时常在"与人比较"中追求所谓的优越感而患得患失地生活。

(7) 引导幼儿树立正确的竞争意识。

嫉妒心强的幼儿往往自尊心、虚荣心都很强，教师、家长可以适当利用他们的虚荣心、自尊心激励他们的竞争意识，使他们积极努力。教师、家长应该告诉幼儿，你希望得到表扬，别的小朋友也希望得到表扬，在大家都努力获胜的情况下，结果可能是这次你胜利了，下次又变成他胜利了，因此，只要你积极表现，那么不管结局如何，你都是让人喜爱的孩子。这样，孩子既希望自己获胜，也能在心理上容纳别人的成功。另外，教师和家长还要教育和引导孩子用自己的努力和实际能力去与别人相比，竞争是为了找出差距、更快地进步和取长补短，不能用不正当、不光彩的手段去获取竞争的胜利，要把孩子的好胜心引向积极追求进步的方向。

（六）幼儿的捣乱行为

幼儿的捣乱行为是幼儿存心给老师和同伴找麻烦，扰乱老师和同伴的学习和生活的行为。它包括粗鲁行为（表现为离开位置、站起来、走动、跑动、跳绳、摇动椅子等）、跪坐躺（表现为跪在椅子上、坐在脚上、横躺在课桌上等）、侵犯别人（表现为通过投掷、推、撞、拧、拍、戳及用东西打其他同伴）、扰乱别人（表现为抢夺同伴的东西、破坏同伴所有物等）、说话（表现在需要安静时，和其他同伴讲话、喊叫老师、唱歌等）、叫嚷（表现为哭闹、尖叫、咳嗽、吹口哨等）、噪声（表现为发出咯咯声、撕纸、鼓掌、敲击书桌等）、转方向（表现为把头和身子转向同伴、向同伴展示某种东西等）、做其他事（表现为在老师组织教育活动时，玩弄东西、解自己的鞋带等）。

案例 3-29 幼儿捣乱的片段

在集体活动时，孩子们都按老师的要求在动手操作，利小强却像疯了似的满教室到处跑，还破坏其他孩子的操作成果，使得那些孩子很伤心。

班里有一位小朋友带来了糖果分享，利小强也想吃，可是这位小朋友只愿意把糖果分给坐得好的小朋友吃，而利小强每次都坐不好，要么就是人坐在小椅子上东倒西歪，要么就是人离开座位，所以最后每个小朋友都分到了糖果，唯独他一个人没有。于是他就开始捣乱，整个人趴在桌子上，要么就是很大声地讲话。

幼儿的捣乱行为会直接影响教育教学活动的正常进行，会给教师和其他同伴带来麻烦，进而影响教师和同伴的情绪，因此，我们要认真应对它。

1. 教育活动要以符合幼儿需要的方式来展开

只要留心观察，你就会发现，在那些充分关照幼儿各种身心需要的教育活动中，幼儿总是情绪饱满、全神贯注地参与活动。在这些活动中，他们得到了充分的自我表现的机会，他们的身心能力受到了适度的挑战，他们与同伴、与环境、与材料有着积极的互动，他们的游戏之心得到了充分的展现和满足，他们专注于自己的工作，很少会出现所谓的捣乱行为；而在那些内容抽象、活动形式单调乏味、以讲述与倾听为主的教育活动中，幼儿就会缺乏参与活动的积极性，就容易出现捣乱的行为。

因此，当幼儿在教育活动中出现捣乱行为时，教师与其花大量的时间和精力去矫正幼儿的捣乱行为本身，不如努力去改变自己的教育活动方式，甚至还要改变教育活动的内容，让每个幼儿的各种需要在教育活动中都得到适度的关照，让幼儿在各种教育活动中安然自在，学得从容，让每个幼儿都能感受到教师爱的温暖，得到充分的尊重，使教育活动成为每个幼儿自我表现的平台，使不同层次的幼儿在每次教育活动中都获得不同的成功。

幼儿喜欢什么样的教育活动

为了了解幼儿喜欢什么样的教育活动，我们对230名幼儿进行了题为“你喜欢幼儿园的什么活动？为什么？”的专项调查。我们的调查发现，幼儿喜欢的活动都是那些能满足其需要的活动。

1. 幼儿喜欢那些能让其有充分交往机会的活动

比如，幼儿喜欢“娃娃家”、“老狼老狼几点钟”、“围大圆圈”等游戏，其理由是这些活动“有许多人在一起玩，好玩”；而“围大圆圈游戏”——“可以和小朋友手拉手”；“藏铃铛游戏”——“可以和老师一起玩”；“拉钩游戏”——“可以和小朋友拉钩”。

幼儿渴望能和老师、小朋友交往，所以我们应多创设一些机会，让幼儿在各种教育活动中有机会与老师和小朋友交往，以满足幼儿的交往需要。

2. 幼儿喜欢能满足他们成就需要的教育活动

比如，幼儿说：“我喜欢‘滚大球游戏’，因为我总是得第一。”“我喜欢折纸课，因为我会折战斗机，我折的战斗机飞得最高。”“我喜欢猜谜语课，因为我一猜就中。”“我喜欢舞蹈课，因为我可以到讲台上去跳舞。”“我喜欢跑步，因为我跑得快，比赛总得第一。”“我喜欢算数，因为我算得快。”“我喜欢画画，画完后可以把自己的画贴在教室里。”“我喜欢跳舞，因为老师说我跳舞跳得好。”“我喜欢画画，因为丁老师说我画得好，她还奖给我两朵小红花。”“我喜欢做手工，因为老师说，我手巧。”……

因此，在各种教育活动中，我们应该创造尽可能多的机会，让每个幼儿都有机会获得成功的经验，这对培养他们的学习、生活兴趣，培养他们的自信心是十分有益的。

3. 幼儿喜欢自由、自主度大的教育活动

比如，幼儿说：“我喜欢户外活动，因为可以跑来跑去。”“我喜欢手工课，因为可以做、可以说。”“我喜欢开汽车游戏，因为可以跑。”“我喜欢上厕所，因为可以自由说话。”“我喜欢玩胶泥，因为可以做自己想做的东西。”“我喜欢到外面去做游戏，因为好玩，不用老坐在凳子上。”……

幼儿是喜欢自由、自主的。但是在我们的幼儿园教育活动中，严肃的、有秩序的、有组织的、不能自由讲话（老师称之为“乱讲话”）的“课”所占的时间太多，幼儿真正自由、自主的时间却很少。现在有些教师就连课间休息的时间也用来对幼儿进行教育（严格来说是在对幼儿进行“说教”），生怕美好的光阴被白白地浪费掉。这样，在老师的控制下，幼儿很少有自由、自主的机会，所以幼儿喜欢上厕所或者厌倦幼儿园的生活也就不奇怪了。

4. 幼儿喜欢有自我表现机会的教育活动

比如，幼儿说：“我喜欢‘藏铃铛游戏’，因为我找不到铃铛，就可以站出来唱歌。”（在我们游戏的设计中，它的原意是“‘找不到’铃铛就站出来唱歌”；可是幼儿的想法和我们的想法完全不一样，在他们的思维里，"'找不到'铃铛可以站出来唱歌"，这一点是很值得我们幼儿教师注意的。）"我喜欢画画，画完后可以把自己画的画贴在教室里。""我喜欢听故事，因为李老师讲完故事后，总让我站起来回答问题。""我喜欢讲故事活动，因为我可以给小朋友们讲故事。""我喜欢'海洋课'，因为可以回答问题。""我喜欢'跑步课'，因为我有一双漂亮的运动鞋。""我喜欢舞蹈课，因为可以学本领，可以表演，还可以上电视。"

幼儿是好表现的，我们应该创造机会，让每个孩子在各项教育活动中都有表现自我的机会，绝对不可以把表现机会只给那些所谓的好孩子，而让其他孩子只当观众看别人的表现，否则，没有得到适当表现自我机会的幼儿就会以"捣乱"的方式来表现自我。比如，有的孩子不举手就直接站起来回答问题——那是因为老师对他们提问得太少了，甚至根本没有提问过他们。在幼儿园，我们就时常看见一些孩子在老师提问时把手举得高高的，同时大声地向老师呼喊："老师，叫我，叫我！！"如果老师还不理会他的话，那么，他就会直接走到老师的跟前要求获得回答问题的机会——可惜的是，许多老师往往将这些努力追求表现自我机会的举动当作违反常规的行为来进行批评。

5. 幼儿喜欢游戏化的教育活动

比如，幼儿说："我喜欢手工课，因为可以做，做完后可以玩。""我喜欢算术，因为有意思。""我喜欢体育课，因为老师带我们做游戏。""我喜欢滑滑梯，因为从上面滑下来好玩。""我喜欢电脑课，因为可以玩。""我喜欢数学课，因为数学课可以玩操作棒。"

对于绝大多数幼儿来讲，他们参加某项活动并不是为了我们成人所想象的"美好将来"，也不是为了"受教育"；他们的行动大多是因为活动本身的“有趣、有意思、好玩”。当前，我们设计和组织的幼儿园教育活动，多数是从成人的“教育理想”出发，刻意追求活动的“教育性”，而相对忽视了其能否给幼儿带来“有趣、有意思、好玩”的体验，这样的“成人化”教育不符合幼儿的游戏需要，是不会受到幼儿欢迎的。

因此，在设计和组织各项幼儿园教育活动时，一定要充分考虑幼儿各方面的需要，创造条件满足幼儿的各方面需要，以提高幼儿参加各种活动的积极性，从而提高我们的教育教学质量。

2. 努力发现、肯定爱捣乱的幼儿的闪光点

爱捣乱的幼儿虽然有不尽如人意的表现，但也有许多可贵的地方。如果以客观的态度看待他们的捣乱行为，就不难发现他们的捣乱行为中存在着许多可贵之处，蕴含着积极向上的因素。比如，好动、好奇是幼儿大胆探索求知的表现；不听话反映出孩子有主见；好奇心强体现出幼儿有探索精神，等等。

如果教师总是看到爱捣乱幼儿的缺点，总是对他们说“你这也不行，那也不行”，幼儿就真的会觉得“自己什么都不行”，“自己是个令人讨厌的坏孩子”，甚至有许多孩子会与教师形成对立情绪，并且会越来越爱捣乱。

我常听一些幼儿教师抱怨：“我们班那个捣蛋鬼，天天都挨批评，可他就是改不了。”我在这里想说的是：孩子天天爱捣乱，其根本原因就在于天天都挨批评。

因此，教师要形成一种习惯——不断地发现这些爱捣乱的孩子的优点和进步，并且不断地告诉他：他什么地方行，他什么地方又进步了——教师要强制要求自己每天努力找出每个爱捣乱的孩子的一两点优点或进步，然后，在班上公开地给他们以肯定。相信在老师的不断肯定中，幼儿会逐渐形成一种“向好”、“向上”之心。要善于挖掘幼儿的“闪光点”来激励幼儿，进而帮助他们纠正不良行为。

案例 3-30　就是他

中 (3) 班有一个特别爱捣乱的孩子叫黄晓畅。一天，童老师发现区域角里的玩具撒了一地，童老师生气地问：“是谁把玩具给撒了？”“是黄晓畅！”几个孩子听见后立马回答。“对！就是他！”旁边几个孩子也纷纷附和。

童老师一想，不对呀，今天他没来，请假了。虽然黄晓畅好犯错误，可今天没来。看来，孩子们早已把黄晓畅看成第一“嫌疑犯”，凡事都要“摁”在他头上。

看了上述案例，请老师们认真思考一下：是什么原因让小朋友们有意无意地将“坏事”都往黄晓畅的头上“摁”？小朋友们如此看待黄晓畅会给其发展带来什么样的影响？

我想，这肯定是平时老师批评黄晓畅太多，并且用的句式肯定多是：“黄晓畅你总是……”，“黄晓畅，什么‘坏事’都有你的份！”

小朋友们如此看待黄晓畅，将会让他不断地有意无意地去捣乱，因为：“我不捣乱，你们也认为是我捣乱，那么，我就是要捣乱给你们看！”

因此，对爱捣乱的幼儿，我们不仅不应过多地批评，而且要多看到他们的优点和进步，并且在小朋友们面前公开地表扬他们的优点和进步。

3. 让爱捣乱的幼儿在班级中找到归属感

如果一个孩子在幼儿园被其他小伙伴排斥或孤立，那么内向的孩子会变得闷闷不乐、孤僻冷漠，对任何事都丧失热情；而外向的孩子则容易愤怒和富有攻击性。在实践中，我们常常可以看到，孩子越是被孤立，他就越是想要加入群体之中。为了让孩子安静、不扰乱纪律，许多教师常常将爱捣乱的孩子放在一个相对“孤立”的地方，但孩子似乎并不领会你的意思，为了引起你的注意，为了得到大家的认可和接纳，他一会儿站起，一会儿发出怪叫，一会儿又去打扰其他同伴的学习……

发展心理学研究表明，被同伴排斥的孩子，他们的一举一动都表现出对爱有特别强烈的需要——他们会通过各种途径和方法，有时甚至是通过违反常规、扰乱其他同伴正常活动的做法来表明自己的存在或者引起教师和同伴对他的关注。

因此，对那些因未找到归属感而爱捣乱的幼儿，教师可以通过下列措施，让其在班级里有被教师和小伙伴接纳、认同、需要的感觉。

(1) 让每个幼儿都有为班集体做贡献的机会。

无论是在平时的教育活动中，还是在节日活动中，或者是在以班为单位参加的比赛活动或展示活动中，甚至在班级环境的布置中，都应该让每个幼儿有参与的机会——这些活动，不应仅仅让那些“优秀”的幼儿参加，而应让所有的幼儿都有机会参加。在平时，教师还应该让每个幼儿都有机会为班级或其他同伴提供服务，比如，轮流当值日生、值日班长，轮流当小组长，轮流给小伙伴发玩具、餐具、图书，轮流给小朋友讲有趣的故事，轮流当领操员，等等。这样，幼儿对班集体的认同感和归属感就会自然而然地形成。

(2) 帮助每个幼儿在幼儿园里找到适合自己的任务小组。

如果每个幼儿在幼儿园都有自己的“活动小组”(3 ~ 5人/组)——这些活动小组有自己的人员构成，有活动小组的目标、任务、活动计划等，并且每个人在这个活动小组中都能找到自己的位置，发挥自己的作用，实现自己的价值——那么，幼儿就很容易在幼儿园里找到自己的归属感。这些小组可以是:“养金鱼小组”、“养乌龟小组”、“种菊花小组”、“种南瓜小组”、“种冬瓜小组”、“种青菜小组”、“游戏活动小组”……

在这些活动小组中，有组长、组员。组长是轮流担任的，“小组活动”在课程里应占有重要的位置。

在小组活动中，小组成员经常为了共同的目标，一起商量，一起合作做事，一起享受小组活动的“成果”。这样，经常一起活动，小组成员之间也容易产生情感，成员之间容易建立朋友关系，他们对小组就有较强的归属感。我们调查发现，有些孩子生病仍然坚持上幼儿园，其中的主要原因是他们的小组当天有“活动”。比如，“养金鱼小组”虽然只养了几条金鱼，但小组成员天天要给金鱼喂食，有时还要给其换水，共同的活动、共同的任务、分工与合作，会增进彼此间的了解和感情；有时，教师还可以让该组的成员向全班小朋友介绍他们的小金鱼以及他们喂养小金鱼的有趣经验……这样，小组成员不仅成就了自己，还成就了别人——让别人也学到了有益的经验。

4. 激发幼儿放弃捣乱行为的内在需要

幼儿很多时候不愿意放弃捣乱行为，是因为捣乱行为不仅没有给其带来任何“坏处”，相反还可以给其带来许多“好处”，如，可以引起别人对自己的关注，可以得到自己想要的玩具等。因此，必须让幼儿感觉到捣乱行为给其带来的“坏处”，他才会有放弃捣乱行为的内在动力。

案例 3-31 小明进步了

小明是个非常顽皮的小男孩，常常制造纠纷。这边，他推倒了同伴用积木搭的大房子；那边，他扔了一地的泥塑动物；尤其是进行角色游戏时，来告他状的人总是不断。每每遇到小明捣蛋的时候，李老师总是及时对他进行批评教育，可效果并不明显。找家长了解情况，请父母配合做工作，对他的闪光点及时表扬鼓励……许多方法都用过，小明的变化仍旧不大。有一次班上玩起了医院游戏，小明也要当医生，孩子们纷纷议论开了："小明不能当医生，医生要关心人，他不会，还欺负人"，"他坐不住，要是病人来看病，医生不在病人就会死的"。大家七嘴八舌，讲得从来不认错的小明脸红红的，低下了头。

李老师看到机会来了，开导说："如果他改正了缺点，能不能当医生？"大家异口同声地说："能！"从这天开始，李老师和孩子们在每天游戏评价时都有一个专门的话题：小明有什么进步。还真有用，连着两天，他的那些缺点都改了，有了约束自己的动力。两天后，小明终于当上了"医生"，他认真、细致、热情地为"病人"看病，得到了同伴的一致夸奖。再后来，就连家长和其他老师也都说小明进步了。

一个懒惰孩子的自述

也不知道是从什么时候开始，别人总喜欢叫我"小懒惰"。我也不知道别人在叫我这个外号时心里是怎么想的，但是我并不是很在乎别人这么叫我。因为在多年的生活经历中，我领悟到懒惰确确实实有不少的好处。

1. 懒惰能使我成为人们关注的中心

由于我懒惰，父母就得不断地为我操劳——为我吃的，为我穿的，为我的方方面面操劳；也正因为我懒惰，他们才不敢过于专心致志于他们的工作而把我冷落在一旁不管，我可不愿过那种被人冷落的日子。刚去幼儿园的时候，由于我的独立生活能力较强，经常得到老师的表扬，但是后来不知道是什么原因，老师很少表扬我了。也大概是由于我的独立生活能力较强，所以老师平时很少给我以关爱，老师总是去帮那些不会独立穿衣的小朋友穿衣，去哄那些不会吃饭的小朋友吃饭……看到他们有说有笑，我好羡慕他们呀！也正是看到了这一点，后来我也逐渐地变得不会自己吃饭，不会自己穿衣服，不会自己上厕所，不会自己……这样，老师就不得不时时来关照我，而其他小朋友就算做得再好、再努力，也不如我得到教师如此多的关爱。得到老师的关爱，这可是许多小朋友做梦都想得到的好事，可惜的是他们都还没有我更懂得这方面的技巧。

2. 懒惰会使我更加容易地得到老师的表扬

由于人们都知道我这个人懒惰，所以当我做了一点点工作时，别人就会夸奖我，别人看到我好像有洗心革面的意思，所以便急着想刺激我痛改前非；相反，同一件工作，如果是勤快的孩子做了，便不会受到这么多的重视，得到鼓励的可能性更是微乎其微。

3. 懒惰是一道屏障，它能使我的自尊心免受更大的伤害

懒惰能为自信心不足的我藏拙，因为当我失败或毫无建树时，别人很少指责我能力不够；相反，别人通常会给我这样的评价："如果不是因为懒惰，有什么事情他不能干呢？！"也不知道为什么，我十分认可人们对我的这一评价。如果不是因为懒惰，我就能样样干出成绩——这样的评价让我心满意足，甚至有一点点沾沾自喜之意。人们的这一评价真可谓是抚慰我的失败感和增强自尊的灵丹妙药——“我只是懒，而不是无能！”由于我懒惰，人们事事为我操心，他们对我懒惰的喋喋不休的责备转移了他们的视线，使他们不再关注我的能力问题——这正是我所希望的。最严厉的惩罚手段也不能使我这个存心懒惰的人变得勤快，因为我深深地知道：当我不再懒惰时，人家就不会再以为我怀才不露了，我就将被批评为无能——这将是一件十分可怕的事情，所以我下定决心坚持懒惰下去。

正因为懒惰有上述好处，原本不懒惰的我才逐渐变懒了——这可不能怪我，有好处的事情谁不想要呢？！

【摘自：莫源秋．一个懒惰孩子的自述[J]．知音：现代家庭教育．2003(6)．】

需要是行为的根本动因，幼儿所有行为的动因都来自其内心需要。幼儿违反常规的行为，都是为了获得某种需要的满足而采取的一种行动，其中许多违反常规的行为则是其通过正当的途径未获得应有的满足后所采取的“独辟蹊径”的行为。据此，我们应对幼儿违反常规行为的策略就是：一，对幼儿的合理需要要最大限度地给予满足；二，不仅不要让幼儿从违规行为中获得任何“好处”，还要幼儿从违反常规的行为中得到相应的“坏处”；三，让幼儿感觉到按常规行动是会有“好处”的。

5. 适当的忽视

有时，幼儿捣乱是因为他们在活动中找不到“感觉”而寻求机会引起别人对他的关注。比如，在区角活动时，晓晖刚玩弄了一会儿，就开始寻找“机会”，先是拉拉边上小悦的辫子，小悦不理他，一转身就跑开了；接着晓晖又将边上晓勇的操作材料扔到地上，晓勇狠狠地瞪了他一眼，捡起操作材料，到其他组去了；边上已经没有人了，晓晖就在自己的操作材料上乱涂乱画，并不时用眼睛瞅着老师……

晓晖捣乱的根本目的就是寻求别人对他的关注。当幼儿出现类似的行为时，适当的冷落和忽视反而比过度的关注更能有效地矫正其捣乱行为。请看案例3-32：

案例3-32　忽视

吴老师组织早期阅读活动时，每个幼儿手里都拿着一本书，听电脑里播放的课文内容。小朋友高兴地按着电脑播放的速度用手点读着课本上的文字，充满感情的朗读吸引了他们的注意力。不久，胡洋不听也不点读了，开始不停地唰唰地翻书。有些小朋友抱怨说太吵了，他们都听不到电脑音箱发出的声音。吴老师走到胡洋那里，轻轻提醒他不要打扰别人。但只要吴老师一离开，胡洋就又开始做同样的动作，又使其他小朋友抱怨起来。

后来，吴老师决定不再去关注胡洋的行为——吴老师什么也没说，只是平静地走过去，把电脑音响的声量调高了一些，以便让其他小朋友都能听到。胡洋显得有些吃惊，但因为他再也没有获得来自同伴或教师的任何注意，于是他就又开始听课文熟读了。

胡洋之所以有这样的举动，就是为了获得关注。如果吴老师没有及时地察觉到这一点，而继续关注他的行为，就有可能会使他一直通过“消极”的做法来满足其被关注的需要。

另外，我们还应该注意，平时在幼儿没有捣乱时就应该给予公平的、适度的关注，不要等到幼儿捣乱了才给予关注，否则，就是对捣乱行为的正强化。

6. 仔细观察，因材施教

由于个体发展、年龄特点、家庭等原因，幼儿捣乱行为产生的原因存在着明显的个体差异，教师应根据幼儿捣乱的不同原因进行有针对性的引导，促使幼儿学会控制自己的行为。比如，对于“活动量大”的幼儿，可通过组织大活动量的游戏，如户外活动等方法，让幼儿有“发泄过剩精力”的机会；对于“希望被教师关爱”的幼儿，可运用多种方式（如语言、眼神传意、身体触摸、微笑等）与他们交流，让他们明确地感受到来自教师的关心和爱护；对于好问、好探索的幼儿，应尽可能地启发幼儿开动脑筋，通过想一想、比一比、看一看、做一做，一步一步引导幼儿去寻找答案，把幼稚的好奇心、求知欲变成发展智力的动力；对于喜欢奔跑的幼儿，可组织他们去踢足球、练武术、赛跑等；对于喜欢叫嚷吵闹的幼儿，可让他们朗读、表演。

另外，设计和组织教育活动时，应选择能满足幼儿心理需求、幼儿有兴趣的内容，将教育活动安排得丰富多彩、生动有趣，让幼儿在教育活动中身心“‘动’起来”，让他们每时每刻都有具体的目标和任务，让他们有事可做、有目标可追求，这样他们才会专注于教育活动中，而不会“独辟蹊径”去胡闹、“瞎跑”了。

（七）幼儿的“偷窃”行为

偷窃，就是指未经过他人准许而把他人的东西据为己有的一种不良行为。偷窃成为习惯后就会造成孩子品行上的问题，甚至发展成为违法犯罪行为。

在幼儿园里时常会出现某些孩子将幼儿园的物品或别人的物品带回家的现象，但幼儿的这种行为与成人的偷窃行为有着本质的区别，因此，本书是将这种行为定义为打有双引号的偷窃，而不是一般意义上的偷窃。但幼儿的这种“偷窃”行为又是不能忽视的，否则，这种“偷窃”就会成为幼儿的一种习惯，成为真正意义上的偷窃，甚至还会导致幼儿长大后走上犯罪道路。

1. 了解幼儿“偷窃”的原因

“偷窃”行为是幼儿园里存在的一种比较普遍的现象。只有了解了幼儿产生“偷窃”行为的原因，我们才能有针对性地矫治幼儿的“偷窃”行为。

研究表明，幼儿“偷窃”的主要原因有如下几种：

(1) 因好奇而“偷窃”。

有时幼儿将不属于自己的物品带回家是由探索的欲望所引起的。

案例 3-33 “偷”温度计

一天上午，鲁老师发现“小实验角”里的温度计不见了，小朋友们都说没看见。一天过去了，温度计依然没有回来。会是谁拿走的呢？为什么私自拿走呢？这种事情在班里还真没发生过呢。

第二天一早，高宇的姥姥悄悄地告诉鲁老师：“高宇把温度计拿回家去了，我和他妈妈告诉他不能把幼儿园的东西拿家，他也承认错误了。您别批评他了，他让我只告诉您一个人，别再告诉另外两位老师。”

高宇的姥姥走了，鲁老师问高宇：“你为什么把温度计拿回家呀？”高宇回答说：“我想看看我晚上的洗脚水有多少度，所以就把温度计拿回家了。我想等我用完了再把它送回来。”

有时候，我们的孩子就是这么单纯、可爱！在这里，与其说高宇是“偷”的行为，不如说是好奇行为更为准确。

(2) 因泄愤报复而“偷窃”。

两个幼儿争抢玩具，老师处理不公正，一个得到宽容，一个受到批评。受到批评的幼儿感到委屈，愤愤然，便把玩具藏起来，偷偷拿回家，独占独玩。其实，他偷拿玩具只是为了泄愤、报复。有时候，由于教师的偏爱，有的幼儿喜欢通过偷走老师偏爱的幼儿的物品来宣泄自己内心的不满，进而获取内心的平衡。

(3) 因没有“物权”概念而“偷窃”。

由于幼儿思维的自我中心模式，他们往往认为整个世界都是围绕着他转的，所以他们很难理解别人的观点，也往往分不清“你的”、“我的”、“他的”。他们没有“物权”概念，也不知道什么东西是自己的、什么东西是别人的。在幼儿的头脑里有一个观念:“谁先看到谁先得到”。于是，别人家的东西或者幼儿园里的东西，是他先看到的，他就自然拥有它的“合法”所有权，只要是自己喜欢的玩具，他会顺理成章地将它带走，年龄愈小，这种现象愈是普遍。所以，从根本上说，在幼儿心里根本就没有“偷窃”的概念。从这个意义上说，幼儿拿别人东西的行为并不是真正意义上的偷窃行为，成人更不能随意将“偷窃”的标签贴在孩子身上。

(4) 为引起别人的注意而“偷窃”。

有些幼儿在家中和在幼儿园里缺乏关爱和温暖，往往采取在幼儿园里“偷”东西的形式来引起父母和老师的关注，使父母和老师给他以关心和爱。幼儿发现通过许多种方法和途径都未能得到父母和老师应有的关注，而“偷东西”则很容易得到父母和老师的“关注”——虽然被批评了，但这总比被冷落好受些，因此，“偷东西”的行为将会不断地持续下去。

(5) 因将想象当作现实而“偷窃”。

处于中小班阶段的幼儿容易出现将想象与现实相混淆的现象，他们还不能把想象的事物和真实的事物清楚地区分开来，因而常常把想象当作现实。由于幼儿想象发展的这一特点，使得他们有可能出现“撒谎”和“偷窃”这样的行为。比如，有的小朋友，当他的爸爸答应在他生日的时候送给他一辆玩具汽车当礼物，而他在班里看到别的小朋友拿着一辆他所喜欢的玩具汽车在玩，这时这个小朋友就有可能将别的小朋友的玩具汽车想象成爸爸送给自己的那一辆，因而发生所谓的“偷窃”行为。

(6) 幼儿因自控能力差而“偷窃”。

幼儿自控能力差，因此，他们往往会出现行为与观念相矛盾的行为。比如，他们明知道哭闹不好，还是会哭闹；明知道不经别人允许拿走别人的东西是不对的，但看到别人的好玩的东西时还是控制不了自己而去拿。

(7) 因模仿而“偷窃”。

幼儿出现“偷窃”行为也有可能是因为看到父母、老师、同伴或影视中人物的相关行为而出现的一种模仿行为——因为他们无法判断这种“拿别人东西”的行为是好是坏。比如，有的幼儿就曾看见母亲搜父亲的口袋而没收搜到的“钱”或“香烟”（或许母亲是为了让父亲戒烟），幼儿不知道母亲出于什么动机而这样做，但他只知道母亲在“未经他人允许”的情况下偷偷拿走别人的东西——母亲的这种行为会对孩子产生潜移默化的影响，孩子到幼儿园后也可能会在“未经他人允许”的情况下偷偷拿走别人的东西。有的幼儿的“偷窃”行为则是从影视中学来的，比如，他看到影视中的“好人”偷了“坏人”的东西，急得“坏人”找不到自己的东西而晕头转向，他觉得很好玩，因此，他也想试试看“偷”了别人的东西后被偷者有什么反应。

2. 正确应对幼儿的“偷窃”行为

(1) 问一问幼儿其“偷窃”的动机。

当教育者发现幼儿有“偷窃”行为时，首先应该问一问幼儿为什么把不是自己的东西拿回家，然后认真地听听幼儿对事情的解释，了解幼儿做出“偷窃”行为的动因后，再根据具体动因采取相应的对策。

在询问幼儿时，教育者的态度要温和，否则幼儿会被吓坏，而且还有可能导致幼儿以撒谎的方式来应对成人的询问。

(2) 要尽力避免“偷窃”事件对幼儿的伤害。

前面分析过，幼儿的“偷窃”行为绝大多数不是真正意义上的偷窃，因此，在处理幼儿“偷窃”行为时要注意避免该类事件对幼儿可能产生的伤害。

①不要给孩子贴上“小偷”的标签。幼儿“偷窃”并不是真正意义上的偷窃，如果乱用“小偷”、“贼”等外号来谩骂幼儿、挖苦幼儿，久而久之，幼儿真的会“承认”自己就是“小偷”，就是“贼”，“小偷”和“贼”将会成为幼儿今后发展中的一个难以逾越的大障碍，幼儿今后可能真的会变成小偷，甚至惯偷。

粗暴地给孩子贴上“小偷”、“贼”的标签还可能使幼儿产生自卑心理，影响其今后的健康发展。

②避免对幼儿的"偷窃"行为视而不见。有的教育者认为幼儿的"偷窃"行为不是什么大不了的问题，随着年龄的增长会自然消失的，因此对幼儿的"偷窃"行为采取视而不见的应对策略。

这样做是不对的，这样做没有让幼儿认识到将不属于自己的东西拿回家是错误的，那么，就相当于教育者默许幼儿的"偷窃"行为，这有可能让幼儿继续不断地将别人的东西拿回家，并形成一种习惯。

③避免让幼儿当众认错，更不能发动群众对其进行"批判"。有些教育者为了表明自己明确而坚决的态度，往往会在发现幼儿有"偷窃"行为后，不仅要求幼儿归还所拿物品，还要求幼儿在同伴面前认错并保证今后不再犯同样的错误——美其名曰既教育本人又教育其同伴。

我们主张"偷窃"行为是幼儿的隐私，我们要认真加以保护，公开认错相当于公开羞辱，让幼儿在同伴面前抬不起头来，从而产生自卑的心理。见习时，我曾见过如下案例：

案例 3-34　他是小偷

有一天，带班的文老师处理了一件幼儿"偷窃"事件。据班里的很多小朋友反映，他们的东西被一名叫赵军的小朋友给偷了。当时，文老师在全班小朋友面前把赵军小朋友狠狠地批评了一顿，吓唬说，要把他送到警察叔叔那里，还告诉班里的小朋友："如果他再偷小朋友们的东西，小朋友们就别和他玩了。"等教育活动结束的时候，小朋友们都跑过来跟我说："客人老师，我们都不和赵军小朋友玩，他是小偷。"

听了小朋友们的话，我感到十分愧疚——因为我当时出于种种考虑而没有制止文老师所组织的"批判赵军"的活动！此事过去好多年了，我由衷地希望赵军能健康成长！

④避免冤枉幼儿。面对家长和其他小朋友的投诉时，教师应该仔细调查，弄清楚该幼儿是否如别的小朋友所说的“偷”了别人的东西，而不是因为别人说“就是他偷的”就下结论：一定是他偷的。在幼儿园通常有这样的情况，两个小朋友关系非常好，而其中的某小朋友一时高兴，便答应把自己的东西送给另一个小朋友，过后又抱怨那个小朋友偷了他的东西；还有的小朋友把自己的东西弄丢了，而被其他小朋友捡到了，他也会去告状说别人偷了他的东西。

所以，教育者应该分清楚各种情况，不要冤枉任何幼儿，否则对幼儿的心灵所造成的伤害是无法预估的。

我们的观点是，宁可放过，不可冤枉任何一个幼儿！

(3) 消除“偷窃”行为的诱发因素。

犯罪心理学研究表明，犯罪与被犯罪是互为因果的，即别人对你犯罪，那是因为你存在诱发别人犯罪的诱因。因此，教师要将各种玩具保管好，游戏活动结束后，将玩具进行清理，同时，将幼儿的存包处设置适当的障碍，不要让幼儿有独立出入的机会，这样就可以减少甚至避免幼儿顺手牵羊行为的发生。

(4) 帮助幼儿建立“物权”观念。

教育者应郑重地向幼儿讲明，不经别人允许而拿别人的物品是不好的行为，并向幼儿解释“物权”的含义，帮助幼儿区分物品的“物权”，如引导幼儿认识并建立“我的”、“你的”、“他的”的观念，让幼儿知道幼儿园各种物品的归属，比如“自己的”、“张三的”、“李四的”床、被子、枕头、杯子、椅子、位置、毛巾、书包和“大家的”玩具、图书等，自己的物品自己管理，大家的物品大家管理。还要帮助幼儿建立这样一个观念："每个人都有属于自己的私人领地和物品，不经主人同意，不可以随意翻看或拿走主人的东西。"要让幼儿形成"拿不属于自己的东西时，要征得别人的同意；其他人要用你的东西时，也要征得你的同意"的观念。

在这方面，成人要为幼儿树立一个良好的榜样，比如，教师也不要随便翻幼儿的书包，更不要不经同意就用幼儿的物品；父母要用女儿的铅笔，一定要先问问她，如果孩子同意借给你，别忘了说声"谢谢"，用完之后，要当面归还，如果孩子坚决不肯借，也别勉强。

(5) 家园合作，让幼儿"偷窃"后有尊严地归还所拿的物品。

教师要对幼儿进行合理教育，使他们明白没有经过别人的允许而私自拿别人的东西是不对的，所以应该将"偷窃"来的物品主动还给失主或幼儿园。

在归还过程中，要注意绝对不能让幼儿有被羞辱的感觉，最好是"偷偷地"将物品还回去；同时，要对幼儿愿意或者主动归还物品给予适当的表扬和肯定，让幼儿知道：知错就改，还是好孩子。

古人曾告诫我们："小时摸针，大了摸金。"这是有一定道理的，但又不全对，因为幼儿的"偷窃"并不具有真正意义上的偷窃的特征。我们要慎重处理好幼儿的"偷窃"行为，因为如果处理不好，我们处理的方式方法给幼儿带来的伤害远远大于"偷窃"本身带来的伤害。

本章主要参考文献

[1] 鲍欣钦．幼儿园小班班级规范事件研究 [D]．南京：南京师范大学，2005：43-43．

[2] 蔡伟忠．跳出传统思维的幼儿园教师实用手册 [M]．北京：农村读物出版社，2010：7．

[3] 陈淑琦．课室管理 [M] //陈娟娟，等．新手老师上路啰：幼儿教师入门必读．南京：南京师范大学出版社，2003：127．

[4] 傅芳芳．幼儿园班级常规教育研究：以上海市某一郊区幼儿园为例 [D]．上海：上海师范大学，2011：33．

[5] 冈萨雷斯－米纳．多元化社会中的早期教育[M]．2版．徐韵，周红，译．南京：江苏教育出版社，2008：56；109-110．

[6] 高志娟．3—6岁幼儿违规行为研究[D]．南京：南京师范大学，2011：46-53．

[7] 韩迎春．如何看待幼儿的“偷窃”行为[J]．教育导刊：幼儿教育，2004（8）：22-25．

[8] 姜锐．教师应对幼儿违纪行为的现状分析及策略研究 [D]．南昌：江西师范大学，2005：39-50．

[9] 李晖，赵巧琴．幼儿违规行为的形成原因及教育对策分析 [J]．幼儿教育：教育科学版，2008（1）：10-13．

[10] 刘立霞．叠被子 [M] //吴晓燕，主编．走进童心世界：幼儿教师优秀笔记集粹．北京：北京师范大学出版社，2000：114．

[11] 莫源秋．从心理需要的角度透视幼儿的心理行为问题 [J]．上海托幼，2000（5）：6-7．

[12] 莫源秋，韦凌云，刘揖建．幼儿教师实用教育教学技能 [M]．北京：中国轻工业出版社，2012：117-124．

[13] 王庆文．幼儿规则意识的引导策略[J]．早期教育，2003（10）：12-13．

[14] 魏洪鑫．幼儿园一日活动中幼儿违反规则的体验与反思：教育现象学的视角 [D]．济南：山东师范大学，2011：24．

[15] 魏婷．童眼看“规则”：对幼儿园常规教育的反思[J]．幼儿教育，2011（12）：32-33．

[16] 吴玥玢．幼儿发展与辅导 [M] // 陈娟娟，等．新手老师上路啰：幼儿教师入门必读．南京：南京师范大学出版社，2003：145．

[17] 叶彩娟．调皮儿童的行为研究与对策[J]．文教资料，2005(34)：159-161．

[18] 郑三元．规则的意义与儿童规则教育新思维 [J]．湖南师范大学教育科学学报，2006（5）：45-47．

[19] 朱芝莲．彰显幼儿个性与班级常规管理之探讨[J]．早期教育：教科研版，2012（5）：36-40．

第四章　教育活动中的常规教育

教育活动是指幼儿在幼儿园里所参加的一切活动，它包括日常生活、游戏活动、集体教学活动、区域活动、节日活动、来园活动、离园活动等。幼儿的常规意识和常规行为是在各项教育活动中形成、发展和体现的，因此，我们必须重视根据各项教育活动的需要和幼儿的发展需要来制定各项常规，并且在各项教育活动中促进幼儿常规意识和常规行为的发展。

一、日常生活中的常规教育

生活活动是幼儿在园一日活动的主要内容之一，主要包括进餐环节、如厕环节、午睡环节、盥洗环节及喝水环节。生活活动对幼儿的成长、发展具有非常重要的意义，它满足了幼儿最基本的生理需要，对幼儿良好习惯的养成及个性品质的形成都有着重要的影响。

（一）进餐活动

1. 进餐活动中的常规要求

幼儿的生长发育离不开平衡的膳食营养，因此，进餐活动是幼儿园一日生活中最基本的环节，它重在培养幼儿良好的饮食习惯和进餐能力。

进餐活动的常规，指的是幼儿在进餐活动中所应该遵守的行为规范与准则。适宜的进餐常规，能让每个幼儿都舒适而安全地进餐。一般来说，进餐活动的常规主要包括以下内容：

- 愉快地进餐，逐步掌握独立进餐的技能。
- 知道进餐前要洗干净双手，能洗净双手。
- 进餐时不大声讲话，不随便说笑打闹。
- 餐具轻拿轻放，正确使用餐具：一只手拿勺子（中大班使用筷子），一只手扶住碗，喝汤时两手端着碗。学习掌握吃多种食物的技能，逐步做到独立进餐。
- 进餐时细嚼慢咽，不慌不忙。
- 不挑食，不用手抓食物，不用汤泡饭，不暴饮暴食，不弄脏桌面、地面和衣服。骨头、残渣放在指定的地方，不将自己不吃的饭菜挑到别人碗里。
- 咽下最后一口饭再站起来，轻放椅子，离开饭桌，送回餐具。
- 饭后漱口、擦嘴、洗手。
- 有序地拿饭菜。

2. 进餐活动中的常规教育

进餐活动的常规教育旨在促使幼儿了解、接受、遵守幼儿园进餐环节所需要的各种行为规则，养成相应的习惯，这对幼儿的全面发展也起着不可估量的作用。

(1) 在感知体验中了解进餐常规的意义，引导幼儿接受常规。

很多教师都有这样的感触：进餐活动的常规看似容易，但要让幼儿自觉地执行还存在着一定的难度。如在进餐时不大声说话、不随便说笑打闹，这是进餐活动的常规之一。但我们经常发现这样的情景：很多幼儿能在教师的要求下安静进餐，但是个别幼儿的话特别多，吃饭时不时说笑打闹。老师不时提醒幼儿：“请安静地吃饭。”伴随着教师的提醒，笑闹的孩子可能会开始安静地吃饭，可过了一会儿，越来越大的笑闹声又在教室里响起。为什么这些孩子不能按常规要求进餐？从表面上看，那是幼儿自我控制能力差的缘故，但这应该不是唯一的原因，这与幼儿对常规意义的理解不足也有着必然的联系。

对于很多幼儿来说，他们之所以遵守规则，可能是为了获得教师的表扬，也可能是迫于教师的威严。总之，幼儿往往只记得老师要他这么做，而没有自主地要求自己这么做。虽然，幼儿在教师的引导下，理解了自己遵守常规给他人带来的好处，但他们不了解遵守常规对自己有什么好处。可以说，他们是在被动的情况下遵守进餐常规，只要脱离了老师的视线，他们还会不断违规。因此，要让幼儿自觉地遵守常规，首先要引导幼儿在感知体验中感受进餐常规的意义，尤其是对自身的意义。

比如，为了引导幼儿了解餐前洗手的意义，教师可以讲一些有教育意义的故事，比如故事中的主人翁老是忘记饭前洗手而引起怪病，引导幼儿通过讨论、思考，明白每逢吃饭都要洗手的道理，知道自己应记住饭前洗手，不要等别人提醒了才想起。又如，在进餐环节，幼儿经常忽略了饭后漱口这一环节。很多幼儿认为，把嘴巴里的饭菜都咽下去后，口腔就干净了。有老师进行了这样的尝试：组织幼儿饭后漱口，把漱口水吐在一个透明的容器内，请幼儿观察。幼儿这才发现，漱口水中还有很多细细的食物残渣。通过亲自观察，幼儿感受到了饭后漱口的重要性。

(2) 多途径创设环境，使幼儿愉快进餐。

进餐环节应该是休闲而享受的，这离不开进餐环境的创设。首先，可在进餐前组织幼儿进行一些相对安静的活动，这可以使幼儿较为兴奋的情绪逐渐恢复到平静状态，利于食欲的激发。其次，教师在幼儿进餐前后不要处理问题或批评孩子。比如，有的孩子打了人，做错了事，老师要等他吃完饭再做处理，以免影响幼儿的食欲。此外，在分发饭菜前，教师可以为幼儿介绍当餐的食物，夸张地表现自己对食物的欲望，比如："今天有胡萝卜炖牛肉。好香啊！我最喜欢了！"教师还可以通过座位调节法创设愉快的进餐环境，主要是把食欲差的幼儿和食欲好的幼儿安排在一桌，幼儿间的相互影响无疑也是一种隐性的环境因素。

(3) 以多种方法培养幼儿的进餐技能，逐渐实现独立进餐。

幼儿之所以能愉快进餐、独立进餐，能遵守进餐的常规要求，主要不是因为教师的表扬，也不是因为教师的物质奖励，更不会是因为教师的威严，而是因为幼儿在进餐过程中体验到成就感。成就感的产生离不开进餐技能的掌握。因此，在进餐常规培养过程中，我们要通过培养幼儿的进餐技能，使幼儿能愉快进餐、独立进餐。培养进餐技能的方法是多样的，如讲解示范法、练习法等。

讲解示范法是通过教师对示范动作或技能进行讲解的过程，教会幼儿进餐的技能，如学习使用勺子、学习剥鸡蛋壳、学习使用筷子等。教师可以边讲解边示范拿筷子的正确方法："用拇指、食指、中指的指肚轻轻握住筷子中段，筷子斜搭在虎口处，中指放在两根筷子中间，无名指和小拇指自然放在筷子下面。"应注意的是：在讲解示范时，语言宜简练、通俗，讲解不宜过长，以免分散幼儿的注意力；幼儿的思维以直观思维为主，所以教师一般是边讲解边示范，示范的速度要把握好，与讲解的速度一致；在讲解示范时，教师要注意自身的站位，不宜挡住幼儿的视线；可以说，很多复杂的方法、过程，幼儿往往依赖于教师的示范来掌握，所以教师的示范动作要准确，无多余动作干扰幼儿。

进餐技能的掌握，还需要幼儿通过反复的练习才能实现。如学习过使用筷子，我们可以为幼儿提供各种练习材料，在游戏中、在自由活动时间等环节，让幼儿在玩的过程中练习筷子的使用方法。

(4) 进餐时温馨指导，养成幼儿良好的进餐习惯。

在进餐时，教师要鼓励幼儿吃各种食物，正确使用餐具，喝汤时双手端平饭碗，避免撒饭；要关注个别进餐有困难的幼儿，及时给予指导和帮助；指导幼儿学习吃带壳、带皮食物的方法，纠正个别幼儿吃汤泡饭的不良习惯；提醒幼儿安静进餐、细嚼慢咽、不暴饮暴食等。可以说，在进餐活动中离不开教师对幼儿的指导。适宜的指导不仅能让幼儿遵守进餐常规，更能让幼儿养成良好的进餐习惯。

进餐环境是温馨的，因此教师的指导也应充满温情。首先，教师要以“同理心”去指导幼儿。所谓同理心，是站在对方的立场设身处地地思考的一种能力。部分幼儿可能会因吃得慢、不喜欢当天的食物等原因而感到紧张，甚至是害怕。教师以“同理心”去看待幼儿，让幼儿明白教师理解他们的感受，有利于师幼间信任感的建立，有利于幼儿接纳教师的建议。

案例 4-1　尴尬的胡萝卜事件

午餐时间又到了，当天有一道菜——炖胡萝卜。乐乐看着碗中的胡萝卜，皱了皱眉头，把胡萝卜挑到了一旁，开始吃饭了。过了一会儿，趁着老师不注意，乐乐把一块胡萝卜丢到饭桌下面。又过了一会儿，乐乐又悄悄地把另一块胡萝卜也丢到饭桌下面。当老师轻轻地走过来时，乐乐埋头吃饭，但老师还是发现了乐乐饭桌下的秘密。老师蹲了下来，摸摸乐乐的头，小声地说:“哦，不喜欢吃胡萝卜？老师小时候也做过这样的事情，但是后来发现，这样做会让老师拖地很辛苦。”乐乐怯怯地看着老师:“我以后不这样做了。”老师笑了笑:“嗯，胡萝卜确实有些特殊的味道，难怪有些人不喜欢，我来尝尝看！”老师夹起一块胡萝卜，放进嘴里嚼了嚼:“嗯，还行。”之后，老师扫走地面的胡萝卜，再摸摸乐乐的头，走了。乐乐看看老师的背影，迟疑地夹起一块胡萝卜，也嚼了嚼，咽了下去。

在案例中，面对乐乐的行为，老师没有进行简单而粗暴的批评或训斥，而仅仅是微笑地肯定:“胡萝卜确实有些特殊的味道，难怪有些人不喜欢。”之后，老师通过自身的示范，让乐乐明白胡萝卜的味道“还行”。在老师的带动下，乐乐也开始尝试吃了一块胡萝卜。当然，通过这样的指导，不可能让乐乐马上爱上吃胡萝卜，但起码能减轻乐乐对胡萝卜的排斥心理。

其次，教师还应尽可能地使用“我”的句式对幼儿进行指导。使用“我”的句式能增强对幼儿的尊重，让幼儿意识到他们自己也是应该对这件事情负责的。这样的表述能让幼儿感受到教师对自己的关心，能让教师表达出自己的感受而不会令幼儿排斥。如孩子边吃饭边发呆，我们可以说“这样的话，我担心你还没吃饱时，饭菜就凉了”，而不是“这样的话，你还没吃饱时，饭菜就凉了”。后者的表述会让幼儿有这样的感受：老师在指责我，即使我的饭菜变凉了，也得不到老师的关心。

(5) 学会正确强化，巩固进餐常规的执行。

在进餐常规的教育过程中，强化法是最经常使用的一种方法，它可以是正强化，也可以是负强化。在幼儿园进餐活动中，教师主要使用的是正强化，即当幼儿在进餐活动中有明显进步时，及时对他进行肯定。教师的强化可能是物质性的强化，如发给小红花、小红旗、糖果等，也可能是精神性的，如微笑、点头拥抱或者是肯定性的语言评价。

强化法的使用也容易带来这样的问题：有些教师往往喜欢使用物质性的强化行为，这样的长期强化容易导致幼儿对强化物失去兴趣，或者导致幼儿吃饭是为了获得教师的奖励或表扬，而不是出于自己的需要。那么，一旦离开了教师的奖励和表扬，很多孩子进餐的积极性就会明显减低。因此，我们不主张使用物质性的奖励来吸引幼儿吃饭。在使用精神性的强化时，也不能滥用，当幼儿有了明显的进步时，我们会给他一个拥抱、一个鼓励的微笑、一句肯定的表扬。但是，我们可能会这样告诉幼儿："老师高兴，是因为你今天能吃饱了，细嚼慢咽，这样，你的身体就会越来越健康，就会越长越高。"总之，要让幼儿明白：老师之所以表扬你，是因为你的进餐能保证你自己的健康需要，不是因为你吃得越多老师就越高兴、你吃得越快老师就越开心。要慢慢引导幼儿产生这样的意识：我吃饭是为了我自己，不是为了老师。

一般来说，在进餐过程中，不主张对幼儿使用负强化，即幼儿在进餐活动中出现违规行为时，对幼儿进行批评、指责，甚至是体罚等，这样的强化会影响幼儿的情绪，进而影响到幼儿的食欲。

(6) 运用图标，帮助幼儿实现进餐常规的自我管理。

进餐活动持续的时间较长，其常规要求具有延续性——从进餐前的洗手，到拿饭、吃饭，到饭后放回餐具，到最后的漱口、擦嘴和洗手。我们经常发现这样的现象：吃饭时间快到了，很多幼儿还在走廊上晃悠，不知所措。老师提醒幼儿："要吃饭了，去洗手吧。"可是，洗完手的幼儿还是待在原地，等待教师的下一个指令。笔者在观摩某幼儿园小班的进餐活动时，曾问过几个幼儿这样的问题："你知道洗完手后要做什么吗？"大部分幼儿均摇头。

这样的现象在幼儿园并非偶然现象，这不得不引起我们的深思。我们的常规教育是不是只要让孩子们乖乖地听老师的话，按部就班地听老师的要求，老师让干什么就干什么，老师让怎么干就怎么干？当然不是。这样的常规教育，培养出来的是只会服从、不会自我支配的奴隶。因此，我们主张让幼儿清楚地知道自己下个环节要做什么，逐渐过渡到自己支配自己的活动，从而实现自我管理。比如，我们可以利用图标帮助幼儿进行自我管理，把进餐活动的各个环节以图标结合文字的形式向幼儿展示，第一张图上有洗手的图案（表示饭前洗手），第二张图上有进餐的图案（表示进餐），第三张图上有拿餐具的图案（表示放回餐具），第四张图上有擦嘴的标志，第五张图上是漱口的标志，最后一张图上是洗手的标志。我们把这些图片按活动的顺序贴在墙上，开始时，提醒幼儿按图标的顺序进行相应的活动，如此反复多次以后，幼儿就会慢慢地养成习惯。

(7) 关注特殊幼儿的进餐常规教育。

①吃饭慢的幼儿。幼儿进餐慢是很多教师遇到的问题，也是一个尴尬的话题。幼儿慢慢地吃，而老师焦急地催，甚至是忍不住给孩子喂饭，不久就把一碗饭喂给幼儿了。但是，我们并不主张给幼儿喂饭，一是容易养成幼儿的依赖心理，二是容易导致幼儿对吃饭的排斥，连自己动手进餐的希望都得不到满足，当然不会享受到进餐的快乐。

面对这样的孩子，不能催促，还是应该要求他们细嚼慢咽、独立进餐。在分发饭菜时，可以让他们先上来取饭菜，可通过少盛多添、及时鼓励的方式，引导他们体验成就感。教师在为他们分发饭菜时要少盛多添，每次盛的饭量都很少，当幼儿吃完后，教师马上给予表扬：“呀，你今天有进步，一下就吃完了，再来一碗，好吗？”当家长来接孩子时，我们可能常常会听到幼儿这样反馈：“妈妈，今天我吃了三碗，老师表扬了我！”这样的做法使这些吃得慢的孩子也能体验到快乐，有利于他们进餐积极性的激发。

而有些幼儿本身进餐的速度并不慢，但主要是由于边吃边玩，所以进餐速度总落后于别人。对于这类幼儿，进餐时教师若多提醒，一般都会收到较好的效果。提醒幼儿时要注意方式，如“吃饭的时候不玩，老师担心你吃不饱”，而不能是简单的“不要玩了！快点吃饭”。

②无法独立进餐的幼儿。如今的家庭大多是独生子女家庭，家长们围着一个孩子转，害怕孩子吃不饱。因此，我们不难看到这样的情景：家长端着一碗饭，追在孩子的后面，喂一口，孩子跑了，再追着喂一口。在这样的家庭教育环境中，幼儿当然难以养成自己动手吃饭、认真吃饭的习惯，因此入园后进餐能力极差，有些幼儿甚至完全依赖教师喂饭。

对于这类幼儿，绝不能靠喂饭解决问题。在日常生活学习中，每个幼儿都渴望成就感，在进餐活动中也是如此。幼儿学会独立进餐后，从中获得了成就感的体验，在以后的生活中，他们当然也就乐意独立进餐了。因此，面对无法独立进餐的幼儿，教师首先应考虑如何教会幼儿独立进餐，而不是包办。

③忽然出现异常表现的幼儿。在班级里，我们也经常发现这样的幼儿：平时的食欲均较好，但是忽然在进餐中不愿意吃饭。排除了幼儿身体上的问题，教师采取的态度往往是直接勒令幼儿把饭吃完。试想，孩子忽然某一餐不愿意吃饭，排除了身体疾病的可能性，那就应该是情

绪的影响。对于这类忽然出现异常的幼儿，直接粗暴地勒令他吃完饭，引发的只会是该幼儿的抵触情绪，这种抵触情绪甚至可能会影响到幼儿日后的进餐。试着想一下，我们成人也会出现忽然没有食欲的现象，那我们为什么不能允许幼儿也出现这样的现象？

因此，对于这类幼儿，教师可以试着问："怎么啦？愿不愿意和老师聊聊？"若是幼儿不肯和老师沟通，可以直接告诉他（她）："好吧，你能吃多少就吃多少，要是想和老师聊聊，可以随时找老师。"老师可能担心幼儿因此吃不饱，其实我们只要注意鼓励幼儿敢于说出自己的想法，他们有这样的意识后，若肚子饿，自然会告诉老师。

(8) 家园合作，合力强化幼儿的进餐常规。

当然，要帮助幼儿养成良好的进餐常规，仅凭教师的努力还不够，还需要家园间的合作。有些幼儿在幼儿园时，通过教师的帮助已能做到饭前洗手，安静并独立地进餐，餐后自觉地擦嘴巴、漱口、洗手，可一回家又一切照旧。因此，要纠正幼儿的进餐问题，还要得到家长的支持。教师要与家长及时沟通，做到家园共育，请家长与幼儿园一起对幼儿提出与幼儿园相同的进餐常规，家长要为孩子做好榜样。

在幼儿常规教育中，教师应站在尊重幼儿、有利于幼儿长远发展的角度，与家长形成教育合力。但是，在家园合作的过程中，也要突出对家长的尊重，尊重不是口头上说说，而是要体现在行动中。

3. 问题与思考

案例 4-2　紧张的晚餐时间

很快就到晚餐时间了，给所有幼儿分发饭菜后，中 (1) 班的苏老师就来回走动，观察幼儿的进餐情况。这时，童童和民民边小声地聊边吃，苏老师听到后，大声地训斥:“再讲话，就让你们吃两碗饭！其他人也听好了，不能发出声音。”童童和民民听后，随即低下了头。当苏老师走到乐乐跟前时，发现乐乐正把胡萝卜往外挑，放在托盘的角落。苏老师马上皱眉:“谁让你挑出来的？你看，其他小朋友都吃了。”乐乐看看老师，把胡萝卜放进嘴里，但久久没有咽下去。

在这期间，只听到苏老师不时大声地训斥和提醒。过了一阵子，很多孩子陆续上来添饭了。苏老师发现小玉、小静等几个孩子的碗里依然是满满的，苏老师着急地走过去:“你们怎么还剩下这么多？快点吃！看什么？别人都能吃完，为什么你们吃不完？谁再吃得慢，我送他（她）到小班去！”……

在进餐环节，还有很多值得我们思考之处，其常规教育也还有许多不理想之处。可以说，催孩子吃饭是常见的现象。教师常用的话语是“快点吃”，“赶紧吃”。在进餐时，教师常常要求幼儿不能讲话，不能发出声音，甚至是恐吓幼儿——“再讲话，就让你们吃两碗饭”，“再吃得慢，我送他（她）到小班去”。令人难以置信的是，居然连吃饭这么享受的事情，教师都可以拿来恐吓孩子：“让你们吃两碗饭”。总的来看，幼儿园进餐常规教育主要存在下列问题：

(1) 粗暴的教育方法导致了进餐活动的紧张气氛。

进餐活动的常规教育主要是为了促使幼儿了解、接受、遵守幼儿园进餐环节所需要的各种行为规则，养成相应的习惯。但是，在进餐活动中，很多教师催促幼儿进餐，甚至是用各种方式威胁幼儿好好吃饭。教师威胁幼儿不遵守进餐常规将会受到某些惩罚，例如：“再不听话，就拖到小班去！”

教师的出发点是为了帮助幼儿接受进餐环节所需要的各种行为规则，养成相应的习惯，但是往往事与愿违，简单而粗暴的教育方法不仅不能帮助幼儿接受常规，反而导致紧张情绪，甚至是恐惧情绪的产生。在如此紧张的气氛中进餐，想让幼儿接受常规，进而把常规内化，养成相应的习惯，那是不可能的。

面对幼儿吃饭慢的问题，我们还要思考的是：幼儿是否有饥饿感，若幼儿没有饥饿感，面对色香味俱全的食物，也不会按要求进餐的。目前，很多幼儿园实行安全事故一票否决制，只要当年班级出了安全事故，该班教师则与评优秀无缘。很多教师迫于压力，考虑到“多动多错、少动少错、不动不错”，因此尽量避免让幼儿进行户外体育活动，幼儿的活动量不足，自然也就没有饥饿感。的确，幼儿在户外活动时容易受伤，但那不是户外活动本身的问题，而是户外活动规则是否已经形成的问题，若幼儿能按规则开展户外体育活动，他们的安全是能得到保障的。

(2) 进餐常规充满了教师的“高控”行为。

很多教师都是自己定好了进餐规则后，让幼儿遵守。这往往引起很多幼儿的抵触，尤其是中大班幼儿。因为随着年龄的增长，幼儿的主动性要求愈显强烈，他们要求主动思考。而现实情况是：他们在教师的“高控”下，不得不遵守进餐规则。因此，我们主张让幼儿参与进餐常规制定的过程，这实际上也是引发幼儿思考的过程。如在进餐时，幼儿大声喧哗，不仅影响了自己的进餐，也影响了同伴的进餐，我们可以把问题抛给幼儿：“那我们应该怎样吃饭才合适？”可以说，幼儿自己出的主意比教师提的意见更容易遵守。

(3) 进餐常规出现太多的“苛刻”的要求。

很多班级的进餐规则都有这样的规定：吃饭的时候不可以说话。如案例4-2中的教师，发现幼儿边吃边聊时，立即给予威胁：“再说话，就让你们吃两碗饭。”其实，很多教师私下也认为吃饭时是应该允许和同伴有一点声音交流的，但幼儿不能把握“一点声音”的度是多少，教师害怕幼儿越说越大声，导致吃饭呛到，到最后饭菜都凉掉，而且大声说话也是不合用餐礼仪的，若园长巡班，被园长看到，也是不适宜的，因此才规定吃饭时不可以说话。试想，我们成人在进餐时都有和他人交流的欲望，我们都很难做到吃饭的时候不说话，为什么心安理得地如此要求幼儿？从另一个角度看，集体进餐也是幼儿相互交往的机会，幼儿小声的交谈是合理的。我们应该看到的是，当常规由一种互惠的规则变成了一种束缚，那它就是不合理的。

还有些班级要求幼儿洗手后，双手肘要放在桌面上，双手举起来不能碰到桌面，这样能防止洗干净的手又被弄脏了。但这样的坐姿要求，即使是对成人来说，也显得过于苛刻。我国传统的儿童观要求儿童“少年老成”、循规蹈矩，这种儿童观至今影响着教师。不少教师自觉或不自觉地要求儿童要听话、安静、乖巧。教师经常要求儿童遵从、服从甚至是屈从于教师的意志，而对儿童的一些合理需要和愿望却加以忽视。这种观念很容易导致教师极力维护一些对于幼儿而言过于苛刻的规则。另外，教师也是为了对外维护班级的形象，担心其他人，尤其是园长认为自己的班级“乱”，因而一味地要求幼儿服从。但是，教师没能用同理心去看待幼儿，没能站在幼儿的立场上思考问题，因此导致很多苛刻规则的出现。

(4) 师幼两重规则标准，难以服众。

在现实生活中，我们经常看到尴尬的情景，如像案例4-2中的教师一样，教师要求幼儿吃饭不讲话，而自己却大声地训斥幼儿，不时发出噪音。再如，我们要求幼儿不挑食，教师们却在分发饭菜时议论自己不喜欢吃的食物。可以说，这样的行为无疑是“只许州官放火，不许百姓点灯”，这样的双重标准如何能使幼儿信服？教师的言行举止往往是幼儿模仿的榜样，若教师说一套，而做的又是另一套，那真的很难引导幼儿接受规则、执行规则，进而养成习惯。

这在很大程度上是受了传统儿童观、教师观的影响，师道尊严的观念根深蒂固。在传统观念中，教师是“传道、授业、解惑者”，社会也赋予教师相对于儿童的优势人格地位和高高在上的威严。因此，教师理所当然地认为自己和儿童是不同的，教师制定了规则，幼儿就必须执行。教师之所以可以游离在规则之外，是因为教师认为自己是管理者，而幼儿是被管理者，所以自己可不受规则的制约。

(5) 常规要求过于整齐划一，忽略了幼儿的差异性。

在现实生活中，幼儿在进餐中的要求是不一样的，有的幼儿食量大、吃饭快，而有的幼儿食量少。教师统一规定的饭量，对部分幼儿而言，无疑成了负担。他们即使努力地吃，也不可能把老师给自己分发的饭菜吃完。因此，在进餐环节中，我们要关注幼儿本就存在的个别差异性。对于进餐慢的孩子，教师应能理解，多给予鼓励，坚持不恐吓的原则。对于饭量小的孩子，教师要做到心中有数，在分发饭菜时区别对待，允许部分幼儿少吃点。

（二）如厕活动

如厕是幼儿在园的主要生活活动之一。幼儿在如厕的过程中，能够学会控制生理排泄，形成卫生习惯。但是，幼儿从熟悉的家庭来到相对陌生的幼儿园，幼儿园的如厕方式、如厕器具与家里不同，加上在园生活环境的变化，幼儿会在心理上产生一定的压力。因此，我们把如厕活动的常规定位为帮助幼儿轻松如厕。

1. 如厕活动中的常规要求

- 懂得在园如厕是一件很正常的事，不紧张，不拒绝。
- 懂得及时排便对身体健康有好处，有便意时知道如厕或告诉成人，能及时排便。
- 能自己脱裤子，解便时不弄湿自己和同伴的衣裤，便后会整理服装。
- 便后会用手纸自前向后擦屁股，并用肥皂（洗手液）和流水洗手。
- 不在厕所逗留，能有序地如厕。
- 大小便有异常情况时能主动告诉教师和保育员。
- 能按指示在对应自身性别的地方如厕。

2. 如厕活动中的常规教育

如厕常规教育不仅能帮助幼儿学习并掌握如厕的基本技能，逐渐实现如厕自理，还能帮助幼儿了解如厕行为与身心和谐健康的关系，让幼儿遵守如厕常规，建立一系列关于如厕的健康行为方式。因此，幼儿如厕常规教育主要包括以下内容：

(1) 帮助幼儿理解如厕与自身健康的关系，引导幼儿主动如厕。

初入园的幼儿频频出现尿裤子、拉裤子的现象，很多时候可能是因分离焦虑而紧张或害怕，或是因为没有适应幼儿园的如厕方式和如厕器具，于是幼儿经常忍住便意，回到家才排便。但是，到了中、大班，幼儿已经习惯了幼儿园的如厕方式及如厕器具，幼儿的分离焦虑及紧张感已经慢慢消除，但还是不时有憋尿、憋便的现象发生，不能按照如厕常规要求及时排便，主要原因在于很多幼儿专注于游戏而经常忘记如厕或忍住便意。如厕常规要求不是教师要求幼儿怎么做，而应是幼儿自主地要求自己怎么做。因此，教师应该帮助幼儿理解如厕与自身健康的关系，使如厕常规内化成幼儿自身内在的需要。教师可以通过故事、视频等方式，直观地向幼儿展示憋便的危害，引导幼儿讨论“如果憋便会有什么后果”，引导幼儿愿意主动排便。

在如厕的过程中，我们经常发现有些幼儿会告诉老师：“我的大便像一条香蕉”，“我的小便很黄”，“我的大便很干，像一小个一小个小圆球”……这说明幼儿已经开始留意大小便与身体健康的关系。我们可以通过和幼儿一起查阅资料、讨论的方式，了解大小便情况与身体健康之间的关系。甚至可以把尿液图与身体健康状况图对应张贴在盥洗室，引导幼儿如厕时对照观察，发现自己的大小便异常时及时告诉教师，或与同伴讨论，对自己的饮食及时进行调整，让幼儿能真正理解到如厕常规不仅利于他人，更具有利己性，从而愿意自发遵守如厕常规。

(2) 教会幼儿如厕的技能，满足幼儿的成就感需要。

人有各种各样的需要，当幼儿的需要得不到满足时，他们就会表现出一些违反规则的行为。在如厕环节中，幼儿往往被动地听从教师的指令去如厕，那是因为幼儿在如厕活动中的成就需要没有得到满足。

因此，我们要引导幼儿掌握如厕技能、轻松如厕，在如厕中产生“我能行”的自豪感，从而愿意把如厕常规内化为自身的需要。

在如厕常规中，要求幼儿做到：能自己脱裤子，解便时不弄湿自己和同伴的衣裤，便后会整理服装；便后会用手纸自前向后擦屁股，并用肥皂（洗手液）和流水洗手。但是，在幼儿如厕过程中，经常出现这样或那样的问题，比如，幼儿大便后不会擦屁股，如厕后裤子整理不到位等。因此，如厕常规的培养首先要突出对幼儿如厕技能的培养。我们可以采用常用的讲解示范法及行为练习法来帮助幼儿掌握如厕技能，教会幼儿脱裤子、提裤子及整理裤子的方法，教会幼儿便后冲水的方法等。

如厕环节持续的时间较长，要做的事情较多。我们还可以采用如厕流程图来帮助幼儿逐渐做到独立如厕。我们可以把“站在便池前两腿分开站稳——抓住裤腰，将裤子脱至靠近膝盖处——慢慢下蹲，坐稳排便——便后用纸从前往后擦屁股——抓住裤腰，向上提裤子（先提里面的裤子，再提外面的裤子）——将裤子的两侧、前面和后面都整理平整——冲水——便后洗手”这些环节绘制成流程图，张贴于厕所醒目的墙面上，帮助幼儿熟记如厕技能、掌握如厕常规。这类做法有利于幼儿轻松而独立地如厕，激发幼儿如厕的成就感。

(3) 消除幼儿的如厕紧张感，满足幼儿安全感的需要。

与其他生活活动不同，由于各种因素的影响，如厕活动对于部分幼儿而言，成为一种挑战，带给幼儿一定的心理压力。正是安全感的缺失，导致个别幼儿由于紧张而不敢上厕所，结果尿湿裤子，有了便意就憋着，对幼儿的健康带来了极大的影响，使得常规要求成为空谈。

因此，如厕常规教育也要着眼于帮助幼儿消除如厕紧张感，帮助幼儿轻松地遵守如厕常规。幼儿的如厕紧张感一方面来源于环境、如厕方式及器具的变化，另一方面也来源于依赖性过强而导致的自信心不足。在幼儿入园前，在家如厕一般使用幼儿排便器或马桶，不管男孩还是女孩，多数采用坐姿解便，甚至有相当一部分孩子是大人抱在怀里如厕的。而孩子入园后，面对的是男孩站式、女孩蹲式或坐式的厕所结构，如厕环境和如厕方式的改变，使许多孩子走进厕所就感到紧张，不敢排便。因此，教师首先要布置充满童趣的厕所环境，用亲切和蔼的表情和声音引导幼儿参观厕所，用鼓励的眼神、赞赏的话语帮助幼儿放下心理包袱，逐渐消除对在园如厕的恐惧心理。比如，每次幼儿如厕都保证有一名保教人员作陪，帮助有困难的幼儿脱下裤子、提拉裤子，让幼儿感受到教师的爱与宽容，用自己的行动让幼儿放心。比如，当幼儿告诉老师“老师，我要大便”，我们可以立即给予肯定和回复：“好啊，你会告诉老师，真是个勇敢的孩子！去吧，不会擦屁股的话我来帮你。”正是教师的强化和自身的行动，让幼儿放下了心理包袱，轻松地遵守如厕常规。

幼儿如厕的紧张感也来源于自信心的不足：在家里都是家长包办如厕，什么都是靠家长帮忙，一旦离开了家长，来到幼儿园，就不敢如厕了。因此，在进行如厕常规教育时，我们要借助家长的力量，做到家园合力，适当“放手”，鼓励幼儿独立如厕。当幼儿有进步时，要当着家长的面对幼儿进行表扬，让幼儿获得成就感，从而慢慢地独立如厕，遵守如厕常规。

(4) 通过环境暗示，帮助幼儿逐渐实现自我管理。

我们不希望教师像个监工一样跟在幼儿的后面，不时监督“谁没有上厕所”，“谁上了厕所没冲水”……的确，在还没有养成习惯前，很多幼儿经常忘记这样或那样的事情，如忘记便后冲水、忘记便后洗手，等等。因此，我们可以通过环境的作用，呈现如厕常规要求，一方面利于幼儿自我提醒；另一方面也利于同伴间的相互提醒，逐渐过渡到幼儿的自我管理。

比如，我们可以将如厕流程图张贴于卫生间的墙壁上；在幼儿如厕处以文字结合图标的方式提醒幼儿“上完厕所后请记得冲水哦”，“请记得冲洗干净你的小手”；在女孩如厕处张贴女孩的图标，在男孩如厕处贴上男孩的图标，等等。

(5) 如厕常规教育渗透性别教育。

就目前而言，我们绝大多数幼儿园里的男女幼儿均在同一厕所，甚至是在同一时间如厕。好多幼儿在一起上厕所，有时他们会对彼此的身体感兴趣，对此，教师不必大惊小怪，也不必讳莫如深，可利用如厕常规教育的机会对幼儿进行初步的性别教育，包括性别认知和性别认同教育。

在条件允许的情况下，可以把男女幼儿的厕所封闭隔离开来。虽然幼儿也是同一时间上厕所的，但教师可以要求幼儿在如厕前先按性别排队（男孩站在有男孩标志的地方，女孩站在有女孩标志的地方）。当幼儿按性别排成两列走到厕所前时，他们会看到相应的指示牌，然后分别进入男女厕所。

(6) 灵活地执行如厕常规，使如厕常规教育充满人文关怀。

幼儿园班级规则总体呈现出一种人文关怀的缺乏及呆板性，如厕常规亦是如此。幼儿被动地执行常规；常规要求整齐划一，缺乏合乎个体发展的变通性；规则超出幼儿的承受程度；规则执行中充满威吓、限制与剥夺等。

我们经常见到这样的情景：有些教师总是说“现在请小朋友去上厕

所”，有孩子回应“老师，我没有尿”，教师两眼一瞪：“没有尿也得去！”这些没有便意的幼儿便不得不离开自己舍不得停止的活动，在便槽前装模作样，只为达到教师的要求。试想，若教师换种说法——“请想小便的小朋友去小便”，那就能让幼儿按自己的需要决定自己的行为了。

的确，幼儿如厕存在极大的个别差异性，每个幼儿想上厕所的时间可能都会不一样，但教师往往要求集体如厕，没有尿的孩子也要去“装模作样”一番；而上课的时候，有了尿意也不允许上厕所，担心幼儿的行为带动其他孩子，扰乱课堂秩序。常规执行过于呆板，也缺乏人文关怀。因此，教师应以平静坦然的态度指导、帮助幼儿如厕。教师在幼儿如厕时应对幼儿多些赞扬，对自理能力较差的幼儿要表现出足够的耐心，不表现出任何的不耐烦与轻视，更不能以言语威胁增加幼儿的心理负担。

3. 问题与思考

案例 4-3 上课的时候不可以上厕所

小（1）班的王老师在组织集体教学活动“拔萝卜”，教师刚讲完《拔萝卜》的故事，正准备提问时，菲菲小声说道：“老师，我要尿尿。”听到这“不和谐”的声音，王老师不耐烦地瞪了菲菲一眼：“上课前都叫你们去上厕所了，当时你干什么去了？坐着，下课再去。”听到教师的回应，菲菲低下了头，再也不敢吭声了。

集体教学活动结束了，王老师吩咐了一声：“都去尿尿、洗手、喝水。”然后王老师开始收拾教具。过了一会儿，王老师听到厕所里有孩子们叽叽喳喳的谈话声，走出教室，来到厕所门口一看，果然有几个孩子在里面聊天。王老师大声地训斥：“谁让你们在这里逗留的？！还在这里讲话！不出去的，等会儿就不要出去了！”

在如厕常规教育中，虽然强调了要认识与满足幼儿的需要，要充满人文关怀，要有针对性地进行要求，但是，幼儿如厕活动的常规教育还是存在这样或那样的问题。

(1) 如厕常规随意变化，幼儿无所适从。

如厕常规要求幼儿在有便意时知道如厕或告诉成人，能及时排便。但在很多时候，幼儿是无法做到这一点的，他们只能在教师认定的时间如厕，在教师认为不合适的时间，例如上课时，是不能按照自己的意愿如厕的。如在上述案例中，菲菲在上课时提出“我要尿尿”，而教师的回应则是：“上课前都叫你们去上厕所了，当时你干什么去了？”言下之意是：在上课前，所有的人都应该去上厕所，当时你不去，现在只能忍着。可见，教师对这这一突发事件的处理是临时改变规则。这样的处理会给菲菲和其他幼儿带来什么样的影响？对于菲菲而言，以后有了便意，由于害怕再看到教师严厉的眼神，可能不再敢轻易地告诉教师。而其他旁观幼儿也会得到这样的暗示：有了便意时告诉老师，可能会被批评。

可见，教师经常在无意之间随意改变如厕常规，这不仅不利于良好如厕习惯的培养，也会让幼儿无所适从。又如，如厕常规要求“发现大小便异常时及时告诉老师”，但教师情绪不好时，也会不耐烦地把幼儿打发走。若幼儿经常被教师如此打发，日后也会质疑：大小便异常时是否该告诉老师？

教师之所以会轻易地改变规则，主要是受固有观念的影响。教师把自己定位为管理者，而幼儿则是被管理者，所以认为幼儿要听从教师的命令，没有考虑到常规教育中幼儿自主性的发挥。这些教师往往认为常规教育的出发点是为了便于教师的管理，而不是为了利于幼儿的发展。

(2) 教师过于严厉，难以轻松如厕。

在园如厕环境的变化、如厕器具的不同，都给幼儿的如厕带来了心理负担。因此我们的常规教育应努力引导幼儿做到：懂得在园如厕是一件很正常的事，不紧张、不拒绝；懂得及时排便对身体健康有好处，有便意时知道如厕或告诉成人，能及时排便；大小便有异常情况能主动告诉教师和保育员。这些常规要求都需要帮助幼儿首先去除紧张情绪，克服害怕心理。要做到这一点，首先要让幼儿感受到爱，感受到环境的爱，尤其是感受到教师的爱。当幼儿与教师建立起情感联系时，自然也就能愉快地达到如厕常规的要求，轻松如厕。

但是，在现实生活中，教师往往过于严厉，给幼儿带来了极大的心理负担而影响了如厕常规教育的进行。如在上述案例中，教师严厉的眼神、大声的训斥，给幼儿带来的何尝不是压力。又如，有的幼儿如厕时不小心弄湿了裤子，我们经常听到教师这样的威胁："这么大了还弄湿裤子，送你去小班！"总的来看，我们的如厕常规教育旨在让幼儿在轻松如厕的过程中获得全面发展，但是教师的严厉往往使得如厕常规教育无法达到目的。

(3) 缺乏灵活变通，常规超出常态。

可以说，如厕常规并非不可以改变。因为常规教育要考虑到幼儿需要的满足，在如厕环节，我们就要考虑到幼儿安全感、成就感、交往需要的满足。这就可能会导致如厕常规随幼儿的需要而做出适当的变通。但是目前，在幼儿如厕环节，幼儿的需要经常被忽视，常规没有办法随幼儿的需要灵活变通，以至于如厕常规变成了幼儿的"桎梏"。

比如，我们要求幼儿如厕后不在厕所逗留，主要是为了保障幼儿的安全，防止过多的人拥挤在厕所而发生意外。在上述案例中，有几个幼儿在如厕时没有及时离开厕所，并在厕所内聊天，试想，幼儿为什么会在厕所内聊天？那是因为他们的交往需要没有得到满足。但是，教师的处理是严厉的训斥及威胁："谁让你们在这里逗留的？！还在这里讲话！不出去的，等会儿就不要出去了！"当时只有几名幼儿留在厕所，幼儿的如厕秩序不会受到影响，对幼儿并没有产生安全隐患。他们在厕所交谈是因为这里没有人"监视"，可以自由交往，随心所欲。教师不应该直接训斥"谁让你们在这里逗留的"，而不妨思考一下：是否可以为幼儿提供更多的自由交流的机会以减少此类情况的发生？此外，幼儿在厕所逗留，不一定都是在里面打闹、玩耍，有可能是对厕所内的环境布置感兴趣，也有可能是对冲水装置感兴趣。教师要做的应该是思考：幼儿为什么喜欢在厕所逗留？是幼儿哪方面的需要没有得到满足？教师要创造条件满足他们的需要，而不是呆板地执行如厕常规。不允许在厕所内讲话，这样的常规超出了常态，不是幼儿能理解和愿意接受的。

（三）午睡活动

午睡对于幼儿的身体发育具有重要的意义。经过一个上午的活动，幼儿的身体已经出现疲劳状态，而在午睡时，幼儿的全身肌肉放松，身体得到充分的休息，体力也会逐渐得到恢复。可以说，午睡是幼儿园一日生活不可或缺的重要环节。

1. 午睡活动中的常规要求

- 喜欢在幼儿园午睡，能独立入睡。
- 睡前上厕所，安静进入卧室。

- 在固定的床位入睡，把鞋摆放整齐。
- 小班幼儿在教师的帮助下脱衣服，把衣物整齐地放在指定地点。中大班幼儿轻轻上床，自己脱衣服，把衣物整齐地放在指定地点。
- 安静入睡，不玩东西。睡姿正确，侧卧或仰卧，不能俯卧或蒙头睡。
- 安静起床。小班幼儿在教师的帮助下穿好衣服和鞋子，及时如厕。中大班幼儿迅速穿好衣服和鞋子，及时入厕。
- 睡醒后不打扰同伴。
- 有便意、身体不适或发现同伴有异常情况时及时告诉教师。
- 中大班幼儿学习独立或与同伴合作整理被褥。
- 如厕后洗手、喝水、梳头及吃点心。

2. 午睡活动中的常规教育

(1) 让幼儿充分明确午睡的好处及要求。

我们进行常规管理，是希望幼儿能逐渐自主管理自己的活动，而不是让幼儿听一个口令做一个动作。因此，在午睡常规执行前，应让幼儿充分明白午睡的好处及要求。即使是小班的幼儿，也已能听懂简单的道理，能按老师的要求去做。我们可以用浅显的语言、生动的视频或故事，向幼儿讲明午睡的好处，让他们知道充分的睡眠会使身体长得高、精神饱满，在学习、游戏中会是最棒的孩子。在此基础上，教师可对幼儿提出午睡的要求。而中大班幼儿的独立性逐渐增强，可以把问题抛给他们："我们如何午睡，才能让每个人都能好好休息、都满意？"可以让他们自己制定午睡规则。

(2) 以环境暗示引导幼儿遵守午睡常规。

环境对幼儿的行为有着极大的影响作用。因此，我们可以通过环境的暗示，引导幼儿遵守午睡规则。首先，要给孩子创造一个比较安静的午睡环境，并保持室内适当的通风。其次，光线要柔和，最好拉上窗帘，光线过强幼儿不易入睡，而且可能引起幼儿的视力下降。不要让幼儿在午睡前做激烈的运动，天气好时，最好带幼儿在户外散散步、晒晒太阳；天气不好时，可以组织幼儿在室内玩玩具、画画等，稳定幼儿的情绪。要让幼儿在教师有意识布置的环境中感受到“睡觉的时间到了，我们要睡午觉了”，从而慢慢安静下来。我们还可以选择合适的位置，在寝室的墙壁上张贴一些诸如星星、月亮和幼儿睡着的挂饰和图画，我们还可以在正对寝室门口的地方以图形结合文字的方式提醒幼儿“我们要睡觉了，记得保持安静哦”。让幼儿一进入寝室，就能看到这些，不仅利于幼儿的自我监督，也利于幼儿间的相互监督。

精神环境的创设也很重要。在午睡前，不要批评幼儿，要让幼儿保持愉快的心情入睡。教师与幼儿进入寝室后，教师应记得用极低的音量回应幼儿的要求，对幼儿进行指导。当幼儿看到教师都是以说悄悄话的方式回应自己时，自然也会把声音压低。当幼儿睡下时，教师要走动指导幼儿正确的睡姿，建议教师换上不会发出噪音的平底鞋。教师用亲切和蔼而温柔的声音给幼儿讲睡前故事，让幼儿感受到，在寝室里，连教师讲故事都会轻柔许多，因为要睡觉了。这样宽松的精神环境不仅利于幼儿安静入睡，也能让幼儿感受到教师释放出来的善意与和蔼，从而敢于在有便意、身体不适或发现同伴有异常情况时及时告诉教师。

(3) 引导幼儿以同理心去看待问题，愿意主动遵守常规。

在一日生活活动中，相对于其他活动而言，午睡要求一个较为安静的环境，而幼儿生性好动，那些没有睡意的幼儿强烈地要求说一说、动一动。但现实往往无法满足他们的需要，因为这会干扰其他幼儿午睡。可以说，午睡对幼儿的自我控制能力提出了更高的要求。对于这些幼儿，我们要用什么方式让他们安静？表扬或许会有效，但不会长期地起作用，而批评只会让这些孩子学会投机取巧。我想，要让这些孩子能控制住自己、不打扰同伴，就需要幼儿把午睡规则内化为自身的需要，愿意主动遵守这些规则。

要做到这一点，光凭教师的说教是很难实现的，这需要教师引导幼儿学会以同理心去看待同伴，能站在同伴的立场上思考问题。在日常生活中，教师可以有意识地对幼儿进行这方面的培养，对幼儿进行“移情”训练，以使幼儿在生活中对同伴由于受噪音影响而无法入睡的情绪体验主动地、“习惯性”地产生理解和分享。比如我们可以设计类似的活动“今天，你睡着了吗”，请那些很困却无法睡着的小伙伴说说自己的情绪及感受，再启发幼儿设身处地地想一想这些小朋友会多么难受、多么烦躁。久而久之，幼儿能站在他人的角度考虑问题，能为同伴的愉快而高兴，为同伴的无法入睡而着急，自然也就能用同理心去看待同伴了。

(4) 关注幼儿的需要，灵活地执行规则。

午睡环节有其特殊性，与进餐环节不同。进餐环节要求幼儿洗手后进餐，饭后放回餐具、椅子，并擦嘴、漱口和洗手。但是，每个幼儿进餐的速度不同，因此在放回餐具、擦嘴、漱口等环节，不会出现一拥而上的现象，孩子们大多是陆续做完这些事情。午睡环节要求幼儿安静起床后穿好衣服和鞋子，及时如厕，如厕后还要梳头、吃点心。但幼儿起床的时间大多是统一的，因此出现了这样的现象：幼儿起床后，全部涌向厕所，然后又全部挤往盥洗室洗手……这样整齐划一的集体大行动，不仅在等待环节浪费掉很多时间，也容易产生安全隐患。

因此，午睡常规的执行应在考虑幼儿需要的基础上，灵活地执行。我们不要求幼儿一定按照“起床穿衣服—如厕—洗手—喝水—梳头—吃点心”的流程进行，幼儿可以根据自己的需要进行，只要能把上述活动安排好就行。

案例 4-4 灵活的思思

在某幼儿园起床时间，笔者曾见过一个能灵活安排这些活动的小女孩。随着教师的口令及音乐的提醒，小朋友们开始起床了。大班的小女孩思思（化名）迅速穿好衣服，别的小朋友已经在开始整理床上的被褥了。可思思先到了厕所如厕，洗手后，她探了探头，发现副班老师拿着一把梳子，正等着给小朋友梳头。看到老师面前一个人都没有，思思问：“老师，你能帮我梳头吗？”老师点点头，帮思思梳好了头。思思吃完自己的点心后，才折回寝室，因为她的床上用品没有整理好。这时候，寝室里已经没有什么人了，思思折好毛巾被、放好枕头后，回到教室，这时候，很多小朋友正在副班老师面前排队等着梳头。

在上述案例中，思思巧妙地错开了人潮的高峰期，完成了午睡环节的各项活动，避免了不必要的等待，也避免了人群的拥挤。可见，灵活地执行午睡常规要求，不仅满足了幼儿的个别需要，也有利于午睡活动各环节的安全、有序开展。

(5) 关注幼儿的差异性，有针对性地执行规则。

幼儿在午睡活动中也体现出了各自的特点，存在着差异性。因此，在午睡的常规管理过程中，应体现常规要求的差异性。有些幼儿脱衣服的速度慢，别的小朋友都已经睡下了，他（她）还在弄自己的衣物；有的幼儿由于以前在家没有养成午睡的习惯，入园后中午往往睡不着，教师百般安抚，终于睡着，但又早早醒来；甚至有些幼儿根本没有睡着……因此，幼儿的午睡常规应有针对性地执行。首先，针对小、中、大班幼儿，应安排不同的午睡时间，小班幼儿的午睡时间安排稍长些。脱衣服动作慢的幼儿，可以让他们先进入寝室，做好睡前准备。有些幼儿精力旺盛，上床时总和其他人逗玩，可以让他们稍晚些再进入睡觉房，别人都躺下了，自然没人和他逗玩了。对于很难入睡的幼儿，要求他上床闭上眼睛安静休息一阵后，若还是无法入睡的话，可以轻轻下床来看看书、玩玩积木，只要不影响其他小朋友休息即可。

总之，幼儿来自于不同的家庭，午睡的要求和习惯均不一样，我们在午睡常规的执行过程中要考虑到这一点。

(6) 培养幼儿的合作意识，增强午睡自我服务能力。

部分幼儿对在幼儿园午睡存在着排斥心理。这些幼儿在家里的时候，往往都是“衣来伸手”，习惯了家长帮助穿脱衣服，穿脱鞋子、袜子。来到幼儿园，没有了父母的帮忙，这些幼儿的自信心不足，往往会产生对在园午睡的排斥，更谈不上遵守幼儿园的午睡常规了。因此，我们要增强幼儿的午睡自我服务能力，其自我服务能力强了，有午睡需要的幼儿自然能做到喜欢在幼儿园午睡，能独立入睡。

幼儿年龄越小，自我服务能力越差，一个人往往无法进行自我服务，尤其是穿脱上衣。我们经常看到这样的情景：着急的孩子正在脱套头T恤，但就是没法把衣服的下摆翻过去，憋得满脸通红，又不敢请老师帮忙，或者老师正忙着帮其他的孩子，没有注意到他。又如，大班小朋友起床后，一个人叠毛巾被，弄了半天，由于毛巾被太大，无法独自完成。因此，在午睡自我服务能力的培养方面，我们不仅要指导幼儿如何穿脱套头、开襟衣服，穿脱裤子、鞋子和袜子，还要引导幼儿学会相互合作，引导孩子们在午睡时互相关心、互相帮助、互相帮着解后背的扣子、合作叠被子等。幼儿在伙伴的帮助下，能完成这些较难独立完成的工作后，教师可引导他们说说自己的感受，引导他们体验到合作带来的快乐，逐渐强化他们的合作意识。

幼儿掌握自理的方法、技能固然重要，但关键在于教师要使孩子乐于自己动手，高高兴兴地学会自己的事情自己做。因此，幼儿穿戴好后，可让他们照照镜子，看看自己的成果，激发其成就感。

3. 问题与思考

案例 4-5　难以入睡的午睡环节

午睡时间到了，宁宁和几个小朋友在走廊里跑来跑去。蔡老师看到了，本想制止他们，但想想后没有说什么。过了约20分钟后，蔡老师提醒幼儿如厕，然后进入寝室。过了一会儿，蔡老师才发现今天的室内气温居然达到32℃，于是她马上关窗、开空调。

孩子们躺下后，小妍和隔壁的小崔开始聊开了，蔡老师听到后，大声地呵斥："谁还在说话？再说话请你们出去！"小妍她们被吓了一跳，随即住口了。很显然，其他孩子也被吓了一跳。当孩子们都躺下后，蔡老师拿出教案本，开始写下周教案。过了约一个小时，蔡老师写完教案，然后起身在睡房中来回巡视着，没发现什么问题，自己找了个空铺位，也躺了下去。

(1) 教师忽视了午睡环境的创设。

在上述案例中，宁宁等几个幼儿在走廊里跑来跑去，而蔡老师并没有制止，其他幼儿可能会受到影响也跟着追逐，一是不利于幼儿的安全，二是易使这些幼儿因情绪兴奋而影响入睡。舒适的睡眠环境是保证幼儿高质量睡眠的前提，因此，教师在午睡前要为幼儿准备舒适的睡眠环境。但在上述案例中，教师没有在幼儿午睡前开空调，使温度降低一些，室内气温较高，达到了32℃。室温过高会导致幼儿烦躁，不易入睡，更谈不上遵守常规要求了。

(2) 教师的常规教育过于粗暴。

在午睡环节中，部分教师的常规教育也不乏粗暴之处。如上述案例中的蔡老师听到幼儿聊天后，大声地呵斥："谁还在说话？再说话请你们出去！"不仅聊天的孩子被吓了一跳，其他孩子也被吓了一跳。甚至有些教师威胁幼儿："不听话，我把你放到睡觉房外面去，等会儿大灰狼会来吃掉你"，"不听话，睡觉起来后，不让你爸爸妈妈来接"……

良好而安静的睡眠环境是幼儿高质量睡眠的前提。但是，在寝室中经常充满了教师大声的训斥声和威胁声。幼儿在这样的环境中又怎能安心入睡？教师要做的，应该是让幼儿在环境中建立安全感，感受到教师及同伴的关心，让他们放松，从而在环境的暗示下遵守午睡常规。

(3) 部分规则的要求过于"苛刻"。

每个幼儿午睡的要求都不一样。但是，就目前而言，很多幼儿园对幼儿的午睡常规要求大多追求整齐划一性，要求每个幼儿按相同的要求午睡，这难免会出现不合理之处。比如，幼儿醒来后不允许他们起床，早醒的孩子也要在床上躺好，强调必须到点才能起床；强制规定幼儿不许随便起来小便，结果不仅容易导致幼儿尿床，还会增加其心理负担。

这些不合理的要求为什么能被教师接受？因为教师太过于看重集体统一行动，很多教师往往是为了执行规则而执行规则，而没有思考我们为什么要执行规则。应该清楚的是，作为教师，我们不是执行规则的机器，规则的价值不在于让幼儿听教师的话，而是在于让每个幼儿都能够更舒适、更安全地生活。因此，当一些规则已经让幼儿感觉到痛苦时，应该取缔或改变规则。

(4) 教师对规则的指导不到位。

“安静入睡，不玩东西，睡姿正确，侧卧或仰卧，不能俯卧或蒙头睡”是午睡常规的要求之一，因此，午睡常规教育离不开教师的指导，教师应教育幼儿保持正确的睡眠姿势。正确的睡姿不仅有利于幼儿的生长发育，而且有利于幼儿良好习惯的养成。但是，部分教师往往忽略了这一点。如上述案例中的蔡老师在幼儿入睡后埋头写教案，甚至自己也睡觉了，不仅忽略了对幼儿正确睡眠姿势的教育，也忽略了午睡环节的安全隐患。

一般来说，教师可以通过讲故事、看图书等方式使幼儿了解不良睡眠姿势的危害。此外，在幼儿午睡的过程中，教师应巡回观察幼儿，及时调整幼儿的睡姿，但教师的动作应轻柔，以免弄醒孩子。尤其需要关注蒙头睡觉的幼儿，因为幼儿蒙头睡觉往往预示着幼儿生理和行为的异常。蒙头睡觉的幼儿可能会睡不着，在被子下面玩或尿床了。因此，教师在幼儿入睡后要进行巡视，发现有幼儿蒙头睡时，应该立即翻看，了解幼儿的状况，并及时给予指导。

此外，教师对睡前、睡后的常规指导也常常不到位。很多教师对午睡环节的组织往往比较随意，一带而过，甚至是自己包办代替。我们不难见到这样的情景：教师在幼儿入睡前，一一帮幼儿把衣物脱下，而起床后则急急忙忙地帮助幼儿穿上衣服，然后领着幼儿如厕。寝室内一片狼藉，等着保育教师前来收拾。究其原因，是因为教师对午睡环节的价值认同只停留于肤浅的认识，认为只要让幼儿用正确的睡姿入睡即可，却没有认识到，幼儿独立入睡及睡前、醒来后的穿脱整理，不仅满足了幼儿手眼协调、精细动作发展的需要，更是幼儿锻炼生活自理能力的需要，也是幼儿形成自我服务意识、体验成就感的需要。

（四）洗手活动

幼儿在园的盥洗活动主要包括洗手、漱口、洗脸及梳头，但是，洗手是进行最频繁的一项活动。幼儿天性好动，手接触外界物体最多，受到污染的概率也最高，因此在幼儿园里，幼儿饭前、便后要洗手，活动结束后要洗手，等等，每天幼儿都要进行多次洗手。

1. 洗手活动中的常规要求

- 知道洗手的好处，饭前、便后及手脏时能及时洗手。
- 知道正确的洗手方法，能洗干净双手。
- 洗手时不湿衣袖，节约用水。
- 养成认真有序洗手的良好习惯。

2. 洗手活动中的常规教育

(1) 利用多媒体，感知洗手的重要性。

洗手环节包括卷衣袖、淋湿手、搓肥皂、搓手心手背、交叉手指搓、洗手腕、冲洗肥皂、抖掉水珠、擦干手、放好毛巾、放下衣袖。要真正把手洗干净，耗时是较长的，而很多幼儿贪玩，匆匆淋湿手，随意洗一下就走了，没有达到洗手的目的。因此，在进行洗手常规教育前，还是要引导幼儿感知洗手的重要性。

单凭教师枯燥地讲道理，不会给幼儿留下太多的印象，幼儿的思维具有直观性，因此我们可以借助多媒体技术，让幼儿在观看、思考及讨论的过程中感知不洗手的危害。

(2) 利用“大带小”活动，满足幼儿成就感的需要。

即使幼儿学会了正确的洗手方法，中大班幼儿对洗手也经常是敷衍了事，常常是把手放在水龙头下冲一冲就匆匆离开了。如何调动幼儿洗手的自觉性，这也就成了教师的关注点。我们可以通过满足幼儿的成就需要来激发其洗手的积极性。可以鼓励中大班幼儿当哥哥、姐姐，到小班帮助教师检查弟弟妹妹们的洗手情况，把小班幼儿洗手中存在的问题抛出来讨论——“如何帮助弟弟妹妹洗手”，并鼓励中大班幼儿亲自手把手地教弟弟妹妹洗手。为了在弟弟妹妹前树立威信，这些中大班幼儿自然也会认认真真地洗手，这不但能满足他们的自尊及成就感的需要，而且能激发他们主动洗手的积极性。

(3) 灵活执行洗手常规，避免消极的等待。

在一日活动中，总会有若干次集体洗手的环节，如活动结束后、进餐前。在集体洗手时，为了保障幼儿的安全，能有序洗手尤为重要。因此，教师应在环境创设上下工夫，如在洗手池前贴上一双双小脚丫的图案，每双小脚丫中间留有足够的距离。但是，由于等待人数过多，等待时间无疑会过长，导致这些标志还是无法引导幼儿有序洗手。因此，在洗手常规教育过程中，教师应能灵活地执行常规，在集体洗手环节和个别洗手环节区别对待。在集体洗手环节，应该根据水龙头的数量适当分组，在盥洗室的周围提供其他的活动、材料给幼儿，让没有轮到洗手的幼儿有事可做，如可以看书、玩玩具、聊天等。

在集体活动结束后，也不宜要求幼儿统一行动。教师可以把集体活动后要做的事情告知幼儿，由他们根据实际情况安排每个小活动的具体时间。如区角活动结束后，我们让幼儿知道应该做的事情有：收拾玩具、如厕、洗手、喝水。可以允许一些幼儿先如厕、洗手，再喝水，然后回来收拾玩具；也可以允许幼儿先收拾玩具，再如厕、洗手、喝水。具体该如何安排，由幼儿根据当时各个区域的人数自行决定，只要做好这些应该完成的事情即可。

(4) 环境引导，帮助幼儿养成良好的洗手习惯。

由于幼儿喜欢凑热闹，喜欢挤在一起洗手，因此教师可在每个水池下面都贴上一双双小脚的图案；由于幼儿经常敷衍了事，教师可把每个洗手的环节画下来或以照片的形式贴在墙面上，幼儿可以边看边洗手；由于幼儿缺乏经验，并不能很好地理解节约水的含义，教师在给幼儿讲述节约用水的小故事的同时，还可收集干旱地区的照片，贴在墙上，画上一颗小水滴，补上旁白“我也会变少，请不要浪费我”。幼儿不爱洗手，我们可在环境中提供他们感兴趣的材料，满足幼儿的探索欲望。比如，有些教师给幼儿提供了不同颜色、不同香型的香皂，并配置了相应颜色的香皂盒。每次洗手，幼儿都兴奋地讨论着该用什么颜色的香皂，而洗完手后，幼儿也会自觉地把香皂放回相应颜色的香皂盒中，并让同伴或教师闻闻自己的小手，猜猜自己用的是什么颜色的香皂。这样的材料投放会带给幼儿极大的满足感和快乐。

(5) 利用儿歌，强化幼儿正确的洗手方法。

儿歌由于其琅琅上口的特点，一直深受幼儿的喜欢。在洗手活动中，幼儿年龄越小，越依赖语言指挥动作。因此，我们可以把洗手的步骤编成通俗易懂的儿歌。在幼儿洗手的时候，教师也和幼儿一起边念儿歌边洗手。这样的语言提示，能尽量避免幼儿忘记洗手动作的具体要求和先后顺序。

洗手歌

小朋友，来洗手，
卷起袖，淋湿手，
抹上肥皂搓呀搓，
搓手心，搓手背，
交叉手指搓一搓，
冲冲水，抖一抖，
亲亲我的小毛巾，
我的小手真干净。

(6) 寻求家长支持，养成洗手习惯。

习惯的培养不是一朝一夕就能实现的，习惯的养成需要一个长期的过程，还需要洗手常规执行的持之以恒。但是，我们无奈地发现，幼儿在教师的提醒、监督下，能认真洗手，可回到家后，很多孩子还是敷衍了事，家长们对此也不提醒，甚至是不洗手就进餐。因此，洗手常规教育也离不开家长的支持，家长和教师一齐努力，形成教育合力，是幼儿习惯养成的关键。教师平时要注意和家长多沟通，请家庭中的所有成员都注重培养孩子的良好习惯，并始终坚持让孩子认真洗手，帮助幼儿逐渐养成自觉、认真洗手的良好习惯。

3. 问题与思考

案例 4-6 无奈的洗手环节

午餐时间快到了，康老师忙着进行餐前准备并嘱咐幼儿："现在每个人都去洗手，谁先洗好，等会儿吃完饭后给他（她）玩新的玩具。"当幼儿从盥洗室回来后，康老师忽然发现蓉蓉的小手黑乎乎的，一摸，两只小手居然是干的，康老师不由得大声说道："你怎么不洗手？"话还未说完，康老师扫视了教室的各个角落，发现有不少座位是空着的。康老师来到盥洗室门口，才发现一群幼儿还在水龙头前，有的在吹泡泡，有的在把水往镜子上泼，而有的则在相互泼水，康老师生气地喊道："谁让你们这样做的？！"

教师已经注意到洗手常规教育的重要性，但幼儿在洗手环节中还是会不时出现各种违规行为，而教师的常规教育也还存在一些值得深思之处。

(1) 监督力度不足，影响幼儿的安全及习惯养成。

幼儿在洗手活动中容易出现敷衍情绪，而良好洗手习惯的养成也是一个长期的过程。因此，在幼儿洗手的过程中，教师应及时督促幼儿，一方面，提醒幼儿正确洗手，在不断强化的过程中让幼儿慢慢养成主动洗手的习惯；另一方面，及时的监督也有利于保障幼儿的安全。如在上述案例中，有的幼儿在盥洗间相互泼水，这样的行为要是没有被制止的话，将会导致地面积水，从而容易导致幼儿摔伤。

中班的幼儿已经开始有了一定的责任意识，因此中、大班可以让幼儿轮流做值日生，监督幼儿洗手的任务可以交由值日生来完成，这样不仅利于幼儿自我管理能力的培养，也利于教师抽出时间完成其他工作。

(2) 不恰当的强化不利于良好洗手习惯的养成。

对于幼儿来说，在洗手活动中容易出现倦怠情绪，因此，很多教师利用各种方式强化幼儿良好的洗手行为，但不恰当的强化可能会导致负面影响。如在上述案例中，教师提出谁先洗好手饭后就给他（她）玩新的玩具。这样的强化一提出，很多幼儿为了先洗好手，匆匆搓一搓甚至是在盥洗室里晃一圈就走了。洗手是幼儿日常生活中经常要进行的活动，我们的强化应突出引导幼儿认真洗手，而不是一味地只看结果，忽略了洗手过程中良好习惯的养成。

(3) 无法宽容地看待幼儿的违规行为，无法满足幼儿的需要。

幼儿在洗手活动中经常出现的违规行为大多和玩水有关，如幼儿很喜欢抹肥皂后吹泡泡；喜欢把水放进洗手液的瓶子里，然后看着泡泡被挤出来；喜欢往镜子上泼水，看着水在光滑的镜面上流下来，留下一条条痕迹，等等。如上述案例中，有些孩子没有及时回到教室，就是因为留在盥洗室玩水。的确，在幼儿园里，幼儿很喜欢上洗手间，而且在里面玩得不亦乐乎，教师不督促，就不会回来。其实这主要是因为在盥洗室里，教师的管理与监督行为相对要少得多，幼儿渴望自由，因此盥洗室也就成了深受幼儿喜欢的场所之一。此外，幼儿的违规行为大多与玩水有关，这与幼儿的天性有关，幼儿天性爱玩，玩水一直是幼儿最喜欢的活动之一。因此，幼儿在盥洗室内，往往由于遵从内心的需要而过久地逗留，甚至是玩水导致教师的批评。

了解到这一点，教师就应该能宽容地看待幼儿的违规行为。至于幼儿在洗手环节违规行为的减少，并不能依赖于教师的批评或惩罚，而应从根源上寻求问题的解决之道。我们在常规教育的过程中，要满足幼儿的自由需要，常规与自由是不矛盾的。教师应减少对幼儿的高控行为，在尊重幼儿的基础上，让“你应该怎样做”转变成“你可以怎样做”，相信幼儿的能力。此外，为了减少幼儿在洗手环节的违规行为，我们要在其他时间满足幼儿玩水的需要，可以利用幼儿园的戏水区，甚至是可以在本班合适的地方建立班级的玩水区，投放合适的材料，让幼儿都能玩水，从中体验到快乐。幼儿的玩水需要在平时能得到满足，在洗手环节中的玩水行为自然也就跟着减少了。

（五）喝水活动

幼儿活动量大，新陈代谢旺盛，水分蒸发多，因而幼儿对水的生理需要相对比成人要多。拿水分占体重的百分比来说，新生儿为80%，婴儿为70%，幼儿为65%，成人仅占60%。这也就是说，年龄越小，水在体内所占的比重越大，因此必须每日为幼儿提供充足的水分。由于水对人体十分重要，早上入园时，经常听到家长叮嘱“多喝水”，晚上离园时，总会不停地听见：“宝宝，今天在幼儿园里喝水了吗？”可以说，喝水这个生活环节看似简单，却被众多的家长牵挂于心。

而在幼儿园，幼儿的喝水活动的确还存在许多不尽如人意之处，如幼儿因贪玩而忘了喝水；很多幼儿没有主动喝水的意识，总是被动地等待教师的提醒，或教师因为怕幼儿尿床而限制幼儿的喝水量，等等。因此，我们要结合幼儿喝水活动的实际情况，加强幼儿喝水常规的养成，既保障幼儿基本生理需要的满足，也利于幼儿良好习惯的养成，促进幼儿的全面发展。

1. 喝水活动中的常规要求

- 懂得喝水对自己身体健康的好处。

- 喜欢喝白开水，能逐渐做到愿意主动喝水。
- 能用自己的杯子喝水，在取放杯子、接水、喝水的过程中能正确使用杯子，喝水后把杯子放回原处。
- 能有序接水，接水后在不影响他人的地方安静喝水。
- 知道按时喝水，口渴了会自己喝水。
- 能接适量的水，不过多，不过少，不把水洒在地上，不浪费水。

2. 喝水活动中的常规教育

(1) 通过体验了解水与生命的关系，愿意主动喝水。

在现实生活中，很多幼儿处于被动喝水的状态，总是在教师的提醒、监督下才去喝水，甚至是发现口渴得厉害时，才想起要喝水，然后一次喝的量过多。其实，当人感到口渴想要喝水的时候，体内已经呈现缺水的状态，这时身体的有些功能开始处于下降状态。而一次饮用太多的水会加重肠胃负担，使得胃液稀释，既降低了胃酸的杀菌作用，又会妨碍食物的消化。可见，被动饮水根本无法保证幼儿的身体健康。因此，喝水常规教育首先要考虑的是，通过幼儿的亲身体验来引导幼儿了解水与生命的关系。

比如，在自然角让幼儿种上两株相同的植物，让幼儿给一株常浇水，而不给另一株浇水，让幼儿每天观察两者的变化。当没有浇水的那株植物开始呈现枯萎状态时，再让幼儿给它浇水，观察植物喝水后产生的变化。然后请幼儿想想结果为什么不一样，让幼儿感受水与自己健康的关系，懂得每天要多喝水。

但是，多数幼儿喜欢喝甜味饮料，对白开水没有兴趣，甚至有些家长为了迎合孩子，会让幼儿带着饮料来幼儿园。很多教师给幼儿讲了很多道理，却往往不显成效。至于饮料与白开水的不同，还是需要幼儿在亲自动手的过程中去体验。比如，很多教师和幼儿做过这样的实验：在两个容器内分别放进白开水和各种幼儿常喝的饮料，然后，在两个容器内放上大小相同的鸡蛋壳，让幼儿每天去观察两个容器中鸡蛋壳的变化。过了不久，幼儿发现，装有饮料的容器中的鸡蛋壳慢慢地变小了，不见了。在幼儿震惊之余，教师再向幼儿解释为什么会这样。相信通过实验及教师的解释，幼儿就会对饮料的危害产生新的认识了。

(2) 以幼儿为出发点进行喝水常规教育，充分体现幼儿的主体性。

《幼儿园教育指导纲要（试行)》指出，要“建立良好的常规，减少不必要的管理行为，逐步培养幼儿的自律”，“在共同的生活和活动中，以多种方式引导幼儿认识、体验并理解基本的社会行为规范，学会自律和尊重他人”。其核心内容就是让幼儿主动地去理解、建构和内化规则。可见，常规教育的主体应是幼儿。我们要做的是，考虑到幼儿的年龄特点及幼儿的能力，引导幼儿制定出适宜的班级常规，实施有效的常规教育，而不是以常规教育为借口，使常规教育成为对幼儿的行为进行控制的过程。可以说，脱离幼儿主体意识进行规则教育，只强调幼儿行为上的实际锻炼、实践，会造成幼儿在社会性发展上的言行不一，以及认知和行为的脱节。

因此，教师可以不必在喝水前以权威者的身份命令幼儿该这样或那样做，而是在喝水过程中，就存在的问题引导幼儿思考该如何喝水才能既利己也利人，充分发挥幼儿在喝水常规教育中的主体作用。比如，幼儿喝水时总是会出现这样的情景：前面的小朋友接到水后就站在保温桶前喝，而后面的小朋友则不能及时喝到水，需要教师在旁边时时提醒“接到水的小朋友请站到旁边，不要妨碍后面的小朋友”。针对这一现象，教师可让幼儿自主讨论如何在喝水活动中既能很快地喝到水，而且有一定的秩序。幼儿自发地围在一起展开了激烈的讨论，形成了一套由幼儿自己建立的喝水常规。

(3)“民主”与“专制”结合，保证幼儿的生理需要。

幼儿天性好动、爱玩，在做自己喜欢的事情时往往忘记喝水，即使是教师提醒，也是敷衍了事，有的只是随意回应一声便继续埋头做自己的事情。因此，在喝水活动中，需要一定的“专制”来保证幼儿的身体对水分的需求。教师要安排幼儿定时喝水的时间。由于夜间幼儿体内在不断地进行新陈代谢，所以要提醒家长早晨起床后，定时让幼儿喝水。起床后喝水还能促进胃蠕动，增强食欲，对幼儿吃好早餐能起到很好的作用。上午10点左右，由于距离早餐与午餐均有一段时间，可以组织幼儿进行一次集体喝水活动。上午户外活动后，由于幼儿活动量大增，体能消耗较大，因此，这段时间可以让幼儿定时喝水一次。午睡起床后要定时给幼儿喝一次水。16时左右，幼儿大多结束户外活动，体能大量消耗，应该再安排一次集体喝水时间。

可是，部分幼儿嫌麻烦，往往是喝了一小口就匆匆结束了。因此，教师还要引导幼儿知道，不但要喝水，而且要喝够量，这样对身体才有好处。此外，教师要细心观察幼儿的饮水情况，对于饮水量不足的幼儿，要及时提醒，并注意加强和幼儿间的沟通。刚开始教师应亲自监督幼儿的饮水量，幼儿适应后，可以让幼儿互相监督，慢慢地帮助幼儿养成自觉的行为。

喝水是幼儿基本的生理需要之一，而幼儿都会有自身的个别需要，因此，喝水常规教育仅依赖“专制”是行不通的，还需要提倡“民主”，即在培养幼儿定期喝水习惯的同时，也不能忽视培养幼儿随渴随喝的习惯。由于幼儿的活动量不同、身体状况不同，他们对水分需要的时间也会有所差异，所以，教师要提醒幼儿随渴随喝。可是，有些幼儿由于紧张，口渴了也不敢去喝水，因此教师要多和幼儿进行情感上的沟通，让幼儿感受到教师对他们的爱。当发现有孩子主动喝水时，不要吝啬自己的肯定："不错，会自己去喝水了。"

为了让幼儿自己判断是否缺水，教师可以引导幼儿学会观察小便的颜色，如看到自己的尿液呈茶色或深黄色，就是自己饮水量不够，"上火了"，需要主动去喝水，如尿液呈蛋清色，证明饮水量过大，就要适当减少饮水量。要让幼儿逐渐学会自己根据身体情况调节饮水量，而不是过分地依赖教师的提醒。

(4) 常规适当"留白"，留给幼儿自我决定的余地。

很多教师这样对喝水进行规定："接水后，回到位子上喝水"。而我们则要求"能有序接水，接水后在不影响他人的地方喝水"。常规越细，对幼儿的具体指导性越强，但同时也越不适用于特殊情况。比如，要求幼儿接水后回到座位上喝，这一规则主要是为了避免幼儿均拥挤在饮水机旁，带来安全上的隐患。这一规则比较适合集体饮水环节。但是，在幼儿自由饮水环节，幼儿大多是三三两两的，甚至是一个人到饮水机旁，不存在安全上的问题，那么接水后回到座位上喝水这一规则就显得多余了，也带来了不便，甚至是浪费了幼儿的时间。因此，喝水常规可以适当"留白"，留给幼儿自己处理问题的余地。

至于在哪里喝水的问题，一开始很多教师往往规定回到座位上喝。但是，教师自己可能都没有意识到，自己也会经常在饮水机旁喝水，然后顺手把杯子一放，非常省事。那么，当我们看到有的幼儿站在饮水机前喝水时，要做的不是批评，而应该自我思考：为什么非要让幼儿回到自己的座位上喝水呢？站在饮水机旁喝水有什么不可以呢？我们可以把问题抛给孩子，让孩子们自己思考。最后，幼儿会发现：喝水的人多的时候，排队接水后要回到自己的座位上去喝；喝水的人不多，就可以站在饮水机旁喝，只要不影响别人就行。

(5) 运用图标、文字符号，帮助幼儿记住常规。

常规制定后，可以通过适当的方式呈现常规。常规的呈现有利于幼儿的自我监督，也有利于同伴间的相互监督，有利于幼儿良好习惯的养成。比如，我们要求有序喝水，但有的孩子接水时，后面的孩子一拥挤，碰到前面的孩子，导致水洒得满地都是。为了让幼儿自我监督，我们可在饮水机前贴上一双双小脚丫的图案，每双小脚丫前后留有活动的距离，让幼儿不再有碰撞，我们还可以在饮水机旁贴上小水滴的图案，并写上温馨提示“喝多少接多少，请不要浪费我”，通过环境中的暗示，帮助幼儿逐渐实现喝水环节的自我管理。

(6) 积极鼓励，激发成就感。

幼儿良好喝水习惯的养成也离不开教师的鼓励，离不开幼儿自我成就感的满足。为了让幼儿感受到喝水的成就感，可以通过各种方式呈现幼儿的喝水结果，及时向家长反馈并进行肯定，以巩固其喝水习惯，也利于家长了解幼儿一天的饮水量，让家长放心。

比如，我们可以设立“我喝水、我健康”专栏，在专栏内贴上每个幼儿的小照片，在照片下粘上一个小纸杯。幼儿每次喝完水都到小纸杯处插上相应的插管，喝了半杯水的插短管，喝了满杯水的插长管，等到一天活动都结束时，幼儿一天的喝水量就非常明了了。晚上离园前，教师及时统计出幼儿一天的喝水量，对喝足水的孩子及时进行表扬，家长来接孩子时，也当着家长的面对幼儿的喝水情况进行肯定，满足幼儿成就感的需要。

(7) 教师自身的参与，给幼儿树立良好的榜样。

在幼儿园里，幼儿自主饮水的意识差，在很多细节上也没有注意到自身的行为带来的影响，如喝水时大声笑闹，不仅自己被呛到，也导致其他小伙伴被挤到，等等。前文提及，要让幼儿愿意遵守常规要求，需要教师与幼儿建立亲密的情感联系。但是，光有教师的爱是不够的，还需要有教师的榜样作用。我们希望幼儿主动喝水，因此我们也要把自己的杯子放在杯子架上，然后不定时地端起自己的杯子："我好像有一阵子没喝水了，现在要去喝水了！"我们希望幼儿能安静喝水，所以当自己也和孩子们在一起喝水时，若有幼儿大声笑闹，我们会轻声地提醒："嘘，我们小点声说话，别让自己被呛到了。"试想，一个不爱喝水的教师如何能说服幼儿主动喝水？一个喝水时大声笑闹的教师又如何能劝说幼儿安静喝水？俗话说"身教甚于言教"，教师的榜样作用往往能达到事半功倍的效果。

3. 问题与思考

案例 4-7 混乱的喝水环节

集体教学活动结束后，教师让幼儿集体饮水，并做好下楼去进行户外体育活动的准备。由于饮水桶只有一个，孩子们都想快点喝完水，好下去参加运动，于是一窝蜂似的涌向饮水桶。李老师马上赶过去："记得要排队！"在教师的提醒下，孩子们排成了长长的一列纵队。但是，由于队伍过长，后面的幼儿还是忍不住相互打闹。过了好一阵子，大部分幼儿都接好水后，李老师发现很多孩子三三两两地聚在一起，边喝水边聊天，李老师生气地走过去说："谁让你们说话的？"孩子们看看李老师，不敢吭声了。

转眼就快到幼儿离园时间了，李老师正一个个地检查幼儿的衣着，忽然发现宁宁和蔻蔻的嘴唇干干的，大惊之下问起同班的赵老师，两人仔细回忆，似乎今天没看到这两个孩子喝水。

水对人体的作用十分重要，人若缺水达6天以上，便会失去生命，幼儿也不例外。因此，教师对幼儿喝水常规教育也尤为关注。但是，在幼儿喝水常规教育中，仍有一些没有关注到的细节。

(1) 缺乏足够的监督，难以养成良好的饮水习惯。

在喝水环节，真正能主动喝水的幼儿其实是为数很少的。在喝水活动的初期，幼儿的饮水活动具有不一致性与无规律性，他们之所以喝水，很多时候往往是为了获得教师的表扬或迫于教师的监督。因此，教师不仅要引导幼儿了解水的重要性，还要在每日活动中细心观察、监督，尤其是监督那些有特殊需要的幼儿主动喝水。但是，为了避免造成幼儿只为获得表扬而喝水的局面，教师在幼儿喝水活动中也应注意慎用表扬。

对幼儿喝水活动的观察与监督，单凭教师的努力是不够的，还必须依靠班上保教人员的配合。如在上述案例中，宁宁和蔻蔻一整天基本上都没有喝水，不能只责备某一个教师。班上所有的保教人员都应关注幼儿的饮水情况，尤其是对特殊幼儿的表现应了如指掌，如谁刚病愈，需要多饮水，谁平时不爱喝水，谁喝水时总是速度太快等，对于这些幼儿，教师应注意进行个别指导。

(2) 喝水常规教育功利化，忽略了幼儿需要的满足。

在案例4-7中，当教师发现幼儿在喝水时聊天，马上生气了："谁让你们说话的？"可见，教师只是为了让幼儿喝足水而开展喝水常规教育，常规教育的目的过于功利化，仅从如何利于教师的管理出发，而没有考虑到幼儿在该环节中有哪些需要没有得到满足。

在幼儿喝水环节，幼儿的违规现象主要有：由于排队时过于无聊而会出现打闹现象；喝水时克制不了聊天的欲望而被批评等。其实，深究其原因，幼儿的违规主要是因为需要没有得到满足。在集体喝水环节，由于排队过长，导致了无意义的等待。教师应该反思，如何帮助幼儿避开这些无意义的等待，而不是盲目地训斥幼儿。比如，有些班级会让幼儿带水壶来幼儿园，把水壶放在指定位置。在集体喝水环节，若幼儿觉得人数过多，不想等待的话，可以拿自己的水壶喝水。又如，很多教师要求幼儿喝水的时候不能说话，但是忽略了幼儿在喝水环节渴望交往的需要。试想，喝水时"窃窃私语"是否会给幼儿和同伴带来危害？我想应该不会。所以，在喝水环节，为什么不能允许幼儿的"窃窃私语"？甚至教师都可以端起自己的杯子，加入幼儿的聊天，只要引导幼儿不大声笑闹、不打闹就行。这样一来，不但幼儿的交往需要得到了满足，而且有利于教师与幼儿之间情感联系的建立。

(3) 家园合作不够，常规教育难以持之以恒。

喝水常规教育的持之以恒，有利于幼儿良好喝水习惯的养成。但是，在现实生活中，我们发现家园之间的合作还有待加强。比如，我们教育幼儿主动喝水、爱喝白开水，可离园时却看见家长带着一瓶瓶饮料来给孩子。因此，喝水常规教育还要考虑到家园合作的深入开展。

为使家长了解幼儿的喝水常规教育，教师可以把班级内的喝水习惯培养计划向家长进行说明，解释幼儿园喝水常规教育的目的及教育方法，并诚恳地提出需要家长配合之处，比如家中尽量不储存饮料，更不能把饮料当成奖励或拿着饮料来幼儿园接孩子；此外，请家长参照幼儿园的安排制定家中幼儿喝水时间表，及时给予幼儿肯定和鼓励，并保持与教师的沟通等。总之，习惯的形成都有一定的周期，不是一朝一夕就能培养的，它需要教师与家长的相互合作，保持喝水常规教育的一贯性。

二、游戏活动中的常规教育

游戏是幼儿最喜欢的活动，也是他们最能够接受的一种方式。对幼儿而言，它不仅有娱乐作用，而且对幼儿的身体、智力、社会性和情绪等方面的发展也具有重要的价值。游戏常规的培养不仅能保证幼儿游戏的顺利进行，也能培养幼儿的自制力，理解常规的意义，并在社会生活中把这种能力进行迁移，适应不同环境的需要。

（一）游戏活动中的常规要求

在游戏活动中，主要的常规要求包括以下内容：

- 愉快地参加游戏。
- 能参与游戏前的准备工作。
- 在室外游戏时，不大声喊叫，不乱跑。在室内游戏时，轻声说话，不影响同伴。
- 与同伴友好合作，愿意与同伴分享游戏材料和经验。
- 能自主选择游戏内容、材料、同伴、角色、场地等，自主选择进行游戏。
- 正确地使用游戏材料，想拿别人的材料时要和人家商量，经允许才能拿。

- 能遵守游戏的规则，在游戏中学习解决游戏中的问题，能克服困难、坚持游戏。
- 会轻拿轻放材料，不损坏，玩后放回原处，再取其他玩具材料。
- 游戏结束后能将玩具材料分类摆放整齐并放回原处。（小班幼儿在教师带领下收拾玩具材料，中班幼儿在教师的帮助下学会独立收拾玩具材料，大班幼儿尝试独立收拾玩具材料。）
- 选择一种游戏后要认真地玩，可以变换游戏，但不能妨碍他人，不经同意不得插手他人的游戏。

（二）游戏活动中的常规教育

1. 在活动中引导幼儿体验游戏常规的意义

游戏常规的培养不仅能引导幼儿遵守游戏规则、保证幼儿游戏的权利，更能帮助幼儿控制情绪、培养自制力。幼儿每天都在玩游戏，但是部分教师发现幼儿在游戏时，经常会发生这样或那样的违规行为，如在角色游戏后，把“护士服”随手一丢；在建构游戏区，把用过的积木、积塑等丢得满地都是；一人霸占了众多的材料，不肯放手……的确，在游戏中，会不时出现这样的情景。

幼儿为什么会遵守游戏常规？这不是缘于教师的命令，也不是缘于教师的威信，主要是缘于幼儿对常规意义的理解——理解游戏常规对集体，尤其是对自己的益处，因而愿意遵守常规。因此，游戏常规教育的内容离不开引导幼儿理解常规的意义。儿童对规则意义的理解不是直接教学的简单结果，也不是教师反复说教的结果，而是幼儿在实际生活与活动中，通过自身的体验，逐渐认识规则的意义，并学会遵守规则、学会自我控制。比如，在游戏结束后，我们带着幼儿参观角色游戏区，引导幼儿观察被随手丢弃的“护士服”；参观建构游戏区，引导幼儿观察被丢在地面的积木、积塑；让幼儿思考：游戏后不收拾玩具材料，下次玩游戏时怎么办？当幼儿独霸玩具时，我们可以引导其他幼儿说说心里的感受，说说自己是否开心、为什么。总之，在实际活动中，要让幼儿明白，游戏常规的执行不仅对他人有益，也对自己有益，从而让幼儿从心里接受游戏常规。

2. 让幼儿参与常规的制定

在引导幼儿理解游戏常规后，我们应让幼儿参与游戏常规的制定。因为游戏是幼儿最喜欢的活动，幼儿参与制定游戏规则，能充分发挥幼儿的自主性，让幼儿做游戏的主人，提升幼儿的责任感，从而有效地减少幼儿违反游戏规则现象的发生。

常规的制定也应该是源于幼儿的游戏，我们不是要求幼儿闭门造车想出一些游戏规则，而是通过游戏中出现的问题，引导幼儿进行思考并参与游戏常规的制定。比如游戏结束后，在小结时，我们可以把一些使幼儿无法好好玩游戏的问题抛给幼儿，如：怎样做才能让游戏顺利进行？如果有人故意违反游戏规则、阻碍大家继续游戏该怎么办？如果有人独霸玩具，不让其他人玩，怎么办？如果游戏后不收拾玩具，导致玩具材料不见了，怎么办？让幼儿通过讨论，加上教师适时的引导，逐渐明确游戏的具体规则。

很多教师往往习惯了直接规定游戏的常规，然后勒令幼儿遵守。那是因为教师不信任幼儿，不信任幼儿的能力，总担心幼儿无法独立思考，更担心幼儿制定的常规不合适，因此自己包办代替了。教师要做的是等待和信任，放手让幼儿参与常规的制定。等待幼儿是因为他们需要一些时间来思考。当然，由于缺乏经验，幼儿制定的规则，也有可能不合适。这时，很多教师马上出面指出并帮幼儿把不合适的规则进行修改，其实，这何尝不是教师不信任幼儿的表现？教师应能等待并相信幼儿在规则的执行过程中会发现问题，并逐渐自己完善规则。如某班制定室内游戏常规时，他们班的幼儿通过讨论，规定“在教室内玩游戏时不可以说话”。很明显，这条规则过于苛刻了，但教师没有立即出面制止。过了几天，教师在小结时问幼儿：“我们这几天都在玩游戏，感觉到游戏规则都合适吗？”有个幼儿率先指出：“老师，在教室内玩游戏时不可以说话这好难啊，我们都做不到！这条规则改改吧？”这一提议马上得到了其他幼儿的支持。但是，也有幼儿提出：“要是说话了，会吵到别人的。”老师为难了，提出问题：“有什么办法既可以说话，又不会吵到别人？”最后，幼儿一致认同可以小声说话。

3. 利用环境暗示，帮助幼儿熟记常规

游戏常规大多体现在细节之处，且要求较多，很多幼儿往往很快就把游戏常规忘记了。因此，可以利用环境的暗示帮助幼儿熟记常规。环境暗示不仅便于幼儿记住常规，更利于幼儿间的相互监督，利于游戏的顺利进行。首先可以利用环境中的图标帮助幼儿记住常规。图标虽然不会说话，但它会对幼儿产生潜移默化的影响，是帮助幼儿记住游戏常规的有效途径。教师可以通过图标的暗示，把单调的游戏常规直观地再现，通过提示让幼儿理解相应的游戏规则，并内化成常规意识。比如，可在玩具材料框上贴上标志，并在玩具柜放置该玩具的地方也贴上同样的标志，提醒幼儿用完后将玩具材料送回它在玩具柜里的“家”，引导幼儿熟记游戏结束后将玩具材料分类摆放整齐并放回原处的规则；在室内游戏区贴上各种笑脸图标，暗示幼儿与同伴友好合作，愿意与同伴分享游戏材料和经验；在室内游戏区贴上安静的图标，暗示幼儿在室内游戏时小声说话，不影响其他人的游戏等。

另外，教师也可以通过在环境中投放适宜材料的方式，暗示游戏常规，达到“让环境说话”的作用。比如，为了引导幼儿遵守游戏的规则，我们可以采用进门挂牌、控制椅子数及投放适量的同类材料等方法，来提醒幼儿遵守该活动规则。

4. 通过表达赏识，强化幼儿的游戏常规意识和行为

受中国传统观念的影响，成人往往忽略了幼儿的天性，当认为幼儿不听话时，往往倾向于采用的是“惩罚教育”，而很少运用“赏识教育”。惩罚教育采用过多，不仅会打击被惩罚幼儿的积极性，也会给旁观幼儿带来过多的心理负担。因此，教师可善用赏识教育，用多种方式肯定幼儿在游戏中的表现。比如，游戏结束时，教师及时对那些能参与游戏前的准备工作、能在游戏后收拾材料的幼儿进行肯定；把幼儿在建构区合作完成的作品拍摄下来，张贴在建构区，并标注是哪些幼儿合作完成的，引导幼儿感知与同伴友好合作、愿意与同伴分享游戏材料和经验所带来的成就感；把能遵守游戏规则、能学习解决游戏中的问题、能克服困难坚持游戏的片段拍摄下来，利用午餐前的时间，让全班幼儿共同观看，引导幼儿感知遵守游戏规则带来的快乐等。总之，赏识教育用得好，往往容易达到事半功倍的效果。

5. 巧用游戏惩罚

游戏是幼儿园教育的基本活动方式，也是幼儿最喜欢参与的活动，幼儿每天都在玩。基于这一特点，许多教师往往会对一些出现违规行为的幼儿采用暂时取消其参与游戏的机会，以示惩罚。当然，游戏是每个幼儿最基本的权利，所以很多人认为，这种取消游戏参与机会的惩罚剥夺了幼儿游戏的权利，会对幼儿造成伤害。但是，我们也不可回避，惩

罚确实有其自身的作用。由于幼儿的认知能力和自我控制能力的局限性，他们对自身行为缺乏正确的判断和有意识的控制，有时会反复发生影响游戏正常进行的违规行为。在说理无效的情况下，适当采用游戏惩罚，不仅可以有效地矫正幼儿的不良行为，也有利于使其他幼儿明白这些违规行为对集体、他人及自己的危害。

事实上，游戏惩罚如果使用得巧，也可以起到意想不到的效果。游戏惩罚的使用要罚得有理，惩罚要有针对性，本着“惩罚不是目的，而只是手段”的观点，让幼儿感受到“罚”中有爱。因此，我认为，将取消个别幼儿暂时玩游戏的机会作为一种暂时性的教育策略是可行的。如一中班幼儿在角色游戏区把“医院”里的病床反复抛到空中，再看着它掉落在地面上，教师的提醒及后来的批评都无法阻止该幼儿的违规行为。于是，教师不得不取消了该幼儿的游戏活动资格，让其体验不良行为造成的后果，这有利于幼儿从自身的角度认识到自己给他人带来的麻烦。

当然，教师要把握好惩罚的度，要针对不同的幼儿、不同的情况灵活地使用惩罚。惩罚是为了帮助幼儿和同伴都能顺利地进行游戏，因此，教师不能一发现幼儿违反游戏规则就盲目地对其进行游戏惩罚，尤其是当教师面对一些胆小、内向而又缺乏自信的幼儿时，在他们无意中触犯了游戏规则以后，若对他们进行惩罚，会对他们的心理造成极大的危害，甚至会引起这些幼儿对幼儿园的排斥。面对这些违规幼儿，教师可以把违规的情况抛出来，引导幼儿讨论如何弥补，以后该怎么办。而那些明知故犯、经讲道理还是故意违反游戏规则的孩子，则可以对其采用暂时剥夺游戏参与权的惩罚。但是，要让幼儿知道自己被惩罚的原因，也要让幼儿感受到惩罚中的爱。因此，教师要在幼儿冷静后，在其认识到自己的行为对己对人带来的负面影响后，和蔼地与幼儿沟通，建议抱抱他们，并告诉他们："老师之所以惩罚你，不是不爱你，只是不喜欢你刚才的行为，老师永远爱你，不管你做了什么。"

6. 善用游戏后的小结环节，让幼儿关注游戏常规

游戏结束后，教师不仅要注意培养幼儿良好的整理习惯，指导幼儿将玩具材料分类摆放整齐并放回原处，更要对活动过程进行有效讲评，引导幼儿关注游戏的质量，关注游戏常规。

一般来说，教师游戏后的讲评可以从下列几个方面入手：

- 就游戏中幼儿的良好表现进行肯定，尤其是能遵守游戏规则的行为，以发挥榜样的作用。
- 抛出游戏中幼儿普遍存在的问题，引发幼儿的思考，以利于日后类似游戏的开展。比如，在一次游戏中，有个男孩扮演警察，可是游戏结束后，该男孩垂头丧气的，原来由于没有"小偷"，所以警察一直无所事事。于是，教师在小结时抛出这一问题，让幼儿思考。结果，幼儿通过讨论发现，警察除了在警亭值班，还可以到街上巡逻，也可以做助人为乐的事情，这样就不至于无所事事。
- 提出游戏中存在的常规问题，引导幼儿重新审视游戏常规的细节。比如，游戏中很多幼儿大声吵闹，不仅自己无法好好游戏，也妨碍了其他人的活动。教师提出这一现象，请幼儿思考："我们该如何做才能不影响到别人？"这有利于引发幼儿的思考，逐步完善游戏常规的细节。教师在游戏结束时的小结中关注游戏常规的遵守情况，这无疑也会引发幼儿对游戏常规的重视。

（三）问题与思考

案例4-8 快乐剧院

今天，小（1）班的幼儿在教师的带领下玩游戏“快乐剧院”。游戏开始前，教师指派了豆豆担任剧院的售票员，指派乐乐担任银行工作人员，另指派了6名幼儿担任剧院的演员。游戏开始后，教师带着幼儿来到剧院，教师说：“你们等会儿，我帮你们去买票。”于是教师来到了售票处，假装问了问就回来：“我们要先去银行取钱，要取2元，因为票价是2元。取了2元钱后，你们就和老师一起去买票。”在教师的带领下，孩子们一个个都取了钱，买了票，和教师走到剧院里坐好。

幼儿都在观众席上坐好后，教师叫出第一个小演员，让她唱首歌，并把一束花塞给一个小女孩，让她上去献花。小女孩在教师的指挥下懵懵懂懂地上去献花了。过了一会儿，小男孩伟伟走出座位，跑到售票员那里。教师很生气，指着伟伟说：“你既然坐不住，就不要玩了，去旁边坐好，看别人玩！”伟伟怯怯地看看教师，动了动嘴，没说什么，到旁边坐下。过了约半个小时，教师宣布游戏结束。教师说：“今天，小朋友们都很棒！”于是，教师带着幼儿离开了教室，只留下混乱的剧场道具。

游戏应该是幼儿自主的活动，在游戏中，幼儿可以自主地选择自己感兴趣的伙伴、扮演自己喜欢的角色等，正是由于游戏的这些特性，使得它成为最受幼儿欢迎的活动。但是，在游戏的组织过程中，由于教师过多的干预与约束，导致幼儿的需要在活动中得不到满足。教师的干预主要体现为以下几点：

1. 滥用惩罚

在现实生活当中，很多幼儿教师因为幼儿在游戏中的“调皮”行为而在游戏环节滥用游戏惩罚，不让幼儿再参与游戏，以此希望幼儿不再调皮捣蛋。有时候，这样的惩罚是非常见效的。这一点被教师注意到了，也被教师利用起来，作为常规教育的方法。但是，我们应本着“惩罚不是目的，而只是手段”的原则，明确不是为了惩罚幼儿而进行惩罚，惩罚是为了帮助幼儿和同伴都能顺利地进行游戏。可很多教师忽略了这一点，如同上述案例中的教师一样，滥用了惩罚，只是盲目地为了惩罚幼儿而惩罚幼儿。这样的惩罚不仅给被惩罚的幼儿带来了心理上的伤害，更会打击幼儿的自信心。

为什么教师习惯于如此滥用惩罚？这些教师习惯了所谓的“师道尊严”，认为幼儿就该听话，不听话就要惩罚。在上述案例中，伟伟仅仅因为走出观众席，就受到了惩罚。教师可能没有想过，这样的惩罚对伟伟来说是否合适。伟伟之所以走出观众席，可能是该游戏对他而言太过无趣。他的行为并没有影响到其他人，也不会给正在进行的游戏带来破坏力，为什么要受到惩罚？难道只是因为他不听教师的话？

2. 常规教育剥夺了幼儿游戏的自主权

幼儿游戏常规中有这么一条：“能自主选择游戏内容、材料、同伴、角色、场地等，自主选择进行游戏。”但是，在现实生活中，教师的常规教育不仅不能引导幼儿做到自主选择游戏内容、材料、同伴、角色等，反而剥夺了幼儿游戏的自主权。如在上述案例中，教师在游戏前指派了售票员、银行工作人员、剧院演员，若有人不满意教师的分配，主动要求担任某一角色时，教师的答复往往是：“下次请你做。”这只是一种敷衍。同时，由于担心幼儿不会玩游戏，教师干脆直接演示如何玩这一游戏。这并不是偶然现象，我们在很多幼儿园都见过类似的情景，这不得不引起我们的深思。

我在和部分教师的访谈中发现，教师之所以剥夺了幼儿的自主权，硬性安排游戏的角色、材料、内容等，主要是因为教师怕乱，怕由于角色的分配、材料的选择等，导致幼儿出现冲突，比如几个人都想当医生，可是只有一件医生的衣服，那必然会让几个孩子面临冲突，他们可能会吵起来，可能会闹，甚至可能会为此而打架。为了避免冲突出现，教师干脆直接硬性分配，不满意的幼儿也只能屈服在教师的权威之下。试想，教师把自主权都剥夺了，那还能是真正意义上的游戏吗？我们把所有发生冲突的可能性都抹掉，很多需要在冲突中学会的社会交往技能也就被抹掉了。习惯于听从教师安排进行游戏的幼儿只能算是傀儡，他们在游戏中又能获得怎样的发展呢？

3. 教师的小结过于敷衍

游戏后的有效讲评不仅能帮助幼儿重视游戏规则，增强幼儿的成就感，更能引导幼儿学会反思游戏中的不足之处，为下次更好地开展游戏奠定基础。但是，在游戏结束时，很多教师往往一笔带过，仅仅有一两句简单的表扬而已。如上述案例中的教师，仅仅说了一句“今天，小朋友们都很棒”就结束了游戏。幼儿哪里“棒”？我想，孩子们自己可能都不知道吧。

4. 教师缺乏游戏常规意识

教师也是集体的一员，教师对待游戏常规的态度会直接影响到幼儿的行为。很多时候，教师往往是通过自身对游戏常规的重视来引发幼儿相同的关注。但是，在日常游戏过程中，我们发现，很多教师自身的游戏常规意识缺乏。一些教师在游戏前从未让幼儿动手参与游戏前的准备工作，担心幼儿会弄乱东西，往往是如此交代："你们在旁边等，别乱动。"教师没有制定或引导幼儿参与制定游戏常规，因此幼儿根本不知道在室内游戏时要轻声说话，不影响同伴；在游戏过程中，没有轻拿轻放材料、出现损坏玩具材料的行为时也得不到教师的提醒；幼儿游戏结束后，教师也没有提醒幼儿将玩具材料分类摆放整齐并放回原处……教师没有游戏常规意识导致了幼儿缺乏游戏常规意识。

教师之所以会缺乏游戏常规意识，主要是因为教师没有充分认识到游戏对幼儿发展的意义，单纯地认为游戏就是让幼儿玩、让幼儿快乐，而没有看到游戏常规在培养幼儿方面的意义。

5. 游戏常规的执行过于呆板

游戏常规要求幼儿在游戏过程中能遵守游戏的规则。但是，很多时候游戏常规的执行往往过于呆板，教师往往要求幼儿遵守教师认定的游戏规则。我们来看一个案例：

案例 4-9　热闹的"自助营养配餐区"

游戏活动开始后，由于教师投放了新材料，"自助营养配餐区"马上吸引了幼儿的注意力，立即招满了服务员。过了一会儿，客人买好票就可排队到自助营养配餐区自己配置营养餐。很多幼儿都喜欢来这里自助配餐，因为这样既能体验成功还能尝试新的玩具材料。所以，门口排起了长长的队伍，而在里面配餐的小朋友又迟迟不肯出来，导致配餐区的服务员、正在配餐的幼儿和排队的幼儿发生矛盾，服务员让配餐的幼儿离开，正在配餐的幼儿理直气壮地说："我还没配好餐呢，不走！"而排队的幼儿等得很不耐烦了。于是，教师走了过去："吵什么？在这里玩就是要排队的！”

在上述案例中，由于“自助营养配餐区”内的幼儿过多，而在区域外排队的幼儿等得不耐烦了，教师就直接命令孩子继续排队。可见，教师在执行游戏常规的过程中缺乏灵活性。试想，幼儿迟迟不肯出来，主要是因为玩的需要没有得到满足，这才导致在外面排队的幼儿产生不耐烦的情绪。此时，教师可以灵活地改变该游戏区的规则，如可以向幼儿建议“在外面开个分店，排队的人可以到分店去”，“在商店外增加桌子，排队的人可以在商店外配餐”，等等。这样一来，幼儿的矛盾就得到了解决。

三、集体教学活动中的常规教育

集体教学活动指由教师根据一定的教育目标选择相应的教育内容，通过集体或分组的形式带领幼儿开展的有计划、有目的地传递一定知识、技能的活动。集体教学活动是幼儿园教育活动的一种重要形式，理想的集体教学活动可以实现师幼互动，实现幼儿的有效学习以及教育内容内涵的整合。

（一）集体教学活动中的常规要求

集体教学活动中的常规要求指的是幼儿在集体教学活动中应遵守的规则，这有利于幼儿养成良好的学习习惯，主要包括以下内容：

- 在集体教学活动时逐渐转入安静状态，喜欢参加集体教学活动。
- 在教师的指导启发下，能积极思考，大胆想象，能用适中的音量，大方地表达自己的想法，逐渐养成动脑、动手和手脑并用的习惯，能坚持完成活动任务。

- 坐姿自然端正，学会安静地倾听、等待，不随意打断别人的讲话。
- 逐步树立合作意识，愿意和同伴一起，商量解决活动中遇到的问题，共同完成学习任务。
- 未经允许，不能随意摆弄桌面的学具、学习用品。

（二）集体教学活动中的常规教育

集体教学活动中的常规教育并不是教师勒令幼儿该怎么做，不是着眼于如何让幼儿听话，而是着眼于幼儿主体性的提高。可以这样说，集体教学活动中的常规规范着幼儿的行为，但其常规教育的出发点和目的是保障幼儿的自由发展，通过合理的常规，为幼儿的自由发展提供一个良好的教学秩序空间，使幼儿养成良好的学习习惯。

1. 在一次次违规行为后引导幼儿制定常规

若把集体教学活动的常规直接灌输给幼儿，并强制幼儿执行的话，幼儿很难体会到这些规则与他们自身的需要有何关系，这样很难真正养成幼儿的内化规则意识。因此我们不能简单地将集体教学活动常规作为教师的要求强加给幼儿，并且通过命令、惩罚等方式强迫幼儿去遵守，而是要把常规的制定看作幼儿主体意识的反映与内在需要。我们不能在集体教学活动前罗列出各项常规要求，而应该在问题出现后，引导幼儿在感知体验中体会到集体教学活动常规的意义，对集体、同伴与对自身的意义，在此基础上引导幼儿自己制定集体教学活动常规。

总之，仅凭外在的因素，这样的自我约束很难长时间地持续下去，只有当这种常规内化为幼儿的自身需要时，常规的遵守才会变成自觉的行为。比如集体教学活动常规要求“学会安静地倾听、等待，不随意打断别人的讲话”，一开始教师没有直接命令幼儿这样做，而是在问题出现后，教师让幼儿回忆：刚才××在发言的时候，有小朋友一直在插话，打断别人的发言，结果怎么样啦？（谁都没法发言）再请幼儿思考：若自己发言的时候，别人一直在插话，打断自己的发言，我们自己会开心吗？为什么？通过活动中的自身感知体验，首先引导幼儿体会到当别人发言时随意打断别人给集体活动、同伴和自己带来的危害，感知该规则的意义；然后再引导幼儿思考：“那么，其他人发言的时候，我们应该怎样做？”在教师的带领和引导下，幼儿自己制定活动常规。总之，只有将规则看作幼儿主体的一种内在品质，将规则还原成儿童主体的兴趣和需要，激发幼儿对规则的内在动机，我们才能真正让幼儿实现对规则的内化。

2.满足幼儿自我表现的需要，尽量减少幼儿的违规行为

在集体教学活动过程中，幼儿的违规行为很多时候都和自我的需要无法得到满足有直接联系，尤其是自我表现的需要没有得到满足。比如，在上课时，幼儿由于自我表现的需要没有得到满足而打断别人的话，因为他们自己也想说；幼儿不会安静地等待，是因为自己也想亲自上场表现；幼儿在集体教学活动时无法逐渐转入安静状态，是因为幼儿想说的话还没有说完……因此，要减少集体教学活动时的违规行为，教师不是要考虑如何指挥幼儿，而是要深思“幼儿不听话的深层原因是什么”。

在集体教学活动中，教师应关注到所有幼儿的表现及需要。如在提问时，应尽可能既有面向个别幼儿的提问，也有面向全体幼儿的提问；在上课中，安排所有幼儿都能参与的操作环节等，从多方面确保每个幼儿都能有自我表现的机会；教学形式采用集体、小组、个别活动相结合，关注幼儿的个体差异性等。忌讳的是，教师总是请那些自己喜欢的幼儿发言、操作，而忽视了其他幼儿，这样的忽视只会让那些无法得到表现的幼儿采用“违规”的行为来获得教师的关注，无意间增加了上课活动中的违规现象。

3. 针对幼儿的违规行为，调整教学活动的组织

在上课中，幼儿的违规行为不仅与自我表现的需要得不到满足有关，也与集体教学活动设计与组织的不适宜有关。比如，幼儿在集体教学活动时不能安静地参与活动，可能是教师所选择的教学内容不适合幼儿的需要；幼儿对活动中的动手、动脑不感兴趣，可能是任务无法引起幼儿的兴趣；幼儿无法安静地倾听、等待，可能是活动没有体现动静交替的原则，幼儿在位子上呆坐的时间太长；幼儿屡屡不听从教师的要求，是因为在活动中无法获得成就感等。

因此，教师在面对幼儿不断出现的违规行为时，不宜一味地指责幼儿，而应反思：该集体教学活动的设计与组织是否符合幼儿的需要？若不符合，该如何做出调整？一般来说，当幼儿不断出现违规行为时，教师首先要考虑教学活动内容是否符合幼儿的年龄特点，是否过难或过于简单，教学内容的选择是否基于幼儿的已有经验，教学目标的制订是否符合幼儿的年龄特点，教学活动的组织是否体现幼儿爱游戏的天性需要，教学活动过程的设计是否依据“动静交替”的原则，教师选择的教学方法是否符合幼儿的年龄特点与需要，等等。

4. 排除环境中的干扰因素，防范未然

由于年龄特点，幼儿的注意力难以集中太久，且经常容易受到外界因素的影响，因此，教师可以尽量排除环境中的干扰因素，做到防范未

然。比如，活动室的布置不宜过于繁杂凌乱，教师不穿过于突兀、耀眼的服装等。

案例 4-10 尴尬的时刻

一位年轻的教师在组织小班科学活动“袜子配对”时，穿着一双平时人们很难见到的鞋子，这双鞋子一只是白色的，一只是黄色的。当幼儿在教师的引导下理解了“两只颜色一样、形状一样、大小一样的袜子是一双袜子”后，幼儿的目光开始在教室内四处搜索，找找身边还有什么是可以称为“一双”的物品。当一名幼儿注意到教师脚上特殊的鞋子时，马上喊道：“老师，你穿的不是一双鞋子！”这一叫声引来了其他幼儿七嘴八舌的发言：“是啊，老师穿错鞋子了！”该老师看到活动秩序乱了，但不知道该如何应对这突发的情景，只好赶紧声明：“请安静，我们看看自己穿的是一双袜子吗？”可是，幼儿的注意力还是停留在教师的鞋子上，无法安静下来。

在上述案例中，活动之所以无法继续，主要是因为教师奇特的鞋子分散了幼儿的注意力。试想，若教师在组织活动前能注意自己的穿着，幼儿也就不会发生这类违规行为了。

5. 尊重幼儿好奇、好问、好动的天性，宽容地对待幼儿的违规行为

幼儿在集体教学活动中的违规行为往往是由于其天性好奇、好问、好动所致。

案例 4-11　小班故事教学活动“拔萝卜”

教师在给小班幼儿讲述故事《拔萝卜》时，当讲到“嘿哟、嘿哟，拔不动”时，很多幼儿站了起来，也模仿教师的动作，嘴里不时发出“嘿哟、嘿哟”的模仿声。教师看了看孩子，没有批评孩子们，也没有勒令孩子们坐下安静听故事，而是笑了笑，鼓励孩子们：“哎呀，萝卜好像好难拔，你们帮老师一起拔吧！”于是，教师和孩子们一起模仿着拔萝卜的动作，并有节奏地辅助“嘿哟、嘿哟”的喊声。过了一会儿，教师说：“萝卜还是没有拔起来，你们再听听，又会发生什么事情呢？”孩子们一听，马上安静地坐下来，继续听故事。

幼儿在听故事的过程中，离开了自己的位置，并模仿老师拔萝卜的声音，是因为好模仿的天性使然，教师没有直接勒令孩子们坐回位置，而是请孩子们和教师一起“拔萝卜”，是因为教师注意到，幼儿之所以开始坐不住了，是因为他们一直坐着听教师讲述故事，有点不耐烦了，想动一动。于是，考虑到幼儿的天性，教师宽容地看待幼儿的“违规行为”，并巧妙地安排时机让幼儿动一动，满足了他们爱模仿的需要。

6. 善用游戏方式培养幼儿的规则意识

游戏是最受幼儿欢迎的活动，因此，教师往往也会使用游戏的形式培养幼儿的规则意识。教师一般采用游戏的口吻和孩子们一起参与到活动中，让他们在玩中体验到规则的重要性并树立自身的规则意识。

案例 4-12　音乐盒

上午大班的集体教学课是音乐课。老师请一个孩子到上面示范演唱。为了让别的幼儿仔细倾听，不发出别的杂音，于是老师在孩子领唱前说："现在啊，我们每个宝宝都是一个音乐盒，刚才每个音乐盒都发出了美妙的声音，现在我请大家都把音乐盒关掉，让青青小朋友的音乐盒打开，大家说好不好？"小朋友们都很安静地听了青青的领唱，老师问道："青青唱得好听吗？"小朋友们异口同声："好听。"老师接着说："青青唱得好听，其实是你们帮了她，因为你们都把自己的音乐盒关掉了，没有其他不好听的声音发出来。"幼儿们听了都很高兴。后来有一个幼儿唱歌时发出的声音不整齐，老师对他说："这个宝盒坏掉了，我要把它关掉，要不要？"该幼儿摇摇头。于是老师又说："这个音乐盒修好了，可以发出声音了。"果然这名幼儿后来不再发出怪声，跟着大家整齐地唱歌。

（傅芳芳，2011）

在上述案例中，教师请一个孩子上前示范演唱，其他的孩子势必要枯坐在下面听，这一活动环节很容易出现幼儿无法克制自己的现象。因此，教师出了一个"音乐盒"的点子，让每个孩子都化身为"音乐盒"，掌控自己的开关。而当有的幼儿发出怪声时，教师幽默地回应："音乐盒坏掉了。"教师正是用幽默的口吻、游戏的形式，让幼儿逐渐调节自己的行为，也体验到活动中自己的违规对集体的影响。

（三）问题与思考

案例 4-13　小班教学活动"捉迷藏"

今天，李老师组织小（1）班的散文诗教学活动"捉迷藏"。上课前，教师组织幼儿围坐成马蹄形后，随即提出上课的要求：上课的时候小手放在膝盖上，不举手不可以说话，不能随便插话，眼睛要看着老师，坐在位置上不能乱动。

幼儿坐好后，教师即开始播放背景视频并有感情地朗诵散文诗《捉迷藏》。由于散文诗太长，一会儿，有些小朋友的手就无法安安稳稳地放在膝盖上，教师马上停止散文诗的朗诵，并严厉地看着那些手没有好好放在膝盖上的幼儿："手放好！"所有的幼儿立即回应："我放好！"

就目前而言，集体教学活动常规往往还存在一些不足之处，不仅不利于幼儿主动遵守集体教学活动的常规，也不利于幼儿心理健康的发展。集体教学活动常规教育存在的主要问题包括以下几点：

1. 教师凭个人爱好擅自定常规

考虑到幼儿的自主性，班级课堂常规应该是民主程序下的产物，是在出现一次次影响到集体教学活动的违规行为后，教师与幼儿共同讨论、协商的结果。但是，部分教师往往仅凭个人的评价观或自身的喜好，擅自制定集体教学活动常规，甚至是经常仅凭个人的好恶临时更改集体教学活动常规。教师采用的是"宣布上课常规——强制幼儿执行——正负面强化"的形式训练幼儿。在上述案例中，教师也是直接在上课前先宣布自己决定的上课规则，当幼儿出现违反规则的行为时，马上给予制止。这样的常规教育无法让幼儿产生对规则的认同感，只会导致幼儿产生厌恶、抵触情绪。这样的常规教育培养的不是有自主性的人，而是一群听话的傀儡。

2. 上课常规过于苛刻

在很多教师看来，上课是非常严肃的，上课的环境中不应有任何的杂音。因此，很多教师对幼儿的坐姿及安静听讲要求异常苛刻，甚至有些教师要求课堂要安静得“可以听到一根针掉到地上的声音”。因此，很多课堂常规往往苛刻到超出幼儿能接受的范围。如在上述案例中，要求幼儿在上课时把手放在膝盖上，要求幼儿不可以插话等。试想，幼儿只要不影响其他人的学习，他（她）的小手是放在膝盖上还是自然垂放，应该没有什么区别，而教师却勒令幼儿严格遵守常规，否则会招来教师严厉的眼神。至于上课不能插话的规定，教师提出这一要求，考虑到的只是便于自己管理。

其实，在课堂上允许幼儿插嘴、发表自己的意见，这一貌似平淡无奇、按教育理论的眼光来看极为平常的现象，已经成为世纪之初教育界的一大话题。这样的“纵容”不仅利于师幼间良好互动关系的建立，更利于幼儿自主性的发展。

四、区域活动中的常规教育

幼儿园区域活动作为一种幼儿自我学习、自我探索、自我发现、自我完善的活动形式，已成为对幼儿进行全面发展教育的有效手段。但是，幼儿在区域活动中对常规的执行情况直接影响到区域活动开展的质量。

（一）区域活动中的常规要求

在区域活动中，主要的常规要求包括以下内容：

- 玩具材料用后放回原处并整理好。
- 收拾好垃圾，放到垃圾桶里，保持活动区域的卫生。

● 能遵守各个活动区的规则，不影响其他人游戏。

● 愿意主动、积极地活动，能与同伴友好地玩。

（二）区域活动中的常规教育

区域活动由于其材料的丰富性、幼儿自主选择权的多样性，使其受到了幼儿的欢迎。区域活动中的常规教育主要体现为以下几点：

1. 让幼儿自主参与区域活动常规的制定与修订

区域活动常规的制定，应该是幼儿与教师共同参与制定的过程，尤其是中、大班幼儿，他们有能力进行区域活动常规的制定。比如，当教师创设了图书区后，我们可以把在图书区看书时遇到的问题抛出来，引导幼儿集体讨论“在图书区看书要遵守哪些规则”。这样的常规制定形式，不仅能从幼儿的角度出发，商量出适宜的规则，也利于培养幼儿敢于表达自己看法的意识。

当然，幼儿由于缺乏经验，所制定的规则可能会存在一些不合适之处，有些教师会马上着急地出面说明哪些规则不合适，然后帮幼儿修改。其实，我们应该相信幼儿的能力，学会耐心等待，让幼儿在常规的执行过程中，自己去感受有哪些规则不适宜，我们应把修订规则的权利也交回给幼儿。如某班幼儿经过商量后，制定了这么一条图书区的规则——“进入图书区后不可以发出声音”，教师发现了，知道该年龄段幼儿的自控能力较差，若执行这一规则，会出现很多违规的幼儿。但教师没有出声，而是让幼儿在区域活动中自己去感知。两天过去了，果然有孩子提出：“在图书区不可以发出声音，好难的。”“对哦！对哦！”该幼儿的话马上引发了其他幼儿的赞同。可是，也有幼儿提出：“若在图书区大声说话，会影响到别人看书的。”幼儿陷入了两难境界，教师及时提出：“那有什么办法既可以发出声音，和别人交流，又不影响到其他人看书？”孩子们经过讨论，决定把“进入图书区后不可以发出声音”改成“进入图书区后，小声说话”。这一规则得到了全体幼儿的认可，教师也放心，自从修订规则后，幼儿违规的现象明显减少了。

2. 帮助幼儿合理呈现各个区域的常规

一般来说，教师在班级中创设的区域往往较多，如图书区、建构区、表演区、手工区等等，每个活动区的常规制定出来后，过了几天，幼儿往往就忘得差不多了。因此，幼儿讨论出活动常规后，教师要帮助幼儿以直观的方式把规则内容记录下来，并张贴于对应的活动区。成人通常以文字形式进行记录，但这样的记录方式过于抽象，不适合幼儿。幼儿的记录方式往往较为直观，一般可以图形、图画或结合文字等方式进行记录，这符合幼儿的理解水平。比如，在图书区规则的制定过程中，当幼儿讨论后，教师就幼儿讨论的结果进行归纳，和幼儿一起，以图形、图画等方式进行记录，如以“一双手拿着书”的图画表示“看完书后把书放回去”，以“五双小脚丫”代表“每次只能进入五人”等。教师帮助幼儿把常规记录下来，对常规的执行起着非常重要的作用。幼儿在活动时，记录的规则能提醒他们进行自我约束，也有利于幼儿间的相互监督。

3. 及时反馈，不断强化幼儿的常规意识

活动区常规一旦制定出来后，应立即执行。在执行的过程中，教师应注意对幼儿遵守常规的情况给予及时的反馈。如，在每次区域活动结束后，教师可以小结幼儿在区域活动中遵守规则的情况，这样的做法能引导幼儿关注规则。幼儿好模仿，榜样对他们的作用不可忽视，因此，在小结环节，可以把一些能自觉遵守规则的幼儿树为榜样。

在区域活动中，我们会发现有一些自我控制能力较差的幼儿，他们自觉遵守常规的意识往往较差。因此，在区域活动中，教师要考虑到常规执行的个别差异性，对那些暂时无法自觉遵守活动区规则的幼儿多给予提醒和肯定，当他们有进步时，不要吝啬表扬，避免区域活动常规教育的一刀切现象。

4.善用幼儿间的相互监督

很多教师发现，到了中班后，幼儿的告状行为明显增加。可以说，爱告状是幼儿表现出的带有普遍性的行为特征，许多家长和教师为此发愁，担心孩子的思想品德有问题。但是，从另一个角度看，幼儿之所以爱告状，是因为幼儿开始关注周围的规则，开始关注同伴在活动中遵守规则的情况。可以说，爱告状也反映了儿童已经初步形成了判断是非的能力。但孩子毕竟是幼稚的，其幼稚表现在他们还不能把这种能力用在自我判断上，而总是把眼睛盯着别人，他们揭发的别人的行为往往也是自己在做的行为。在区域活动中，我们常常看到这样的告状："老师，××没有收拾玩具"，"老师，××在手工区，没有收拾地面的垃圾"，等等。

告状会导致同伴关系的紧张，不管幼儿的告状行为属于哪种类型，幼儿经常性地告状都会导致被告的一方产生怨恨心理，导致不友好的同伴关系。因此，教师应正确对待幼儿的告状，有针对性地加以引导，帮助幼儿获得更多的友谊。如，当幼儿前来告状"老师，××没有收拾玩具"时，教师可以引导幼儿学会用告状以外的方式处理问题，比如对幼儿提出问题："哦，你发现他没有收拾玩具，作为他的好朋友，除了向老师告状，你还有什么方法帮助他？"这样可以引导幼儿，在发现同伴有了违规行为后，可以通过提醒、帮助同伴一起善后等方式解决问题。

这样一来，幼儿既不再依赖告状，又会赢得小伙伴的友谊，也有利于区域活动常规的执行。

（三）问题与思考

案例4-14　手工区常规的出现

中（1）班的小朋友特别高兴，因为班上增设了一个手工制作区。看着活动区内各种各样的材料，很多孩子已经跃跃欲试。于是，教师把问题抛给孩子："我们的手工区不是很大，进入手工区要遵守哪些规则？"接过教师的问题，孩子们开始发言了，有幼儿提出："每次进入手工区的人不能太多。"这一规则马上得到了回应："对的，不能多。"教师马上说："对，就每次进去5个人。还有呢？"

在教师的组织下，手工区的常规制定好了。当天，随即有幼儿进入手工区。当孩子们专心于手上的活动时，乐乐告状："老师，芊芊在桌面上画画！"教师走了过去，指着芊芊说："你，起来，去旁边坐着，不要画了。"芊芊委屈地站了起来……

区域活动常规制定的主体应该是幼儿，在活动常规的教育过程中，要体现对幼儿主体性、个性的尊重。但是，在现实生活中，我们经常看到类似上述案例中的现象，这也反映出区域活动常规教育的各种不足。

1. 幼儿制定区域活动常规的权利被变相地剥夺了

尽管已经意识到幼儿参与规则制定的重要性，但幼儿的参与在很多时候还是流于形式。如在上述案例中，教师把问题抛给孩子："我们的手工区不是很大，进入手工区要遵守哪些规则？"教师似乎把手工区常规制定的权利交给了幼儿。但是，当有幼儿提出“每次进入手工区的人不能太多”时，教师马上直接拍板——“就每次进去5个人”。在这一过程中，表面上看来幼儿是常规的制定者，但常规的制定其实是在教师的操纵下进行的，教师只是把自己的意愿通过孩子之口说了出来，真正在起作用的是教师，而不是幼儿。

2.滥用惩罚，随意剥夺幼儿的活动权利

在区域活动过程中，幼儿的违规行为往往较多，面对幼儿的违规行为，教师应该能及时给予指导，并反思常规是否合适。但是，部分教师滥用惩罚，动辄取消违规幼儿的活动权利，让幼儿坐在一旁观看，如同上述案例中的教师一样。幼儿由于自身的特点，容易出现违规行为，粗暴的惩罚不可能让幼儿从内心接受常规，只会引起幼儿对常规的抵触情绪。

五、节日活动中的常规教育

“过节”一直深受幼儿的喜爱，热闹的氛围、丰富的活动内容对幼儿有着极大的吸引力。对于幼儿来说，常见的节日活动主要有“五一”国际劳动节、“六一”国际儿童节、中秋节、元旦、春节、元宵节、国庆节、清明节、端午节、毕业典礼等。这些节日活动往往也是幼儿园的重要课程资源，发挥着娱乐、教育等多重作用。

（一）节日活动中的常规要求

在节日活动中，主要的常规要求包括以下内容：

- 对节日活动感兴趣。

- 愿意和教师一起进行节日环境的布置和节日活动的安排。
- 主动和同伴一起开展节日活动。
- 有基本的安全意识，不远离家长和教师的视线范围。
- 节日活动结束后，主动和教师、同伴一起进行场地的收拾清洁工作。

（二）节日活动中的常规教育

各种各样的节日活动，不仅能发挥自身的教育功能，也让儿童在参与活动的过程中身心愉快，充分享受童年的欢乐，释放出童年的天真。因此，幼儿园节日活动的常规教育也显得尤为重要。

1. 帮助幼儿了解节日活动，激发幼儿参与节日活动的兴趣

对各类节日的来源、象征意义、纪念意义及有关该节日活动的基本常识的基本了解，是幼儿对节日活动感兴趣的前提，也是教师开展各类节日活动要达到的基本目标。不同的节日，其来源、象征或纪念意义各不相同，教师可以通过多种形式的娱乐活动、教育活动，让幼儿知道相关节日活动的基本常识。端午节是我国的一个传统节日，有着独特的风俗，如吃粽子、赛龙舟、挂香袋等庆祝活动。为了帮助幼儿了解端午节，教师可与幼儿一起结合视频，倾听屈原的故事，初步了解端午节的来历。然后，教师带着幼儿来到田野上摘艾草，并观察艾草的颜色，闻闻艾草的味道，教师介绍艾蒿的几种扎法与挂艾蒿的功效；还可以带领幼儿外出观看划龙舟比赛，走出幼儿园看看别人如何过端午节；还可以带着幼儿观摩别人如何包粽子，并自己动手尝试包粽子等。

2. 体现幼儿的主体性，引导其主动参与节日活动

在节日活动中，我们希望幼儿愿意和教师一起进行节日环境的布置

和节日活动的安排，主动和同伴一起开展节日活动。但是，很多时候，幼儿往往被动地等待教师布置该做什么及玩什么，主动性的缺乏往往导致了幼儿参与节日活动的意愿不高。

因此，幼儿园节日活动要考虑到幼儿的参与性，尤其是要保障幼儿能全过程地参与，即在活动的设想、筹备、开展、活动的反馈与评价等过程中，都要体现幼儿的参与，体现幼儿的主体性。比如中秋节，可以先让幼儿和教师、家长一起查阅有关中秋节的资料，在初步了解中秋节基本常识的基础上，请幼儿与父母搜集与中秋节相关的图片、影像资料、文字资料、实物（如月饼包装盒）、以往庆祝中秋的纪念照片和录像等；与教师讨论如何布置我们自己的教室，如何过中秋。当设想成型后，教师和幼儿一起动手布置环境，安排活动。在这个过程中，幼儿成为了节日活动的主人，不再是活动中的旁观者或看客。通过和教师一起商量节日环境的布置、参与具体活动的设计，包括在节日活动中的亲身体验、与同伴的交流等，幼儿获得的收获往往更大，节日活动的价值也能得到更好的发挥。

3. 强调安全教育，确保幼儿的安全

节日活动的组织，很多时候并不局限于在教室内，如“六一”国际儿童节，幼儿园往往组织全园的游园活动；很多时候，家长也参与到幼儿园的节日活动中来，幼儿园内的人数暴增；甚至是把孩子带出幼儿园，到园外庆祝节日等。总的来看，在节日活动中，幼儿的活动范围扩大，幼儿园内的人数明显增多，甚至使得幼儿园处于开放状态，这无疑给幼儿的安全带来了诸多隐患。

因此，在节日的常规教育中，要突出对幼儿的安全教育，使幼儿有基本的安全意识，不远离家长和教师的视线范围。单纯的说教对幼儿的影响不大，教师可以将真实的案例展示给幼儿，让幼儿知道远离家长和教师的视线范围不仅容易受伤，更容易走失。请幼儿想想：若自己走失了，再也看不到家人，心里会如何难过？总之，教师应通过适当的环境创设，让幼儿感知走失后幼儿心中的恐慌与害怕，帮助幼儿理解不远离家长和教师视线范围的重要意义，从而愿意主动遵守规则。

4. 满足幼儿的成就感需要，促使幼儿主动遵守节日活动常规

幼儿对常规的遵守，往往是源于自身成就感的体验。因此，节日活动常规教育要善于引导幼儿感受到节日活动给自己带来的成就感，这就需要教师和家长关注幼儿在节日活动过程中的表现，而不仅仅是关注活动结果，比如引导幼儿感受参与策划、布置节日环境带来的成就感。我们可用镜头捕捉幼儿在节日环境布置中的花絮，用镜头记录环境布置后的成果，张贴在外班教师、外班幼儿及家长能看到的地方；我们请幼儿做小记者，采访家长，请家长给孩子布置的环境、设计的活动进行评价；我们请幼儿做主人，向家长介绍班级节日环境布置的想法等。可以通过各种活动，引导家长和幼儿把注意力由单纯地关注活动的结果转向关注节日活动中幼儿的创意、幼儿的投入。

教师和家长要事先做好沟通，双方均要及时肯定幼儿在节日活动中的想法，及时肯定幼儿的进步，帮助幼儿体验到节日活动中自身的成就感，这在很大程度上能带动幼儿自发地遵守节日活动常规。

（三）问题与思考

案例 4-15　缺乏吸引力的节日

开学不久，中（1）班的教师们开始忙碌了，由于中秋节快到了，

大家都忙着进行中秋节活动的组织。教师和孩子们一起用彩色气球装饰了教室。中秋节这一天，孩子们带来了各种零食，大家一起快乐地分享了一番。很多天过去了，又迎来了元旦节，教师还是和孩子们一起在教室里装饰了很多气球，又举行了一次食物分享和才艺展示活动（唱歌、讲故事、跳舞）……不久，有幼儿私下聊天："每次过节都是先表演一下，然后吃东西，好像也不太好玩。"

节日活动应该是最受幼儿欢迎的活动之一，但是，由于节日活动开展的单调性，导致了节日活动魅力的缺失。

1. 节日主题不突出，失去了对幼儿的吸引力

不同的节日活动，其性质和主题也会有所不同，在活动的设计和组织上也应有所差异。如"六一"国际儿童节活动的主题可以定位于"快乐儿童"，活动安排考虑到每一个幼儿的表现机会，内容多为表演唱歌、舞蹈、朗诵、绘画等；而"五一"国际劳动节，设计与组织的活动则更多地紧扣"劳动"这个主题，组织幼儿开展各种有趣的动手活动等。但是，部分教师没有注意到这一点，如上述案例中的教师，把所有的节日活动主题均定位于分享、品尝，开展的活动大同小异。一方面，教师对活动的设计组织失去了热情；另一方面，幼儿也由于反复重复类似的活动而失去了对节日活动的兴趣。

因此，教师在设计组织节日活动时要明确节日活动的主题，不同节日的活动，其环境创设、活动内容均随着主题的不同而不同。

2. 忽略了幼儿的全程参与性，导致幼儿的积极性不高

在传统做法中，节日活动的组织和设计被认为是教师的事情，教师想到的往往是：我要怎样布置环境？用什么来布置环境？让幼儿参与哪些具体的活动？因此，教师往往是自己拿主意，然后指挥幼儿动手。有一次，我问一幼儿："你们在忙什么？"幼儿回答："过两天是中秋节，老师叫我们布置教室。"我追问："你们想把教室布置成什么样子？在教室里装饰什么？"该幼儿立即回答："我们不知道。"这样的现象在幼儿园并不是偶然现象，的确，很多幼儿都是在教师的指挥下往墙上贴东西，往窗台上摆东西。此刻的幼儿不能称为主人翁，充其量只是教师手中的傀儡。正是主人翁意识的缺乏，导致幼儿对活动的积极性不高。

六、来园活动中的常规教育

来园活动是幼儿在园生活的开端，此项工作做好了，有利于幼儿在园更好地适应幼儿园一天的生活。

（一）来园活动中的常规要求

在来园环节，主要的常规要求包括以下内容：

- 衣着整洁，按时、愉快来园。
- 有礼貌地向教师、小朋友问好，和家长说再见。
- 能按要求带齐当日所需的生活、学习用品，懂得不带危险品来园。
- 主动参与晨间活动或劳动，能与同伴友好相处。
- 愿意接受晨间检查，并懂得身体不舒服时告诉保健医生或老师。
- 中大班幼儿能主动学做值日生，有初步的集体意识和责任感。

（二）来园活动中的常规教育

1. 积极鼓励，强化幼儿良好的来园习惯

由于受情绪的影响，部分幼儿来园时往往不肯参与活动或无法愉快来园，因此教师可以根据幼儿的个体表现，使用积极的鼓励与肯定，强化这些幼儿的良好行为。对于一些稍微内向或带着情绪来园的孩子，一旦他们产生积极的行为，比如主动向教师和同伴打招呼，就要当着全班幼儿的面给予鼓励表扬。幼儿早上入园后，参与晨间活动、区域游戏，或是进行劳动时，教师要细心观察，对认真的幼儿也要给予及时的肯定，这有利于幼儿良好入园常规的强化。

2. 满足幼儿安全感的需要

在来园环节，幼儿的违规行为主要有：无法按时、愉快来园，甚至是哭闹，不肯来园；即使是来到幼儿园后，由于情绪的影响，也不愿意与教师、同伴打招呼，更谈不上与家长说再见了；不愿意主动参与晨间活动或劳动，有些幼儿甚至是死命地抱住家长，哭喊着不肯放手。幼儿之所以屡屡违反来园常规的要求，自身安全感的缺乏是主要影响因素之一。由于幼儿园陌生的环境、对教师及同伴的不信任等因素，导致小班幼儿在园安全感的缺失。而中大班幼儿虽然已经习惯了幼儿园的环境，但教师的严厉、环境的布置等方面也会给幼儿带来不安全的感觉。因此，要从根本上消除幼儿来园活动的违规行为，幼儿安全感的保障是关键。

幼儿的安全感来源于教师与同伴的爱，严肃、刻板及冷漠的教师往往容易使幼儿产生心理压力，因此教师应该以活泼开朗的形象接待幼儿来园，给予幼儿无条件的爱与关注。教师对幼儿的无条件的爱与关注不

仅是幼儿安全感的来源，也是幼儿自爱、自信、自尊的源泉，是激发幼儿成长所需要的前提条件。所谓的无条件的爱与关注，指的是不管何时何地，不管幼儿的行为结果如何，教师都要给予积极的关注，包括表扬、否定或干预等，总之要让幼儿清楚地感知到教师是爱自己的，教师的眼中有自己。

要做到这一点，教师要抛开原有的“好孩子”、“坏孩子”的标准，不要单凭幼儿的行为是否符合自己的标准来决定幼儿能否得到教师的爱，这样的爱注入了教师的诸多偏见，而那些没有得到教师的爱与关注的幼儿，势必造成他们安全感的缺失，而这种需要的缺失往往导致了教师眼中违规行为的出现。

另外，教师对活动室环境的布置与对活动内容的安排，也影响着幼儿安全感的产生。宽敞、温馨的环境和有趣的活动内容在一定程度上能提升幼儿的安全感。因此，教师要为幼儿创设一个宽敞、温馨的环境，在早上来园时，给幼儿安排有趣的活动内容，如晨间器械运动，投放有趣的器械，满足幼儿好动的需要，安排丰富的区域活动，满足幼儿自主选择活动内容的需要等，这些均能有效地增强幼儿的安全感。

3. 满足幼儿归属感的需要

归属感的获得往往会使幼儿主动地投入班级活动，愉快来园。因此，教师可以通过对幼儿归属感的满足来激起幼儿来园的积极性及培养良好的来园常规。幼儿归属感的获得主要来源于同伴交往。良好的同伴关系使他们在情感上得到同伴的支持，因而产生安全感和责任感，这有助于发展幼儿的自我意识。若缺乏良好的同伴关系，幼儿会经常被同伴排斥，导致心理上的不安、焦虑，甚至可能导致幼儿对来园的恐惧。此外，同伴关系还能够满足幼儿的成就感。幼儿往往希望自己得到集体的承认，成为同伴羡慕的对象，这种心理只有在与同伴的交往中，通过学习等活动才能实现。

因此，教师要善于引导幼儿与同伴交往，引导幼儿关注同伴的优点，展示自己的才干，得到同伴的认可。

4.根据年龄的不同，有区别性地进行来园常规教育

不同年龄阶段的幼儿，在入园环节表现出的情绪和状态都会有所不同，违规情况也不一样。小班幼儿更多地表现为来园焦虑，不愿意上幼儿园，因此其常规教育主要是满足幼儿爱与安全感的需要，帮助幼儿逐渐习惯与家长的分离，感受到教师的爱，感受到在园的温馨。而中大班幼儿主要的违规行为则表现在责任意识不足，遗忘该完成的任务，如不能带齐当日所需的生活学习用品、忘记值日生的职责等。所以中大班幼儿的来园常规教育更多的则是引导幼儿责任感的建立，满足幼儿归属感的需要，知道自己是班级的一员，并乐意为班集体服务。

（三）问题与思考

案例 4-16　不爱打招呼的乐乐

又是早上来园时间，中（1）班的乐乐和妈妈来到了班上，王老师正笑眯眯地站在门口，乐乐的妈妈不断地催促乐乐："乐乐，叫老师早上好。"可是乐乐低下头，什么话也没说，王老师也跟着催促："乐乐，早上来幼儿园要说什么？"乐乐还是没有吭声，她的妈妈着急了："你这孩子，怎么就是不说话？快说呀！"最后乐乐低着头，小声地说道："王老师早上好。"

不久，孩子们陆续进入了各个活动区，值日生已经开始摆放毛巾、杯子，而王老师则忙着准备当天上午集体教育活动要使用的教具，保育员也已经去饭堂取幼儿的早餐。

在入园环节，幼儿的活动可能有户外晨间锻炼、区域活动、值日生活动等，在这些活动的组织过程中还存在一些值得我们思考的问题。

1. 常规教育缺乏灵活性，易造成幼儿的心理负担

礼貌用语的常规教育，主要是为了培养幼儿团结友爱、懂礼貌、讲文明、守纪律等良好品德及活泼开朗的性格，同时也是锻炼幼儿的口头语言表达能力的教育活动。因此，我们在来园常规中提出“有礼貌地向教师、小朋友问好，和家长再见”。但是，幼儿由于各种因素的影响，在来园时经常会发生违规行为，就如同上述案例中的乐乐，来园时不肯和老师打招呼，在妈妈和老师的多次催促之下，才勉强地打了招呼。老师对幼儿这一违规行为没有忽视，而是和其母亲一起催促孩子打招呼，试想：幼儿此时的心情会如何？幼儿心里应该是充满了压力与紧张，达不到来园常规教育的初衷。

因此，在来园常规教育过程中，教师要善于站在幼儿的立场上看待幼儿的违规行为，有灵活性地开展来园常规教育。如在上述案例中，当乐乐总是不肯主动和老师打招呼时，我们要思考的应该是：乐乐是不是因为紧张？还是心情不好？教师应宽容地对待幼儿的表现。教师可以主动地向幼儿打招呼：“早上好！”若幼儿应答，教师可以立即表扬；若幼儿还是没有回应，教师可以抱抱他（她），给幼儿无声的安慰，保护幼儿的自尊心。

2. 个别指导缺乏，来园常规教育流于形式

在来园环节，教师和保育员均要组织幼儿进行晨间锻炼、区域活动、值日等各种活动，并根据幼儿的活动情况进行个别指导。如冬季来园时，要指导幼儿挂大衣、摘手套；在幼儿做值日生时，要指导幼儿学会使用抹布等。但是，部分教师忽略了来园环节的教育价值，把自身的工作仅仅定位于站在门口接待家长，当接待家长后，教师对幼儿的活动就完全采取"放羊"策略了。

七、离园活动中的常规教育

离园是幼儿园一日生活的最后一个环节，此项工作做好了，有利于幼儿对明天的幼儿园生活产生一种向往的心态。

（一）离园活动中的常规要求

离园活动中的常规要求主要包括以下内容：

- 能收拾好玩具、桌椅及自己的物品，整理好自己的仪表，做好回家准备。
- 保持一种稳定、愉悦的情绪，等待家长来接。
- 尝试解决自主交往中的问题和冲突，与同伴友好相处。
- 能主动使用礼貌用语向教师、同伴道别，高兴地离园。
- 跟随家人离园，知道不独自离开，不跟陌生人走。

（二）离园活动中的常规教育

在离园环节，教师的工作量较大，而该环节的时间则较短。在这个

环节中，教师要组织幼儿进餐，收拾碗筷、桌子和地面，帮助幼儿整理服装，组织幼儿的餐后活动，等待家长接人等活动。该环节的常规教育主要包括以下几方面：

1. 引导幼儿根据实际情况制定离园常规

离园环节的活动较多，容易出现混乱的局面，教师可以引导幼儿根据实际情况制定离园活动的常规，这样的常规更能让幼儿接受。比如我们可以把离园环节各项活动的混乱场面用摄像机拍摄下来，引导幼儿观看并思考“大家都乱哄哄的，容易给自己和小伙伴带来什么样的后果”，引导幼儿感知无序的环境容易导致碰撞、争吵，产生噪音，然后，再引导幼儿思考“离园时进行各项活动时，该怎样做”，让幼儿在实际体验中制定离园活动的常规。

2. 组织多样化的活动，满足幼儿自由选择活动的需要

在离园环节，很多幼儿由于无法待在位置上等待家长来接而被教师批评，我们经常听到这样的声音：“××，你为什么离开位置”，“××，你为什么到处乱晃”……为什么会出现这样的情况？那是因为教师为了便于整理，在离园环节，只给幼儿提供一种活动，如看电视、看图书、玩桌面玩具等，担心提供的活动过多，家长来接时不容易整理，也担心提供的活动过多，幼儿活动起来教师观察不到位，产生安全隐患。但是，正是因为幼儿对教师提供的活动不感兴趣，才导致幼儿出现了教师认为的“违规行为”。可以说，要改变这一现状，仅凭教师的高控行为是不行的，要组织多样化的离园活动，满足幼儿自由选择活动的需要，才能从根本上解决这一问题。

长期以来，很多教师在离园前大多组织幼儿看电视、看图书、听故事或玩桌面玩具等，活动形式过于单一。时间长了，幼儿也会感到单调。

因此，在幼儿已经具备了一定安全意识的前提下，可以组织多样化的离园活动，满足幼儿的需要。比如，教师可以开展区域活动。离园前，可以让幼儿凭自己的兴趣和爱好自由选择区域活动。离园时人数相对变少，没有拥挤和等待，幼儿可以玩到平时选不到的材料。在家长来接时，教师可提醒幼儿自己收拾，又可让幼儿养成自己的事情自己做的习惯。也可以让幼儿进行合作创造游戏。离园前的宽松氛围，会使幼儿在游戏中更加真实自然，此时让幼儿进行合作创造游戏，幼儿往往更能投入。还可以组织幼儿进行适当的劳动，如给植物浇水、给小鱼换水、给小动物喂食，同时指导幼儿观察、做记录，这样既能培养幼儿的责任意识，又能养成幼儿爱劳动的习惯。

3. 善用赏识教育，满足幼儿成就感的需要

离园环节是幼儿在园的最后一个环节，应该是一个幸福的环节。幼儿结束了一日的学习和生活，带着期望等待家人的到来。他们希望能在家人来接时“炫耀”自己今天的成就，这是成就感的需要，这种需要的满足不仅能稳定幼儿的情绪，也有利于幼儿对自身行为的克制，减少离园环节的违规行为。

幼儿的成就感在很大程度上来源于教师的评价。因此，教师在离园环节要善用赏识教育，在等待家长来接的时候，教师可对幼儿当天的活动进行肯定与表扬，如“宁宁，你今天会帮助小朋友整理衣服了”，“思思，你今天画画很有自己的想法”，等等。值得注意的是，教师对幼儿的表扬要面对全体幼儿。试想，若教师一味地表扬一部分幼儿，而忽略了其他幼儿，没有得到表扬的幼儿会闷闷不乐，甚至可能会采用违规的方式来引起教师对自己的关注。因此，教师要抛弃传统“好孩子”的观念看待每个幼儿，每个幼儿都会有自己的闪光点，关键看教师是否用心

去发现。

幼儿的成就感也受同伴评价的影响。因此在离园环节可以让幼儿夸夸同伴，想一想今天谁表现最棒，谁进步了，然后说一说自己想赞美谁，赞美他什么。这样的强化不仅有利于幼儿口语表达能力的培养，也有利于幼儿间亲密情感的建立，有利于幼儿与同伴友好相处。

4. 针对不同的年龄阶段，有针对性地开展离园常规教育

幼儿的年龄特点不一样，在离园环节出现的问题也不尽相同。小班幼儿主要是受情绪的影响，不能愉快地等待家人来接，也无法安心参与活动，自我整理的意识差。而中大班幼儿随着年龄的增长，自我服务能力增强，但任务意识还较差。因此，不同年龄阶段的离园常规教育的重点应有所不同。在小班，应侧重于幼儿安全感的满足，侧重于整理能力的培养及安全意识的教育等。在中班则应注重自主和独立能力的培养，如主动对教师和同伴说再见，能自己记住需要带回家的东西，并尝试学习传递消息等。而到了大班则更注重培养孩子的合作与自我服务精神，如做好值日生工作，有自我服务的意识，愿意为他人服务等。

5. 消除幼儿的紧张感，引导幼儿逐渐实现自我管理

在离园环节，年龄越小的幼儿越渴望见到家人，心里着急，即使教师安排了离园前的活动，也无心参与。另外，教师在离园环节的紧张及对幼儿的催促，也给幼儿带来了极大的紧张感。在离园环节，时间较短，而教师的工作量大，如要组织幼儿进餐，收拾碗筷、桌子和地面，帮助幼儿整理服装，组织幼儿的餐后活动等。很多教师由于着急，在每个环节都是紧张兮兮地催促幼儿。幼儿在这一环节看到的是极为紧张的老师，看到的是总在身后催促自己该干这、该干那的老师。教师的急促无疑带给幼儿焦虑感，这种消极的情绪体验使得幼儿难以保持稳定、愉快的情绪等待家长来接，也容易导致幼儿的抵触心理，从而出现各种违规行为。

离园环节应该是幸福的，因此教师要帮助幼儿消除紧张感，保持幼儿情绪上的愉悦感。在离园环节的各项活动中，我们不主张为了赶时间而不停地催促幼儿。但是，不催促又容易导致幼儿磨蹭。因此，教师应该逐渐帮助幼儿实现自我管理。比如，南方很多幼儿园是下午16:50开始餐前准备及晚餐，17:40离园。我们可以引导幼儿说说在这段时间要做的事情有哪些，比如吃晚饭，饭后收拾自己的碗筷、桌子和地面，有需要的上厕所，自己或请同伴、老师帮助整理服装，整理自己的物品，参与教师组织的离园活动。我们和幼儿一起把这些活动以图标的形式张贴在墙壁上，以免幼儿忘记了离园该做的事情。当然，还应引导幼儿学会看时间，可以在教室内挂上一个大钟，让幼儿知道长针指到8:00，就要吃完晚餐，收拾好自己的碗筷和桌面，整理好自己的衣服，收拾好自己带到幼儿园来的物品。当幼儿能自觉地完成这些活动时，应及时给予表扬，甚至是一个鼓励的拥抱。当幼儿磨蹭时，教师可以到他（她）的身边，轻轻地提醒一下，并让他们留意时间的变化，知道在离园前这段时间要把该完成的事情做好。

在当天的活动中，若有幼儿曾被教师批评，在离园前教师应该做好被批评幼儿的情绪安抚工作。教师可以和幼儿坐下来，好好地聊天："今天被老师批评了，心里不舒服，是吧？真的，不管是谁，被批评了心里都会不好受。老师今天批评了你，并不是老师不喜欢你，只是因为你的行为给其他小朋友带来了伤害。老师批评了你，但老师是永远爱你的……"这样做是因为，有些内向的幼儿在被批评后，不会自我调节情绪，从而产生失落、不安甚至是害怕心理，不利于幼儿第二天的来园情绪。

6. 允许幼儿的约定，让幼儿对明天的来园充满期待

离园还有一个很重要的功能，它不仅是一天的结束，更是今天、明天的连接点和中转站。在离园时正确的教育，不仅能帮助幼儿尽量避免违规行为的出现，更能让幼儿对当天的在园生活产生留恋感，有利于幼儿在第二天带着愉快的情绪来园。

到了中大班，幼儿由于适应了幼儿园的生活，大部分幼儿都较为热衷于离园期间的活动，经常有孩子抱怨“我还没玩够呢”，家长来接了还迟迟不肯离园。对于这些幼儿，教师可以再留给他们一些时间，让他们继续玩，但到了该结束当天活动的时候，让幼儿一起收拾，结束离园活动。这样一来，既能满足幼儿“再玩一会儿”的需要，又能让幼儿对明天的来园充满期待和向往。

教师还可以允许幼儿和同伴约好第二天带什么东西来幼儿园分享，这也有利于激发幼儿对明天来园的向往。很多教师不允许幼儿带玩具来幼儿园，因为担心难以管理。但是，教师只是从便于自身管理的角度出发来制定这一规则，教师预见到幼儿带玩具来幼儿园，离园时不会整理自己物品的现象会增加，为了避免这类违规行为，于是直接勒令幼儿不许带玩具来。但是，对于幼儿来说，这样做减少了其自我管理能力的锻炼机会。

（三）问题与思考

案例 4-17　不安全的离园环节

眼看着快离园了，蒙老师急急忙忙给孩子们整理好衣服后，组织他们在教室里集体朗诵学过的儿歌。此时，保育老师陈老师则正忙着收拾

孩子们的杯子、毛巾。不久，离园时间到了，幼儿园的大门随即打开，早已等待在门外的家长一拥而入。不断来到的家长与跑进跑出的孩子让蒙老师眼花缭乱。有些家长此时找到蒙老师，向她了解孩子当日的表现，蒙老师边回答家长的问题边留意幼儿的动向。

过了约20分钟，东东的爸爸来了，蒙老师习惯性地喊道："东东，爸爸来了！"然而，老师却没听到东东的回应声，蒙老师这才发现东东不见了……

离园时，教师除了关注家长，还需照看幼儿，可以说，离园活动的常规教育涉及各方面的内容。但是，尽管教师关注到了这一点，在离园活动的组织中，却还经常存在这样或那样的问题。

1. 过于追求功利性，离园活动的常规教育没有达到应有的目的

在离园环节，为了满足幼儿自主选择活动的需要，教师往往会组织多样化的活动，这能在很大程度上减少幼儿违规行为的发生。但是，在幼儿园的离园活动组织中，部分教师过于追求功利性，使得离园常规教育偏离了原来的初衷。如在上述案例中，教师组织幼儿在离园前朗诵学过的儿歌，有些教师则是组织幼儿看书。教师之所以反复组织如此单调的离园活动，主要是为了迎合家长的需要。家长们都希望看到孩子在幼儿园多看书，能记得更多的儿歌、故事。因此，教师抓住了家长的心理，在离园时投其所好，安排了这类离园前的活动。但是，如此安全的离园活动，无法满足幼儿自主选择活动的需要，会导致大量违规行为的出现，也不利于幼儿良好习惯的养成。

2. 安全教育缺乏

为避免幼儿走失，在离园环节还应加强对幼儿的安全教育。比如，通过故事、儿歌、图画等形式让幼儿了解到，家长还未来时，不应该私自离开教室、离开老师；当有陌生人要带自己走时，应该立即拒绝并马上告诉老师；若有陌生人强行把自己带走，要学会大声呼救等。但是，在上述案例中，东东的父亲来接东东时，教师发现东东在没有告知教师的情况下独自离园，这与教师观察不细致有关，也与教师在离园环节的安全教育不足有关。

八、同伴交往中的常规教育

同伴交往对幼儿的影响是深远的，因为同伴在儿童的社会性发展过程中起着成人无法取代的重要作用。相对于与成人的交往而言，幼儿与同伴间的交往更具有平等性。随着年龄的增长，幼儿不再把成人作为唯一的依靠对象，他们开始主动寻求同伴，与同伴交往，在同伴交往中建立良好的人际关系，学习社会技能和策略，掌握社会基本的规则和要求。可见，同伴交往是推动儿童社会性发展最具动力性的因素之一，在个体的生存与发展中具有关键性意义，不仅能满足幼儿的社交需要，也是促进幼儿自我概念和人格的发展的重要途径。

（一）同伴交往中的常规要求

一般来说，同伴交往中的常规要求主要包括以下内容：

- 在交往中，能调节自己的情绪，顾及自己的情绪对别人的影响。
- 发生矛盾时，能采用合理的方式与同伴协商。
- 在交往中，伤害了别人要道歉。
- 面对同伴发起的互动，要及时回应。

（二）同伴交往中的常规教育

良好的同伴交往有利于幼儿认知水平的提高，在幼儿个性和社会性发展中起着成人无法取代的独特作用。

1. 以问题为切入点，引导幼儿了解交往常规的作用

幼儿在园的一日生活和学习中，每天总会重复着各种交往行为，有交往势必会伴随着矛盾。的确，由于幼儿的年龄特点、幼儿已有经验的影响等，幼儿在交往中往往因为自我中心意识或交往策略的缺乏而导致这样或那样的交往问题。教师要善于抓住这些问题，进行随机教育，引导幼儿理解交往常规的意义。比如，两名幼儿同时看中一个玩具，面对这一问题，部分幼儿会采取盲目争执或武力夺取的策略，结果谁也没能如愿。此时，教师可以利用这一事件，让幼儿思考："两人同时想玩同一个玩具，能通过打架的方式解决吗？"这促使幼儿好好思考不正确的处理方式给自己和别人带来的伤害。然后可以再让幼儿讨论："两个人都想玩同一个玩具时，该怎么办？"

教师可引导幼儿理解，在与同伴交往产生矛盾时，应采用合理的方式与同伴协商，如可以采用等待、轮流玩或交换玩的方式，而不能盲目地争执或回避，甚至是打架。

2. 教会幼儿交往的策略，减少同伴交往中违规行为的出现

幼儿在交往中出现的大量违规行为往往是交往策略缺乏的结果，正是由于交往策略的欠缺，幼儿不会理性地处理交往中的矛盾而导致违规现象。交往策略的学习，不是在教师枯燥的讲解中实现的，而是在与同伴交往的活动中形成和发展起来的。因此，教师首先要为儿童创设良好的同伴交往机会，鼓励幼儿与同伴交往，尤其是鼓励幼儿自

己选择玩伴，按照自己喜欢的方式和同伴玩。教师可以人为地创设有利于幼儿交往的物质环境，如在教室内增设交往机会较多的区域，如倾听角、表演游戏区、角色游戏区、建构游戏区、制作工坊等，提高幼儿开展社会性游戏的兴趣。

在幼儿与同伴交往出现矛盾时，教师要能及时关注到，并善于利用这些矛盾，把它们作为幼儿学习交往策略的平台。对于幼儿与同伴的冲突，不宜训斥幼儿，这种简单的强制方式虽然能强行制止幼儿的冲突，但是，教师的处理凭的是自己的主观臆断，没有给幼儿带来教育的价值，结果往往是不理想的。这种表面上看似被教师强行制止的冲突，在教师离开后，还会反复出现。

因此，当幼儿在交往中发生冲突时，我们应引导幼儿观察冲突导致的结果，并回顾冲突过程，进行情境讨论，讨论这样处理冲突为什么不好。然后还可以请幼儿讨论该如何处理这样的冲突。总之，教师要引导幼儿理解冲突、弄清问题，并引导幼儿自己想出各种解决问题的办法，教师再补充、修正。

3. 家园合作，提高幼儿的交往技能

幼儿良好的人际关系离不开交往技能的提高，这单凭教师的指导是不够的，还需要家长的参与。家长也可以在同伴交往策略和技能方面给予幼儿必要的指导。首先，家长可以帮助幼儿创设适合同伴交往的环境，如带着幼儿走出家门，到社区与同伴交往。当自己的孩子和同伴发生冲突时，即使是孩子在冲突中受到伤害，也不宜一味地从自己孩子的得失出发，参与他们与同伴的对立，甚至是指责对方，使得孩子的同伴由于成人的压力而屈服。这样的处理方式一方面会导致孩子的小伙伴由于压力而回避与自己孩子的交往，另一方面也容易让自己的孩子产生依赖心

理，在同伴交往的过程中，遇到冲突只会寻求家长的帮助，而不会独立地和同伴协商。

因此，当自己的孩子和别人发生冲突时，家长可以让孩子站在对方的角度思考问题，与同伴协商、分享，等等。当冲突解决后，还可以引导孩子思考："今天，我的处理方式有作用吗？以后遇到类似的冲突怎样处理才能更好？"这种做法可以帮助孩子在同伴冲突中学会不断积累经验，提高交往技能，对减少同伴交往中的违规行为极为有效。

4. 开展移情训练，奠定幼儿主动遵守交往常规的基础

移情训练是一种根据经验或以往的类似情景去知觉或理解当前情景和现象的方法。它主要从认知—情绪系统的交互作用的角度，提高幼儿对同伴交往的认知和情绪表达、控制、移情等能力。对幼儿的移情训练是针对现有的事情，请幼儿讨论分析现有事件的发生与发展，然后引导幼儿进行情感换位，主要是引导幼儿体验事件中角色的心理感受和变化。在此基础上，教师会通过总结等方式巩固幼儿的情感体验。

在交往常规中，我们希望幼儿能做到"在交往中，伤害了别人要道歉"及"面对同伴发起的互动，要及时回应"。但是，这些交往规则的执行基础，应该是幼儿能体验到同伴的心理感受及变化，这离不开平时的移情训练。否则，在交往常规的执行过程中，往往会出现一些出乎教师意料之外的情况。

案例 4-18　气愤的乐乐

中（1）班的常规有这样的要求："伤害了别人要道歉"。小朋友们都认可了。有一天，小女孩乐乐非常气愤地跑到老师面前告状："老师，我刚才打了依依，后来我道歉了，她居然还在哭！"

乐乐之所以气愤，因为她觉得自己已经遵守了常规要求“伤害了别人要道歉”，但被道歉的人居然还在哭。试想：为什么会出现这样的情况？打人的小女孩为何反而更理直气壮？那是因为教师平时没有对幼儿进行移情训练，乐乐只是为了遵守规则而道歉，她没能站在被伤害者的立场上体验被伤害者的心理感受，因而才愤愤不平。

幼儿的在园活动离不开与同伴的交往，在交往活动中，若缺乏对同伴心理感受的体验，幼儿对交往常规的遵守只会流于表面。比如伤害了同伴，只会敷衍了事地道歉，面对同伴的请求，会心不在焉地随意应答，这样的行为均不利于幼儿良好同伴关系的形成。

5.创设温馨的心理环境，减少交往冲突的发生

温馨心理环境的创设，不仅有利于幼儿主动和同伴交往，也有利于幼儿在遇到交往问题时敢于多种途径地想办法解决。因此，教师应为幼儿提供一个充满温情的环境，在这样的环境中，幼儿在情感上获得了备受教师关怀的需要，也获得了备受同伴关怀的需要。这种心理需要的满足，能够为幼儿的同伴关系发展提供良好的心理背景。在这样的环境中，幼儿对同伴往往更为友好，更爱交往，也更容易被同伴接纳。

教师和幼儿间要建立起良好的互动关系，教师要亲切和蔼地关注幼儿，当幼儿在同伴交往中出现冲突时，应及时指导；当幼儿心里感到委屈时，要抱抱他（她），认真倾听他（她）的诉说；当胆小的孩子能和同伴交往时，要给他（她）一个肯定的眼神、一个鼓励的微笑，等等。

6.帮助幼儿成功交往，增强幼儿主动交往的愿望

与同伴交往的成功在很大程度上能促使幼儿愿意主动与同伴交往，也利于幼儿自觉遵守交往常规。幼儿刚入园时，受多种因素的影响，在同伴交往中往往因为自我中心而不懂得谦让、合作与协商。随着年龄的增长，幼儿进入中班后，他们与同伴交往的范围扩大，成功的交往行为大增。在体验到成功的同伴交往后，他们会更主动地与同伴进行交往，这无疑是一种良性循环，即成功的交往又反过来强化了幼儿良好的交往行为。关注到这一点，我们可以帮助幼儿成功地与同伴交往。

因此，教师要善于观察，当幼儿在与同伴交往的过程中遇到困难，确实无法独立解决时，我们可以通过间接指导的方式指导幼儿，在可能的条件下推进幼儿与同伴的成功交往。

案例 4-19　不自信的菲菲

一次中班自由活动，幼儿都在玩，有几个女孩正在“超市”区玩。女孩菲菲一个人走来走去，来到几个玩玩具的男孩面前停了下来，男孩们只是看了看她，没有反应。过了约5分钟，菲菲离开了，来到了“超市”门口，之后，一直在门口看着里面在玩的孩子。明显地，菲菲想到“超市”区玩，但不知道如何发起交往的信息，只能干巴巴地看着。注意到这一点，教师走上前：“菲菲，我想去‘超市’玩，我不知道该怎么做，你能帮帮我吗？”菲菲看着老师，迟疑地点点头，在老师的带动下，两人经过几分钟的讨论，决定去应聘“超市”工作人员……在老师的间接指导下，菲菲果然如愿地进入“超市”区玩。第二天，又到了自由活动时间，教师冲着迟疑的菲菲笑了笑：“昨天你在‘超市’和其他人一起卖了好多东西，好棒！今天，你准备去哪个区域？”在老师的肯定下，菲菲果断地进入了“理发店”去剪头发。

从案例中的描述来看，菲菲应该是一个不太敢主动与同伴交往的人，但由于前一天体验到了成功交往的乐趣，才有了第二天果断参与同伴交往的行为。可见，交往成就感的获得在很大程度上能激发幼儿继续交往的愿望与主动性。

（三）问题与思考

案例 4-20 被“镇压”的争执

自由活动时间，孩子们玩着自己感兴趣的游戏。忽然，有一个小女孩跑到老师面前:“老师，牛牛和青青打起来了！”顺着小女孩指的方向，李老师看到牛牛和青青正各握住玩具的一边，谁也不让谁，嘴里嘟囔着：“是我先拿到的！”两人的争执引来了几个围观的孩子。李老师走上前，生气地收起两人手中的玩具:“既然不会玩，就都不要玩了，玩具放我这里，你们去玩别的！”看着老师生气的样子，牛牛和青青低着头走到一旁。

同伴交往过程中往往伴随着不断的争执与矛盾，教师不同的处理方式往往会对幼儿产生不一样的影响。但是，部分教师过于“专制”，忽略了幼儿同伴交往常规教育的有效方法。

1. 教师忽视了交往技能的培养，导致交往活动中违规行为频发

幼儿具备了必要的交往技能，能在很大程度上减少同伴交往活动中违规行为的发生。但是，很多教师忽略了这一点，没有把握好幼儿交往技能培养的时机，也缺乏对幼儿相应的引导。如在上述案例中，牛牛和青青因为抢玩具而发生争执，并引发同伴的围观。李老师的处理方式简单而粗暴，她采用了“各打五十大板”的方式，把双方各训斥一番，把争执物“没收”。有些教师则是直接训斥其认为有错的一方，把争执物给了被认为是弱势的一方。但是，这样一来，正在争执的幼儿，包括围观的幼儿，都无法从教师那里得到指导。冲突虽然被教师强行制止，但幼儿并不明白该如何应对类似的冲突。因此，在日后的同伴交往中，冲突还是频频发生。

教师惯于采用强制性手段制止幼儿的冲突，一方面源于教师自身的认识，教师没有意识到幼儿交往技能的重要性；另一方面和教师自身的情绪有关。由于幼儿园工作的烦琐，很多教师都希望幼儿不要“惹事”，因此，当发现幼儿间出现冲突时，教师首先想到的不是该事件有何教育价值，而是如何立即制止冲突，因此才导致了教师粗暴制止幼儿冲突的行为。

2. 心理环境的紧张，不利于幼儿间的主动交往

由于教师自身的情绪、工作的烦琐等因素，很多教师在面对幼儿同伴交往间的冲突时，往往表现出不耐烦的表情，甚至是给予粗暴的训斥，这样的行为往往给幼儿带来了极大的心理压力，导致教师与幼儿的关系僵化，甚至导致幼儿害怕教师。这样的环境，无法让幼儿获得安全感，幼儿可能还会因为教师的态度而战战兢兢，不利于幼儿大胆、主动地与同伴交往。

3. 交往自由被剥夺，不利于幼儿交往常规的执行

有些教师为了减少幼儿交往中的冲突，甚至会有意识地制止幼儿的交往行为，尤其是制止男孩们在一起玩。曾有一位幼儿教师如此看待这一问题：“男孩一般都比较顽皮，而且喜欢争强好胜，他们聚在一起难免会吵架、打架，因此要把他们隔离开来，就是把他们分开，不让他们在一起玩，分组的时候也要注意，不要让他们坐在一起，否则总会出现问题。”正是抱着这样的想法，部分教师有意识地安排单独游戏，甚至是勒令孩子们分开玩，这样的行为无疑是对幼儿交往自主权的剥夺，不仅无法让幼儿体验到成功交往的乐趣，也无法引导幼儿学会遇到交往冲突时尝试协商解决等方法。

九、情绪活动中的常规教育

随着时代的发展，幼儿的情绪越来越为人们所关注。情绪作为人感受与体验事物的一种态度和心理活动，对幼儿的认知、行为等方面起着调节、制约的作用。可以说，一个人的成功在很大程度上可归因于情绪能力的发展。良好的、快乐的情绪能使大脑处于积极的接受和运转状态，从而发挥出最佳学习效果。同时，良好的情绪也是幼儿心理健康发展的主要标志。此外，良好的情绪也利于幼儿同伴交往能力的发展，能促进幼儿社会性的发展。

（一）情绪活动中的常规要求

一般来说，情绪活动中的常规要求主要包括以下内容：

- 在一日活动的大部分时间，能体验到积极的情绪。
- 能正确地理解他人的情绪。
- 能根据情境正确地表达自己的情绪。
- 能控制自己的愤怒情绪，不让自己的情绪伤害或影响到周围的人。
- 遇到消极情绪时，能用各种方式调节，保持积极的情绪体验。
- 愿意表达自己的情绪。

（二）情绪活动中的常规教育

在幼儿的情绪活动中，较多的违规行为与幼儿的情绪调控有关，主要表现为当个体自身的期望未能得到满足时，幼儿经常出现情绪失控的行为。比如，有的幼儿在动手制作的过程中，由于遭遇挫折而生气；有的幼儿由于没有拿到自己喜欢的玩具而哭闹；有的幼儿由于和同伴发生摩擦而吵架，甚至是打架等。因此，情绪调节在幼儿的情感教育中占重要地位。

1. 多途径，培养幼儿的情绪调节能力

(1) 树立榜样作用，帮助幼儿正确地控制情绪。

教师的言行举止对幼儿有着深远的影响，可以说，教师的榜样作用对幼儿情绪调节能力的发展起着非常重要的作用。一个情绪健康稳定、活泼开朗的教师往往会带出一批情绪稳定、活泼开朗的孩子。因此，教师应首先起到良好的带头作用。教师不仅要以积极的情绪面对幼儿，在遇到消极情绪时，还应能通过合理的方式发泄不良情绪。比如教师在上班前，要学会调整好自己的情绪，不把怒气发泄到幼儿身上；当遇到不高兴的事情时，可以通过深呼吸、剪报纸、找人聊天等方式发泄怒气，避免在幼儿的面前出现情绪失控的现象。

家庭也是幼儿生活的主要环境，因此，家长也要起到良好的带头作用。这就需要教师通过各种途径帮助家长了解幼儿情绪教育的重要性，了解情绪控制的方法和途径。

(2) 随机适当干预，有针对性地教给幼儿正确调控情绪的策略。

由于幼儿的生活环境不同、家庭教育方式不同，所以幼儿在情绪发展上也存在着个别差异性。幼儿情绪调控策略的指导在很多时候需依赖

于随机的干预，体现了情绪教育的个别差异性。这需要教师细心观察，在观察中发现幼儿的情绪问题，并能给予及时的引导。

幼儿天性活泼开朗，但在现实生活中，每个幼儿都会遇到这样或那样的消极情绪，性格外向的幼儿往往能把情绪表现在脸上，但性格相对孤僻的幼儿往往会压抑自己的情绪表现。因此，教师的干预要考虑个别差异性，对于胆小的幼儿，要鼓励他们大胆地表达出自己的情绪，耐心地倾听幼儿的表达，并表示理解，消除幼儿的紧张感。面对幼儿的消极情绪，教师要教会幼儿选择用不伤害自己和他人的方法去宣泄消极情绪。比如，我们可以给幼儿创设“私聊区”，幼儿遇到不良情绪时可以到私聊区向好友诉说；我们可以为幼儿准备旧报纸、旧布等，指导有需要的幼儿通过撕、剪等方式发泄心中的郁闷情绪；我们可以为幼儿准备沙袋等运动器械，指导幼儿通过运动的方式来发泄自己的郁闷情绪等。

但是，目前我国幼儿园班级的人数普遍较多，由于人数过多，教师可能无法时时刻刻观察到每一个幼儿的情绪表现，并给予及时的引导。因此，教师可以通过其他方式让幼儿能直观地表现自己的主要情绪，并根据幼儿的实际需要提高干预策略。比如，有的教师在班级增设“今天你的心情如何”专栏，在该专栏上有喜怒哀乐的面部表情图案，幼儿来园后，根据自己当时的心情，选择相应的图案插在自己的头像上；若在活动中情绪有了极大的改变，幼儿也会相应地改变自己头像上的表情图案。如此一来，教师就能根据幼儿的操作结果，留意到幼儿的主要情绪，当幼儿出现难过、愤怒等消极情绪时，教师可以及时和幼儿沟通，从而弥补个别观察的不足。

2.创设情绪环境，增强幼儿的情绪理解能力

情绪理解是指个体对情绪加工过程有意识的了解或者对情绪如何起作用的认识，包括对个体的各种情绪表达的理解、对自身和他人情绪产生的原因的理解以及与情绪有关的情境的理解等。情绪活动的常规要求提及“正确理解他人的情绪”。虽然幼儿能通过图片很好地认识到高兴、生气、伤心、恐惧等情绪表情，但对于自身和他人情绪产生的原因以及与情绪有关的情境的理解，则很难依靠图片的观察进行，而是需要在特定的情境中实现。

比如，幼儿很容易识别高兴的情绪，高兴的情绪往往伴随着需要的满足。但是，有的时候，即使是伴随着需要的满足，也会出现不高兴，即难过的情绪。比如放暑假了，按理说很多孩子不想早早起床上幼儿园的愿望实现了，应该是表现出高兴的情绪，但有部分幼儿由于与同伴的分离而表现出难过的情绪。因此，我们只有利用放假这一特殊的情境，引导幼儿思考同伴的难过情绪与情境的关系。

3.为幼儿营造安全、接纳、尊重的心理环境

幼儿的情绪发展不是自发进行的，而是在与环境的相互影响和作用下逐渐发展起来的。情绪活动的常规包括：能根据情景正确地表达自己的情绪，在一日活动中以积极的情绪体验为主，愿意表达自己的情绪等。但是，积极情绪的产生、消极情绪的消除都离不开一个安全、接纳、尊重的心理环境。在这样的环境中，幼儿满足了安全、尊重及被关爱的心理需要，自然会导致积极情绪体验的产生。

因此，教师在与幼儿交往的过程中，要注意使每个幼儿都感受到教师的关爱、尊重与支持，让每个幼儿都能体验到积极的情绪，这也有利于幼儿消极情绪的消除。我们经常见到这样的情景：早上入园，由于舍

不得和妈妈分开，有的孩子蹲在角落哭泣，教师没有批评，只是抱起孩子，拍拍她的背，直到她能平静下来；当幼儿断断续续地继续着她的讲述时，教师可以蹲下来，安慰孩子慢慢讲——老师正听着，不要着急；当幼儿露出不安、紧张的情绪时，教师抱抱她，给她一个鼓励的微笑，等等。正是教师对幼儿的尊重、支持与关爱，对其细微情绪变化的关注，营造出了一个安全而温馨的心理环境，这有利于幼儿情绪活动违规行为的减少。

家庭情绪情感氛围也是幼儿成长的重要心理环境，对幼儿情绪情感的发展会产生重大的影响。因此，教师要通过多种途径密切与家长的联系，指导家长如何营造一个安全、尊重、关爱的家庭心理环境。

4. 满足幼儿成就感的需要，减少情绪活动中的违规行为

幼儿情绪活动中违规行为的减少，在很大程度上来源于幼儿在情绪活动中成就感的需要及自我实现的满足。在充满安全、支持、尊重的环境中，可以鼓励幼儿展示自己较为有信心的活动，充分展示自我的才能，教师则及时给予肯定，让幼儿从中获得成就感。成就感的获得极易让幼儿产生高兴等积极的情绪体验。比如，教师可以组织幼儿开展“个人表演秀”，自己或和同伴一起进行“才艺展示”，展示自己拿手的活动；我们还可以把幼儿的展示拍摄下来，放在“家长园地”栏目，附上文字说明，让家长了解班上每个孩子的特长。

当幼儿能控制自己的愤怒情绪，不让自己的情绪伤害或影响到周围的人时，当幼儿遇到消极情绪，能用各种方式调节，保持积极的情绪体验时，教师可以给予幼儿及时的肯定和表扬，让幼儿体验到情绪活动中的快乐，这有利于积极情绪体验的保持。

5.鼓励同伴交往，提高幼儿的情绪调节能力

可以说，相对于与成人的交往而言，同伴交往更能体现幼儿的平等性，幼儿在与同伴交往的过程中，少了对家长的依赖，幼儿必须要自己去协调与同伴的矛盾。比如为了不被同伴排斥，幼儿必须学会站在同伴的立场上思考问题，学会理解此时此刻同伴的心理感受，并在此基础上用适当的方式去调控情绪，适当妥协或让步。这样的交往不仅有利于幼儿学习理解同伴的情绪，更有利于提高幼儿自身的情绪调节能力，能够有效地减少情绪活动中的违规现象。

此外，还应鼓励幼儿与哥哥姐姐和弟弟妹妹交往。由于交往的对象不同，幼儿扮演的角色也会有所差异。面对不同的交往对象，幼儿均要学会感受他们的情绪体验，从而丰富自身的情绪体验，幼儿情绪体验的不断转换，也有利于其对自身情绪的调控。

6.宽容地看待幼儿的情绪“违规”，因材施教

我们通常认为孩子应该是无忧无虑、天真烂漫的，不会有什么坏心情，孩子天生就应该无烦恼、无忧虑，也应该听话。因此，当幼儿出现难过、生气情绪时，成人往往认为是孩子自寻烦恼，通常是直接勒令孩子收敛自己的情绪。但是，现实生活中的幼儿由于自身的经历、所处的环境等，会产生各种情绪体验，包括积极的情绪体验和消极的情绪体验。当面临不如意的事情时，他们甚至可能出现情绪失控等违规行为。面对幼儿情绪活动中的违规行为，教师不宜凭着自己情绪的好恶来直接勒令幼儿该如何做，而要宽容地看待幼儿的违规行为，以深切的爱心去尊重、同情幼儿，仔细聆听，设身处地地以幼儿的心态去体验其感受。

试想，在幼儿情绪活动中的违规行为背后，其原因可能是多样的，如幼儿发怒，可能是因为悲伤，也可能是因为遭遇到尴尬，甚至可能是

由于找不到解决问题的办法等。教师要做的是倾听，鼓励他们充分表达各自的感受，宽容地面对幼儿的违规行为，针对违规行为背后的原因积极寻求解决问题的办法。我在某南方幼儿园曾见到这样的一幕：

案例 4-21　尴尬的怒气

由于是回南天（天气返潮现象），幼儿园的地面布满了水渍。午睡起床后，孩子们三三两两地去上厕所。男孩天天一不小心在走廊上滑倒了，他的滑倒引来了同伴的嘲笑。天天生气地拿起旁边玩具柜中的玩具，一一往墙壁上摔去。老师看到了，走过去温柔地对他说："天天，地面太滑了，所以你摔跤了，是吗？没关系，这种天气真的是很容易摔跤。"老师摸摸天天的小脑袋："来，让我们一起把玩具收拾好吧。"在老师的提议下，天天和周围的小伙伴、老师一起开开心心地收拾起玩具。

试想，天天之所以发怒，只是因为遭遇尴尬而不知所措，教师以一颗包容的心，帮助天天度过了这尴尬的一关，也让天天在不知不觉中收敛了自己的怒气。

（三）问题与思考

案例 4-22　郁闷的小魏

今天是星期五，按幼儿园的规定，今天孩子们可以带自己的玩具来园。小魏和妈妈刚来到教室门口，小魏忽然对妈妈说："妈妈，我本来想带我最喜欢的红色汽车来幼儿园的，可今天早上忘记放进书包了。"妈妈顿了顿："是呀，忘记了。但是，妈妈要去上班了，没办法了。"妈妈说完就去上班了，只留下闷闷不乐的小魏。黄老师看了看小魏，没有理会。小魏放下书包后，经过建构区时，郭郭正在搭积木，小魏抬起脚，把郭郭用的积木踢到旁边。小魏的小动作不巧被黄老师看见了，黄老师生气地指着小魏："去旁边坐着！不会玩就不要玩！"

情绪教育在幼儿一日活动中占有重要地位，由于幼儿情绪的善变性，幼儿很难像成人一样能理性地驾驭情绪，这就需要教师的理解和耐心。但是，目前幼儿园的情绪教育活动还存在一些不足之处。

1. 应对幼儿违规行为的策略过于粗暴

的确，幼儿很难理性地控制情绪，所以需要教师的耐心、爱心，尤其需要教师带着同理心开展情绪教育，即能站在幼儿的立场上思考问题。所以，当幼儿出现违规行为时，教师首先要想想幼儿情绪违规背后的原因、幼儿的想法，再有针对性地进行引导。但是，很多教师应对幼儿违规行为的策略过于简单粗暴，不问原因，不看幼儿违规行为发生的情景，直接粗暴地呵斥，甚至是惩罚幼儿。如在上述案例中，小魏之所以生气地踢掉同伴的积木，并不是故意去破坏同伴的活动，而是自己由于忘记带心爱的玩具来幼儿园而出现难过情绪，小魏并不知道该如何缓解自己的情绪，因而采用了踢积木这一行为来宣泄情绪。但是，教师直接粗暴的呵斥不仅不能教会小魏如何正确地宣泄难过情绪，更加剧了小魏消极情绪的体验。

这样的现象在幼儿园里并非偶然，我们经常见到类似的情景，这不得不引起我们的思考：教师为什么习惯采用粗暴的方式回应幼儿情绪活动中的违规行为？其原因主要是教师没有意识到幼儿情绪的多变性，而是用成人的标准来看待幼儿，忽略了幼儿情绪的调控、情绪的合理宣泄离不开教师在各种违规现象发生时的及时指导。

2. 对幼儿的情绪问题关注不够

儿童心理学的研究成果显示，5 ～ 7个月大的婴儿就已开始有愤怒、悲伤等情绪活动，儿童3岁时则具备了人类的一切基本情感，如羞辱、忧虑、伤心、悲痛、消沉、激动等。幼儿的情绪问题直接影响到幼儿的发展，但幼儿与成人不同，幼儿的情绪大多是外显的，我们可以通过幼儿的面部表情、肢体动作等直接判断幼儿的情绪，这就需要教师做一个有心人，随时随地关注幼儿的情绪，及时发现问题，并给予及时的指导。但是，部分教师经常忽略了这一点，对幼儿的情绪问题关注不够。如在上述案例中，小魏由于忘记了带心爱的玩具而闷闷不乐，教师并没有理会，因为教师觉得这样的情绪还不至于导致破坏性的行为，当小魏踢掉同伴的积木时，教师才去干预。

教师之所以对幼儿的情绪关注不够，是因为教师的关注点主要放在幼儿的安全、学习上。对于幼儿情绪的关注，教师往往只关注到幼儿的愤怒情绪，因为愤怒情绪调控不好往往会对班级活动和同伴产生影响。但是，幼儿的难过、紧张及其他消极情绪，由于情绪波及的人不多，教师往往人为地忽略了。

本章主要参考文献

[1] 傅芳芳．幼儿园班级常规教育研究：以上海市某一郊区幼儿园为例 [D]．上海：上海师范大学，2011：33，50-55．

[2] 李臻．培养幼儿情绪自我调控能力初探 [J]．学前教育研究，2003（5）：54-55．

[3] 陆芳，陈国鹏. 幼儿情绪调节策略与气质的相关研究 [J]. 心理科学，2009，32（2）：417-419.

[4] 宋文霞,王翠霞,主编. 幼儿园一日生活环节的组织策略 [M]. 北京：中国轻工业出版社，2012.

[5] 张春炬，主编. 幼儿园一日活动指导 [M]. 保定：河北大学出版社，2012.